inicia DUAL

MATEMÁTICAS 1 ESO

Volumen 3

W0226252

Pedro Machín Polaina
María José Rey Fedriani (recursos TIC)

Oxford
EDUCACIÓN

ÍNDICE

Así vas a aprender

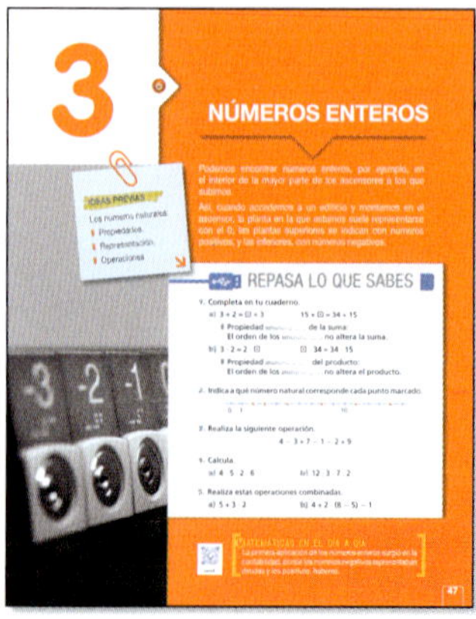

PRESENTACIÓN DE LA UNIDAD

Introducción de la unidad a través de aplicaciones de las matemáticas.

Se incluye una sección, ***Repasa lo que sabes,*** con actividades para detectar los conocimientos previos sobre los contenidos y se destacan las ***Ideas previas*** necesarias.

En la sección ***Matemáticas en el día a día,*** se introduce un contenido WEB que puedes terminar de leer *online*.

DESARROLLO DE LA UNIDAD

Los contenidos se introducen a través de **situaciones cotidianas.** Y en muchos casos se refuerzan con **ejercicios resueltos.**

Las **ideas principales** se resaltan en recuadros.

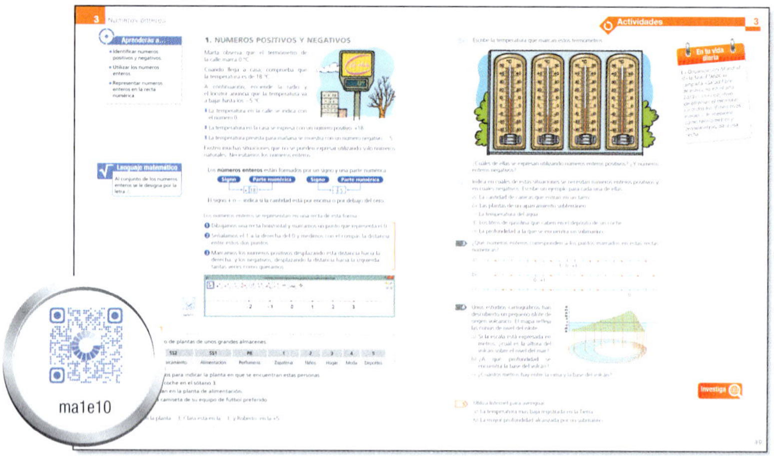

Junto con los contenidos puedes encontrar:

- Recursos TIC necesarios para comprender procedimientos, paso a paso. Puedes acceder a ellos utilizando los códigos QR o los enlaces correspondientes.
- Actividades de **aplicación directa** de las fórmulas y algoritmos, intercalando **ejercicios resueltos.**
- **Problemas** que requieren la utilización de los contenidos del epígrafe, dentro de un **contexto** sencillo.

  Todas las actividades propuestas están clasificadas por grado de dificultad: Fácil, Medio, Difícil.
- Un **desafío** o una **investigación**.

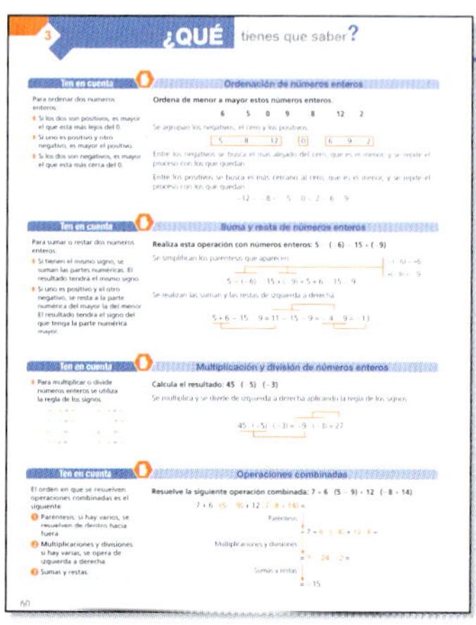

¿QUÉ TIENES QUE SABER?

Se resumen los procedimientos fundamentales para resolver las actividades y los problemas planteados en la unidad. Por medio de ejercicios resueltos puedes comprobar lo que has aprendido en cada unidad.

ACTIVIDADES FINALES

Además, se incluyen tres páginas de actividades finales con el objetivo de afianzar contenidos y trabajarlos de modo global.

MATEMÁTICAS VIVAS

Se trabaja la aplicación de las matemáticas, a partir de situaciones de la vida cotidiana.

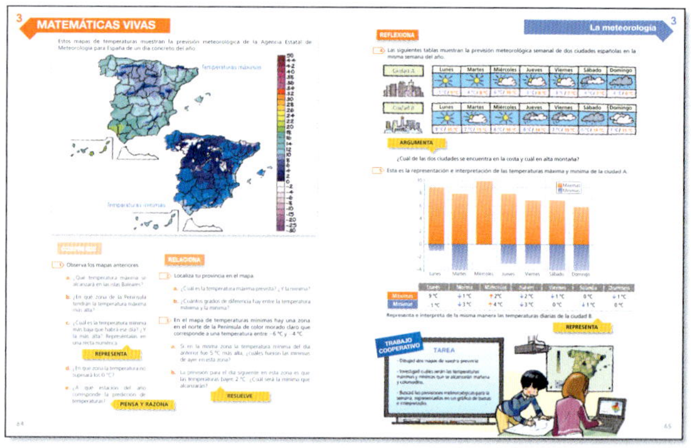

CIERRE DE LA UNIDAD

Avanza, sección para introducir contenidos de mayor dificultad.

Además, la última página incluye una sección diferente según el bloque de contenidos al que pertenece cada unidad:

- Cálculo mental.
- Percepción visual.
- Estadística.

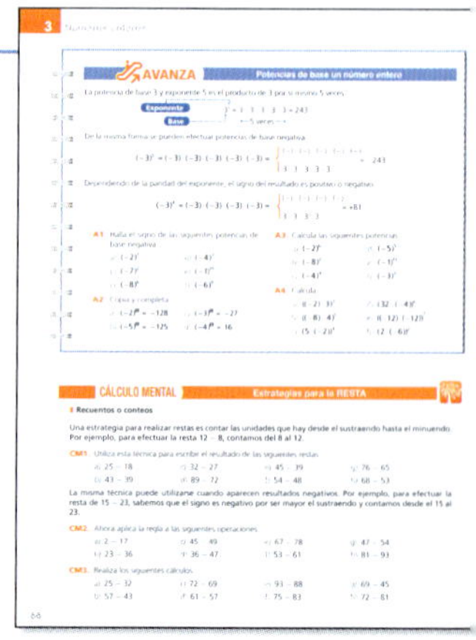

LEE Y COMPRENDE LAS MATEMÁTICAS

Para trabajar la comprensión lectora desde las matemáticas así como la **resolución de problemas** se analizan noticias y artículos. Encontrarás resuelto el primer problema y a continuación podrás practicar con los propuestos.

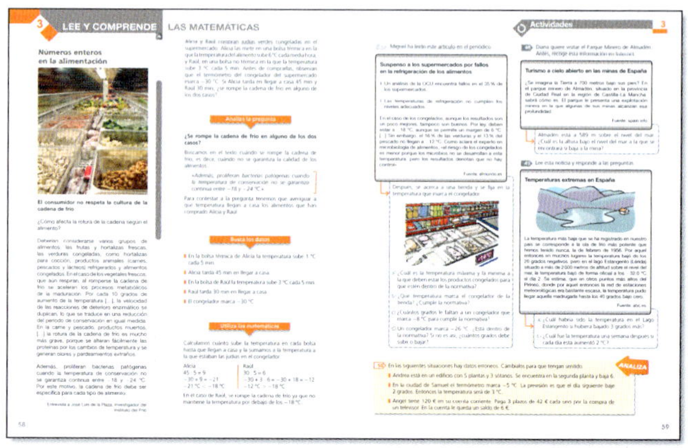

9 RECTAS Y ÁNGULOS

IDEAS PREVIAS

- Medida de ángulos.
- Sistema sexagesimal.
- Utilización del transportador de ángulos.

En el pavimento de las calles existen numerosas líneas rectas y curvas, que nos indican qué dirección hemos de seguir, qué debemos o no debemos hacer...

Una de las señales que pueden verse con más frecuencia pintada en el suelo consiste en una serie de segmentos paralelos que indican que, por esa zona, los peatones tienen prioridad frente a los vehículos a la hora de atravesar ese tramo de calzada.

Pero… ¡ten cuidado y no te confíes! Debes mirar a ambos lados de la calle antes de cruzar.

REPASA LO QUE SABES

1. ¿Cuánto mide el ángulo de la figura?

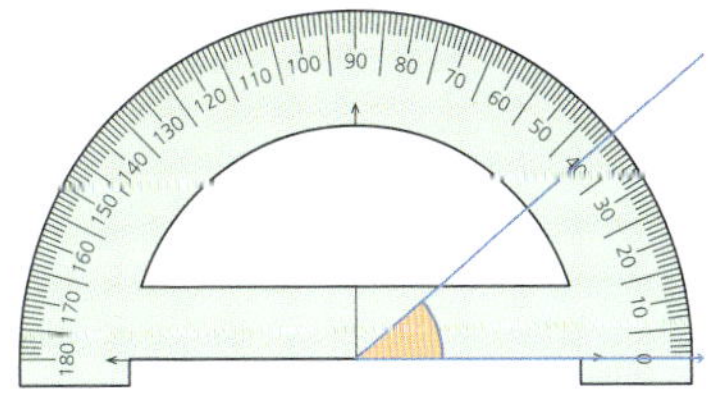

2. Completa estas igualdades en tu cuaderno.
   a) 1° = ⊡′ b) 1′ = ⊡″ c) 1° = ⊡″

3. Copia y completa.
   a) 70′ = ⊡° ⊡′
   b) 130′ = ⊡° ⊡′
   c) 250″ = ⊡′ ⊡″
   d) 310″ = ⊡′ ⊡″

4. Expresa las siguientes medidas en la unidad indicada.
   a) 2° 3′ 45″ en segundos b) 12° 35′ en minutos

MATEMÁTICAS EN EL DÍA A DÍA

ma1e33

El sistema sexagesimal, sistema de numeración de base 60, se utiliza para medir el tiempo y los ángulos. En este sistema cada 60 unidades de un orden forman una unidad del orden siguiente.

Aprenderás a…

- Definir punto, recta y plano.
- Identificar rectas, semirrectas y segmentos en el plano.
- Identificar las posiciones relativas de dos rectas en el plano.

1. RECTAS EN EL PLANO

Imagina que una hoja de tu cuaderno no tuviera fin, que se extendiera en todas las direcciones. Se trataría de un **plano.**

- Si doblas esa hoja, la marca que queda al desdoblarla es la representación de una **recta** que tampoco tiene principio ni fin.
- Si doblas ahora la hoja por otro sitio distinto, obtienes otra recta. El lugar donde se cortan las dos rectas es un **punto.**

Marca dos puntos en una hoja. Después, dóblala de forma que el doblez pase por los dos puntos marcados.

Si intentas a continuación plegar la hoja de otra forma, pero procurando que pase también por los dos puntos, comprobarás que resulta imposible.

Presta atención

- Para representar un plano podemos utilizar una hoja de un cuaderno.
- Para representar una recta, podemos utilizar una línea en la que no están marcados los extremos.

Por dos puntos del plano pasa una **única recta.**

En el plano podemos encontrar los siguientes elementos:

Recta

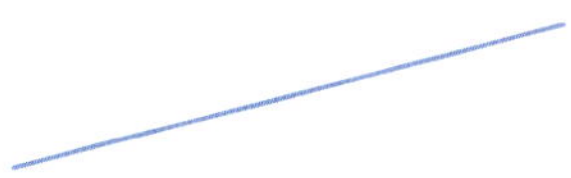

Línea sin curvas, sin principio ni final, formada por infinitos puntos.

Semirrecta

Cada una de las partes en las que queda dividida una recta al marcar un punto.

Segmento

Parte de recta delimitada por dos puntos.

Presta atención

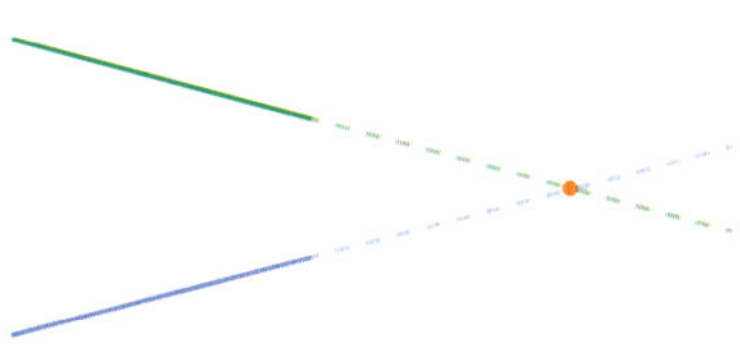

Estas dos rectas no son paralelas porque, si las prolongamos, se cortan.

Posiciones relativas de dos rectas

Si coges una hoja y haces dos dobleces, las rectas que obtienes pueden ser:

Secantes

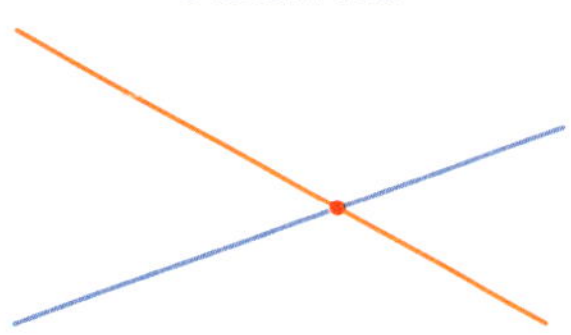

Se cortan en un punto.

Paralelas

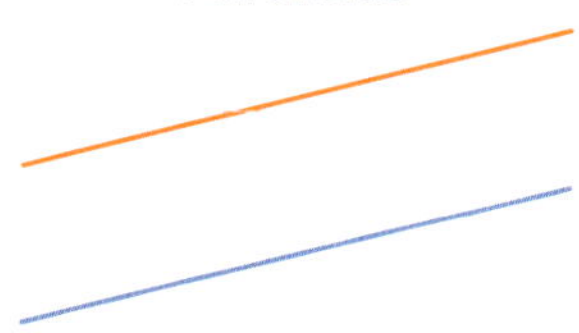

No se cortan.

Coincidentes

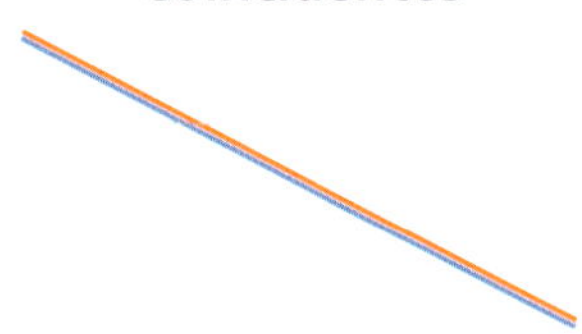

Son la misma recta.

Si las rectas son secantes y dividen el plano en cuatro regiones iguales, decimos que las rectas son **perpendiculares.**

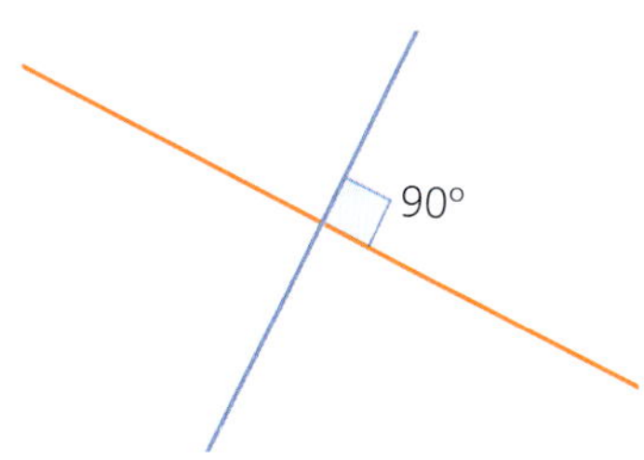

1 Copia este esquema y dibuja, si se puede, una recta que pase por:

a) El punto *E*.

b) Los puntos *A* y *D*.

c) Los puntos *A*, *B* y *C*.

d) Los puntos *B*, *C* y *E*.

> **Lenguaje matemático**
> Para nombrar un punto del plano, utilizamos letras mayúsculas: *A*, *B*, *C*…

2 Copia este dibujo y marca en él dos rectas, dos semirrectas y dos segmentos.

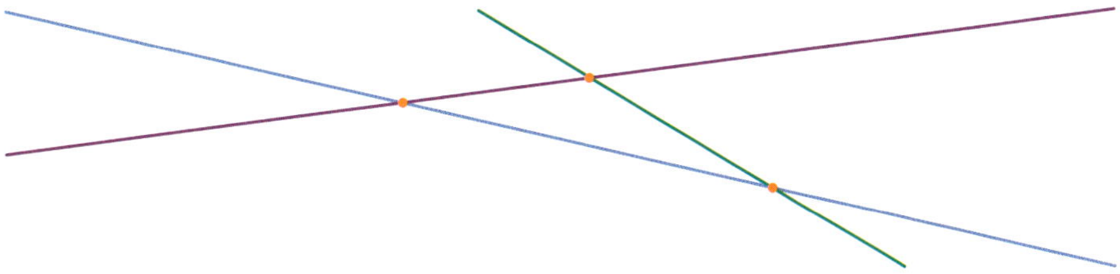

3 Observa este plano y contesta a los apartados:

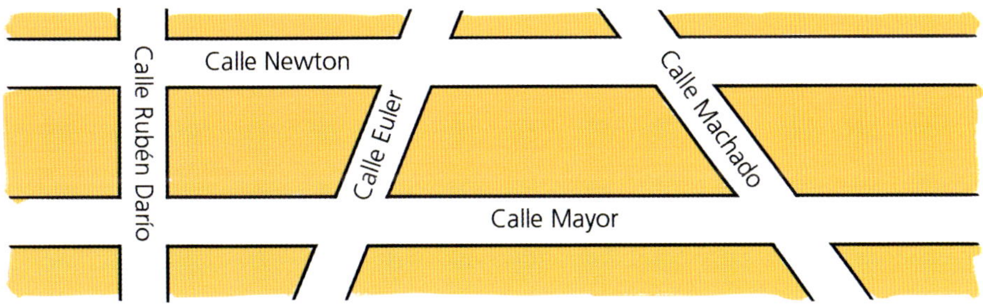

a) Nombra una calle que sea secante a la calle Mayor.

b) ¿Qué calle es paralela a la calle Mayor? ¿Cuál es perpendicular?

4 Copia este dibujo en tu cuaderno.

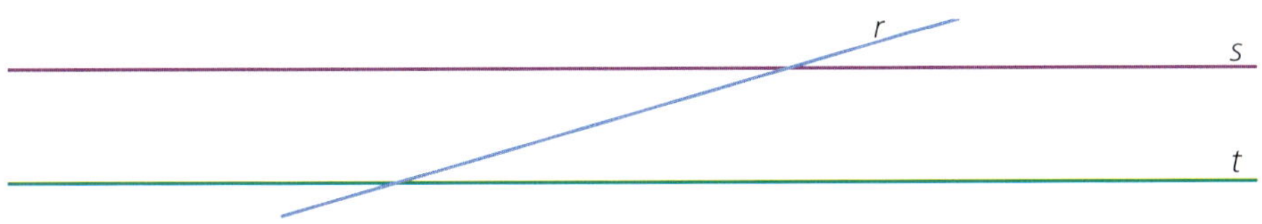

> **Lenguaje matemático**
> Para nombrar una recta del plano utilizamos letras minúsculas: *r*, *s*, *t*…

a) Dibuja una recta paralela a *s*.

b) Dibuja una perpendicular a *t*. ¿Es paralela a *s*? ¿Es perpendicular?

c) Dibuja una recta secante a *r* que no sea secante a *s*.

d) Dibuja una recta secante a *r*, *s* y *t*.

5 Piensa y contesta. Si *s* y *t* son dos rectas paralelas:

a) ¿Una recta paralela a *s* es también paralela a *t*?

b) ¿Una recta perpendicular a *s* es también perpendicular a *t*?

Investiga

6 Hay pintores que a lo largo de su trayectoria artística se han caracterizado por el uso de líneas rectas en sus obras. Piet Mondrian es uno de ellos.

Investiga su obra y busca en Internet otros pintores que también utilicen las rectas como elemento señalado en sus cuadros.

Aprenderás a…

- Identificar ángulos y conocer sus elementos principales.
- Clasificar ángulos.
- Manejar el sistema sexagesimal como sistema de medida de ángulos.

2. ÁNGULOS EN EL PLANO

En una hoja de nuestro cuaderno, que representa un plano, dibujamos un punto y trazamos dos semirrectas con origen en ese punto.

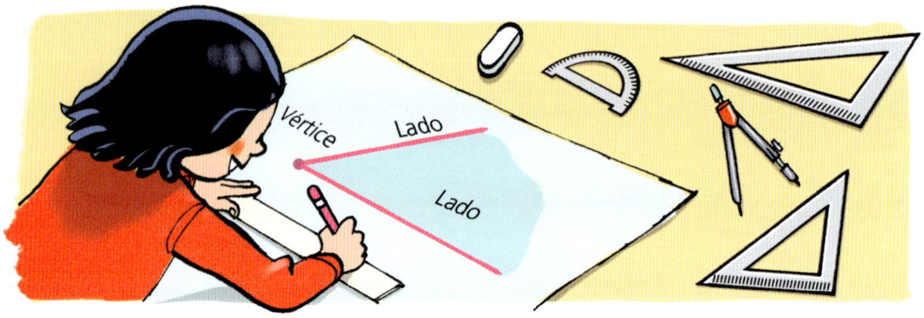

La hoja queda dividida en dos regiones que comparten el punto y las dos semirrectas.

- Al punto lo llamamos **vértice.**
- A cada semirrecta la denominamos **lado.**
- Cada una de estas dos regiones recibe el nombre de **ángulo.**

Un **ángulo** es cada una de las dos regiones en que queda dividido el plano al trazar dos semirrectas que tienen el mismo origen.

Lenguaje matemático

La medida de un ángulo está escrita en forma **incompleja** cuando está expresada con una única unidad de medida.

Si utilizamos más de una unidad diremos que está en **forma compleja.**

Las dos regiones en las que queda dividido el plano pueden ser distintas. Llamamos **amplitud** a la abertura de cada una de ellas.

Para medir la amplitud de un ángulo utilizamos el **grado** como unidad de medida. Se representa mediante el símbolo °.

Para expresar unidades más pequeñas que el grado utilizamos el minuto y el segundo. El minuto se representa por el símbolo ′ y el segundo por ″.

1 grado = 60 minutos (1° = 60′) 1 minuto = 60 segundos (1′ = 60″)

Clasificación de ángulos

Según su amplitud, un ángulo puede ser:

Nulo

Sus lados los forman semirrectas coincidentes.

Recto

Sus lados son semirrectas perpendiculares.

Llano

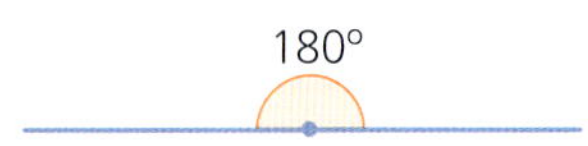

Sus lados son semirrectas de sentido contrario y tienen el mismo origen.

Comparado con un ángulo recto, un ángulo puede ser:

Agudo

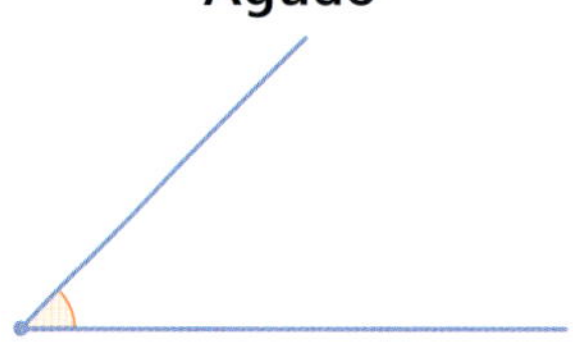

Amplitud < 90°

Obtuso

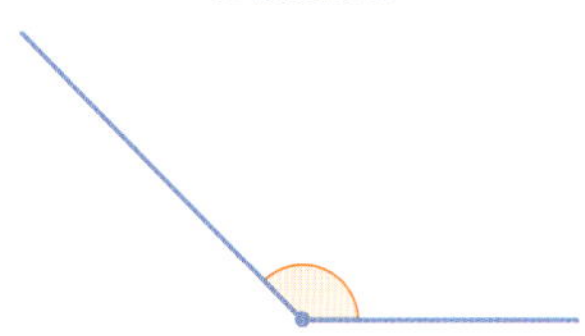

Amplitud > 90°

Presta atención

Recuerda cómo tienes que colocar el transportador de ángulos para medir la amplitud de cualquier ángulo.

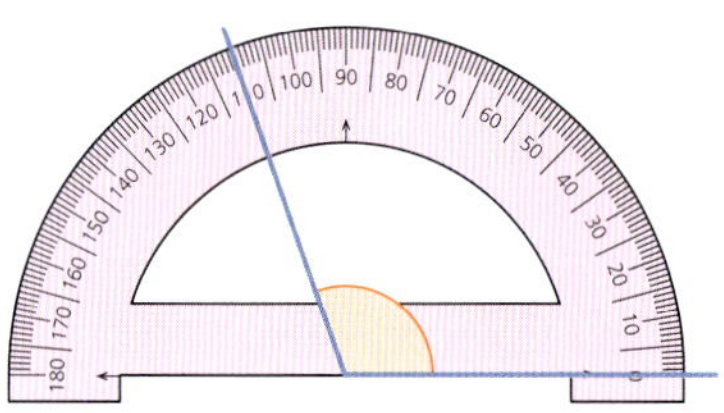

7 Relaciona cada ángulo con una medida.

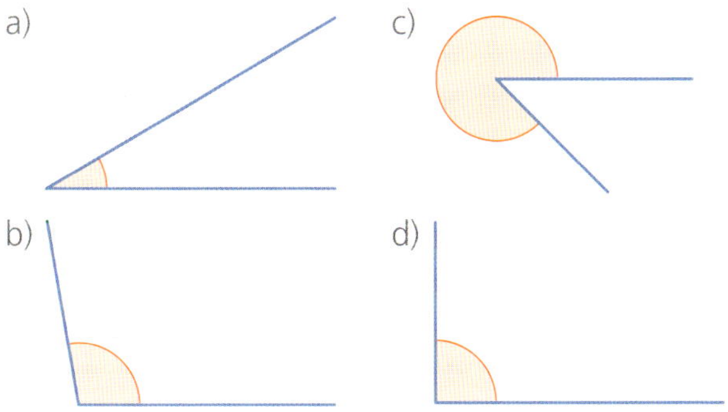

315° | 30° | 100° | 90°

8 Mide estos ángulos con un transportador y clasifícalos.

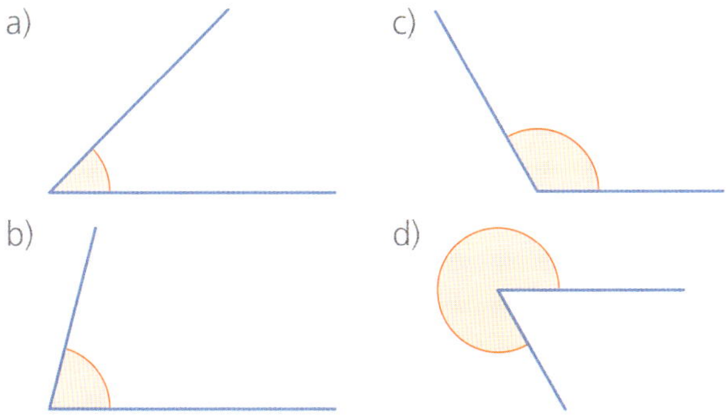

9 Utiliza una regla y un transportador para dibujar estos ángulos.

a) 60° b) 135° c) 45° d) 90°

EJERCICIO RESUELTO

Un ángulo mide 4532″. Expresa este ángulo en grados, minutos y segundos.

Solución

Dividimos sucesivamente entre 60.

```
4 5 3 2 |6 0        7 5 |6 0
  3 3 2  7 5  --->  1 5  1
    3 2
    ↓               ↓    ↓
segundos         minutos grados
```

4532″ = 1° 15′ 32″

10 Expresa los siguientes ángulos en la medida indicada.

a) 532′ en grados y minutos

b) 54670″ en minutos y segundos

11 Expresa en grados, minutos y segundos las siguientes medidas de ángulos.

a) 453″ c) 756″

b) 56030″ d) 90040″

12 Escribe en forma incompleja, pasando a segundos un ángulo que mide:

a) 32° 45′ 56″

b) 27° 34′ 45″

c) 43° 25′ 57″

d) 17° 29′ 35″

13 Un ángulo mide 452,25′. Expresa este ángulo en grados, minutos y segundos.

14 Observa y clasifica.

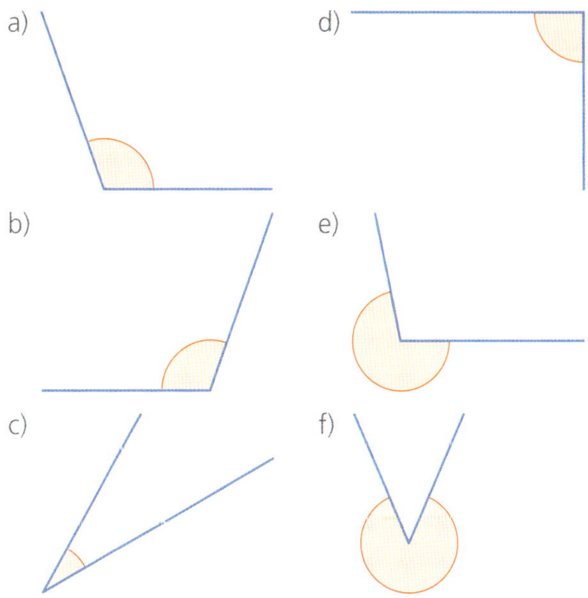

15 Utiliza un reloj analógico para dibujar dos ejemplos de una hora con las manecillas que formen:

a) Un ángulo obtuso.

b) Un ángulo recto.

c) Un ángulo agudo.

d) Un ángulo nulo.

DESAFÍO

16 Copia la siguiente malla y señala con distinto color los ángulos rectos, agudos y obtusos.

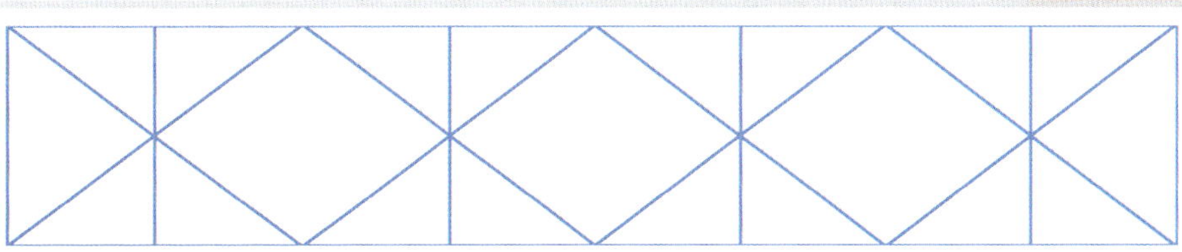

Aprenderás a…

- Reconocer cuándo dos ángulos son complementarios o suplementarios.
- Identificar ángulos opuestos por el vértice.

3. RELACIONES ENTRE ÁNGULOS Y RECTAS

Observa cómo puedes dibujar dos ángulos con el mismo vértice y con un lado en común.

1. Dibuja un punto; este será el vértice.
2. Traza una semirrecta a partir del vértice.
3. Traza otras dos semirrectas con el mismo origen.

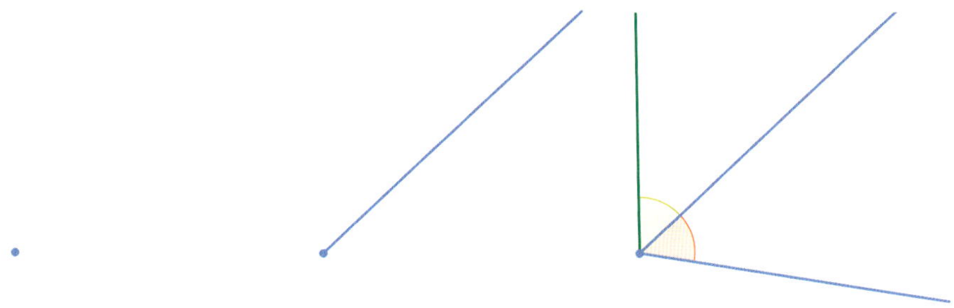

Dos ángulos que comparten vértice y tienen un lado en común se llaman **ángulos consecutivos.**

Podemos colocar siempre dos ángulos de manera que sean consecutivos. Existen dos casos especiales de ángulos consecutivos:

Ángulos complementarios | **Ángulos suplementarios**

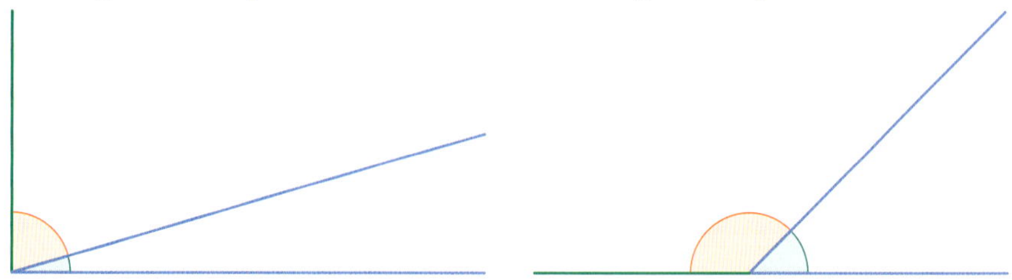

Forman un ángulo recto. | Forman un ángulo llano.

- Dos ángulos son **complementarios** si suman 90°.
- Dos ángulos son **suplementarios** si suman 180°.

Observa los cuatro ángulos que aparecen cuando se cortan dos rectas. ¿Existe alguna relación entre estos cuatro ángulos?

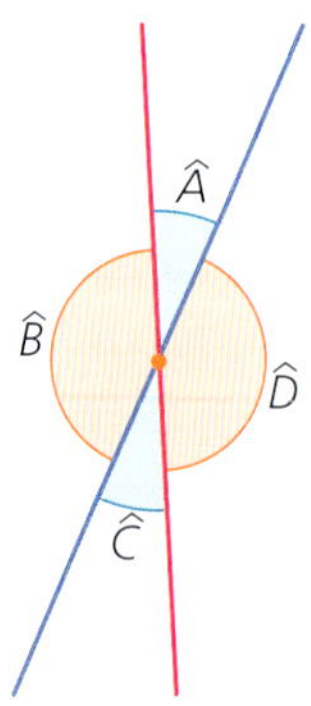

1. $\hat{A}$ y $\hat{B}$ son suplementarios:

$$\hat{A} + \hat{B} = 180°$$

2. Como $\hat{A} + \hat{B} = 180°$ y $\hat{B} + \hat{C} = 180°$, entonces:

$$\hat{A} = \hat{C}$$

$\hat{B}$ y $\hat{C}$ son también suplementarios:

$$\hat{B} + \hat{C} = 180°$$

Seguimos el mismo razonamiento para $\hat{A}$, $\hat{B}$ y $\hat{D}$, y obtenemos que:

$$\hat{B} = \hat{D}$$

Dos rectas secantes forman cuatro ángulos que comparten vértice. Además, los lados de uno son prolongación de los del otro, dos a dos, y tienen la misma amplitud.

Estos pares de ángulos se llaman **opuestos por el vértice.**

Lenguaje matemático

Para nombrar un ángulo del plano utilizamos letras mayúsculas, en cursiva y ponemos este símbolo ^ sobre ellas: $\hat{A}$, $\hat{B}$, $\hat{C}$…

EJERCICIO RESUELTO

Utiliza el compás y la regla para dibujar este ángulo en tu cuaderno.

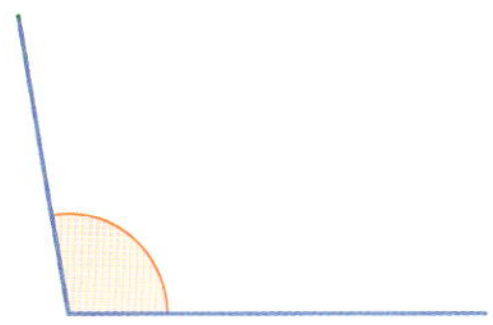

Solución

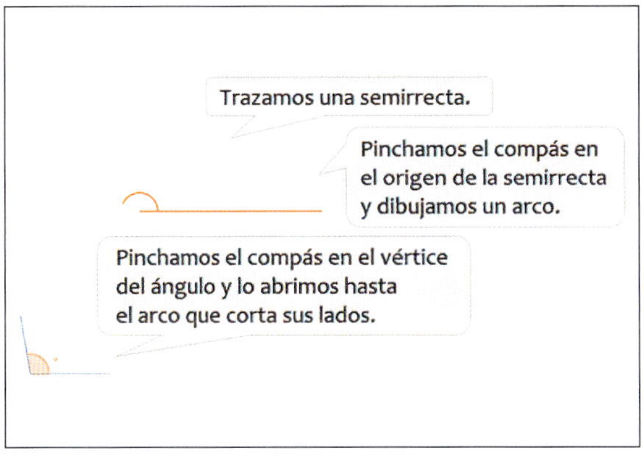

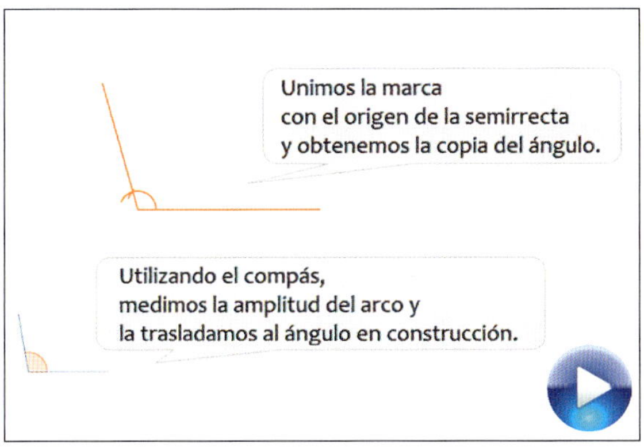

a1e34

17 Construye estos ángulos y clasifícalos.

a) 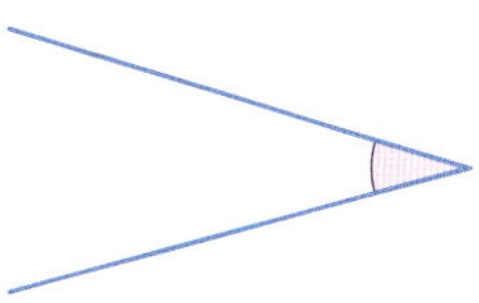

b) 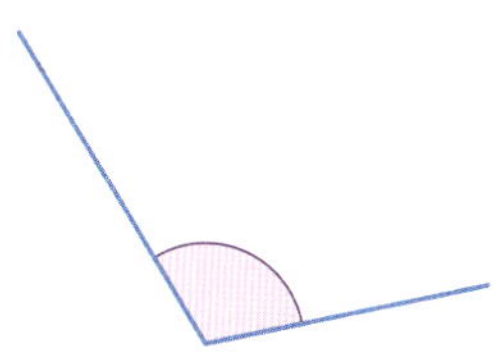

18 Dibuja un ángulo de 35°. Después, traza el ángulo complementario y el suplementario.

19 Señala en la siguiente figura algunos ángulos complementarios y suplementarios.

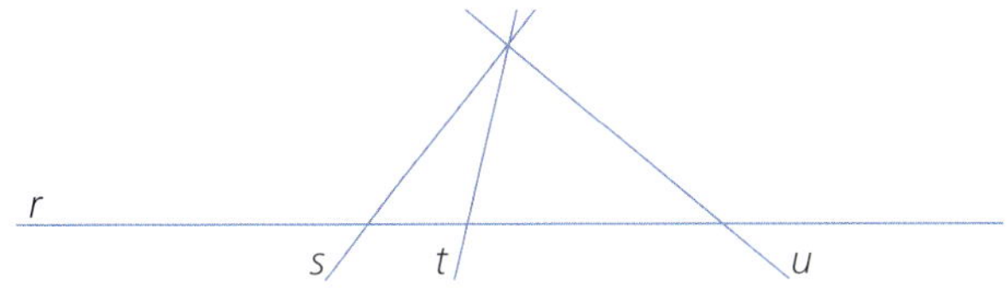

20 Observa los ángulos marcados que no tienen medida. ¿Cuánto mide cada uno?

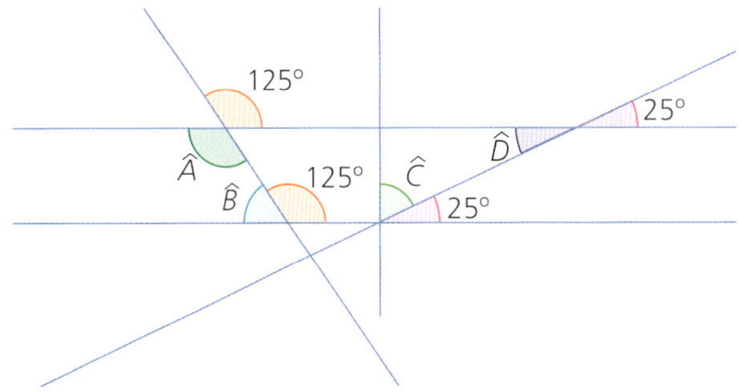

EJERCICIO RESUELTO

Un ángulo mide 52° 45′ 15″. ¿Cuánto mide su complementario?

Solución

El ángulo complementario mide 90° − 52° 45′ 15″. Para poder realizar la resta pasamos un grado a minutos y, después, un minuto a segundos.

	1° = 60′	1′ = 60″
90°	89° 60′	89° 59′ 60″
52° 45′ 15″	52° 45′ 15″	− 52° 45′ 15″
		37° 14′ 45″

El ángulo complementario mide 37° 14′ 45″.

21 Averigua la medida de los complementarios a estos ángulos.

a) 78° 12′
b) 32° 4′ 59″
c) 60° 50′ 25″
d) 15° 40″

22 Calcula los ángulos suplementarios de:

a) 128° 12′ 40″
b) 50° 14′ 35″
c) 165° 15′ 38″
d) 83° 12″

Investiga

23 ¿Cuál es la amplitud del ángulo $\hat{X}$?

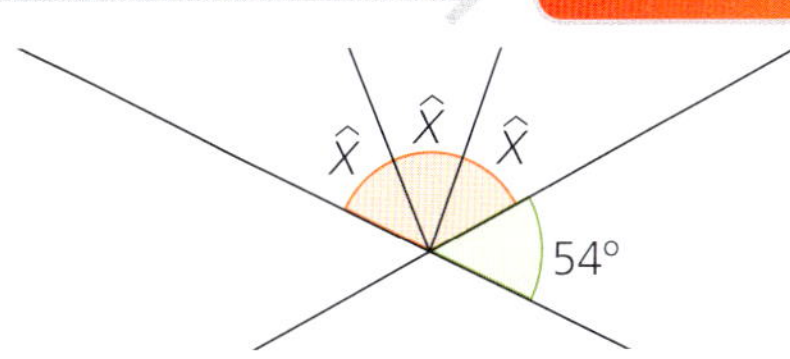

Aprenderás a…

- Reconocer y dibujar la mediatriz de un segmento.
- Reconocer y dibujar la bisectriz de un ángulo.

4. MEDIATRIZ Y BISECTRIZ

Clara quiere dividir un segmento en dos partes iguales. Para conseguirlo, traza una recta perpendicular al segmento que pasa por su punto medio.

ma1e35

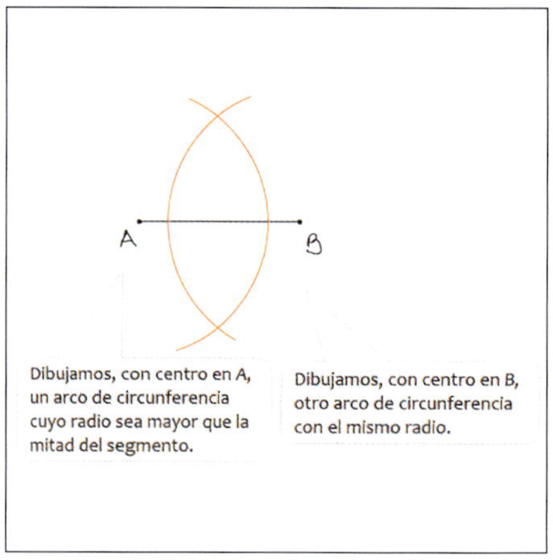

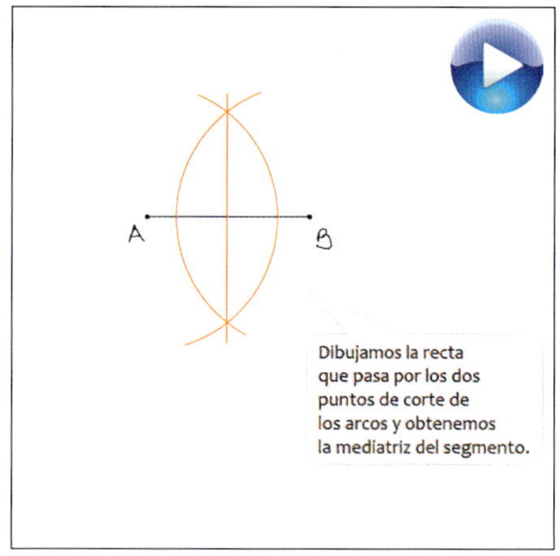

La **mediatriz de un segmento** es la recta perpendicular al segmento que pasa por su punto medio.

Clara también quiere dividir un ángulo en dos partes iguales. Para conseguirlo, traza la única semirrecta que pasa por el vértice del ángulo y lo divide en dos partes iguales.

ma1e36

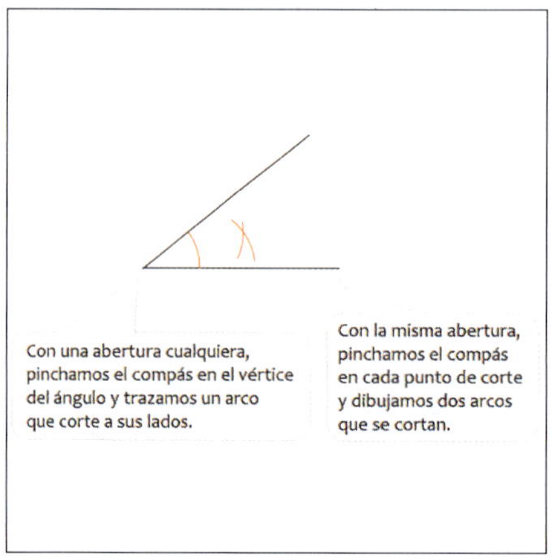

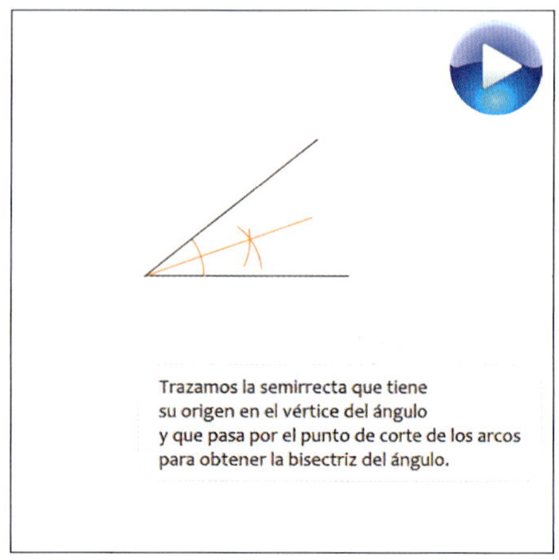

La **bisectriz de un ángulo** es la semirrecta que tiene su origen en el vértice del ángulo y que lo divide en dos ángulos iguales.

Observa las **propiedades** que cumplen la mediatriz de un segmento y la bisectriz de un ángulo:

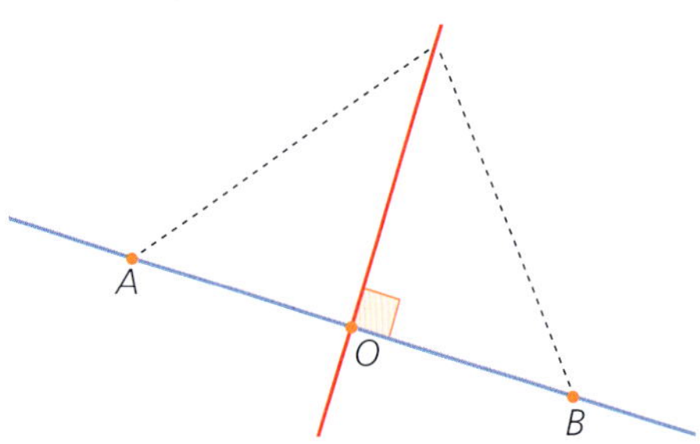

Los puntos de la mediatriz están a la misma distancia de los extremos del segmento.

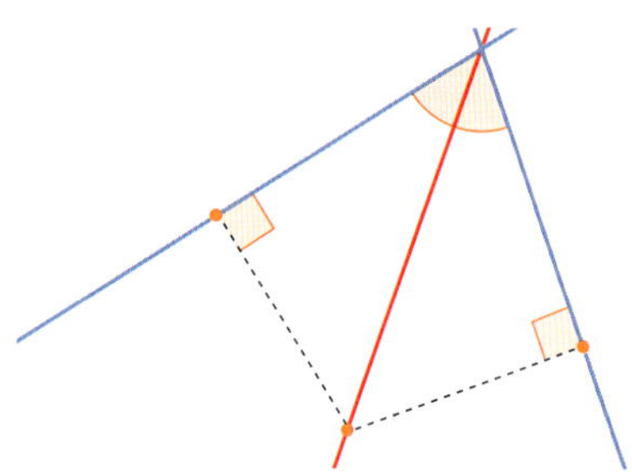

Los puntos de la bisectriz están a la misma distancia de los dos lados del ángulo.

24 Copia en tu cuaderno los siguientes segmentos y dibuja su mediatriz.

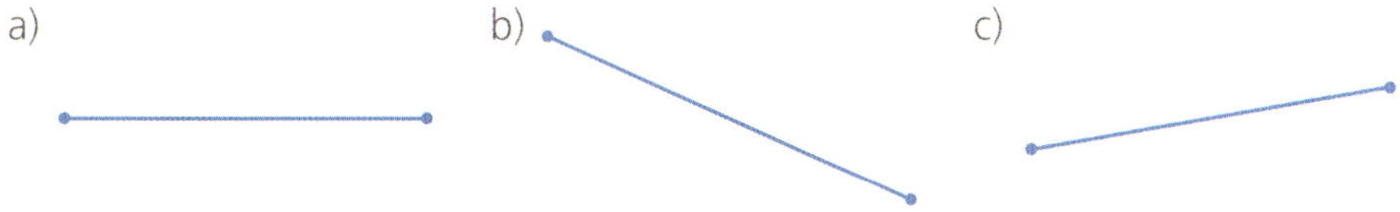

25 Indica cuál de estas rectas puede ser la mediatriz del segmento *AB*.

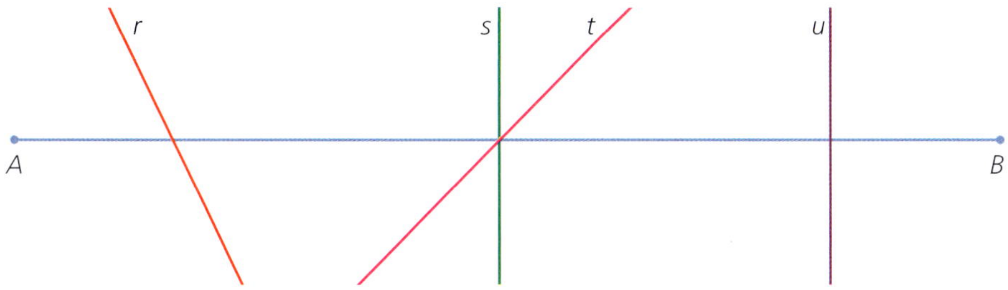

¿Por qué el resto no lo son?

26 Dibuja cuatro puntos en tu cuaderno y determina el punto medio de los segmentos *AB* y *CD*, que se forman.

27 Traza en tu cuaderno un segmento de 4 cm de longitud y localiza un punto que se encuentre a 4 cm de los dos extremos del segmento. ¿Es ese el único punto? Compruébalo.

28 Copia en tu cuaderno los siguientes ángulos y dibuja su bisectriz.

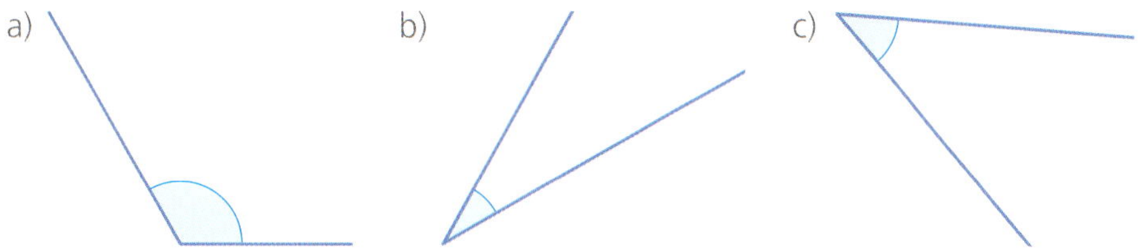

29 Copia y halla la bisectriz del ángulo que forman las rectas *r* y *s*.

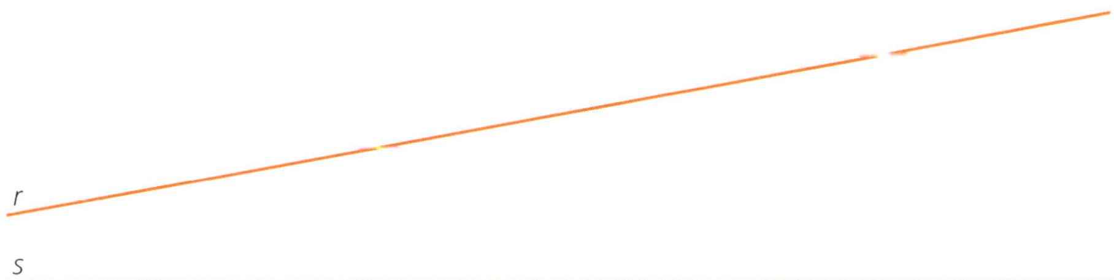

DESAFÍO

30 Tres pueblos quieren unirse para construir un gran depósito de agua que pueda abastecerlos, pero quieren que el depósito esté a la misma distancia de las tres localidades. Haz un esquema de la situación de los pueblos y señala en el dibujo dónde debe construirse el depósito.

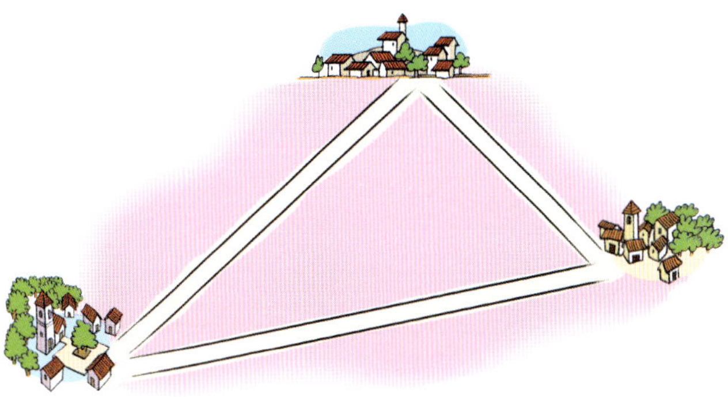

9 ¿QUÉ tienes que saber?

Ten en cuenta

- Dos rectas son **paralelas** si no se cortan.
- Dos rectas son **secantes** si se cortan.
- Dos rectas secantes son **perpendiculares** si dividen el plano en cuatro partes iguales.

Tipos de rectas

Identifica en este dibujo dos rectas paralelas, dos rectas secantes y dos rectas perpendiculares:

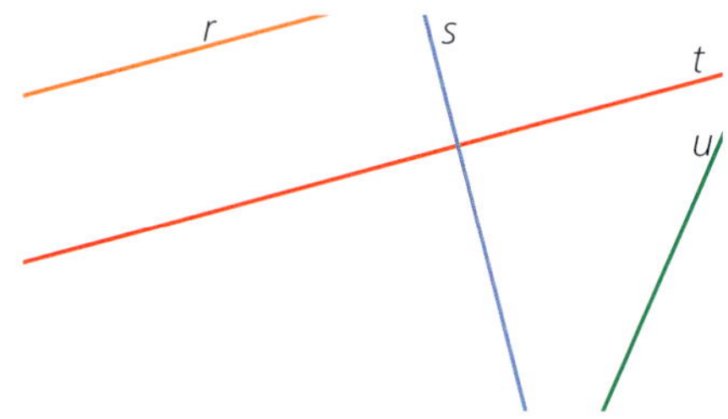

r y *t* son rectas paralelas.

t y *u* son rectas secantes.

t y *s* son rectas perpendiculares.

Ten en cuenta

- Ángulo **nulo:** 0° de amplitud.
- Ángulo **agudo:** amplitud menor que 90°.
- Ángulo **recto:** 90° de amplitud.
- Ángulo **obtuso:** amplitud mayor que 90°.
- Ángulo **llano:** 180° de amplitud.

Tipos de ángulos

Clasifica estos ángulos:

a) 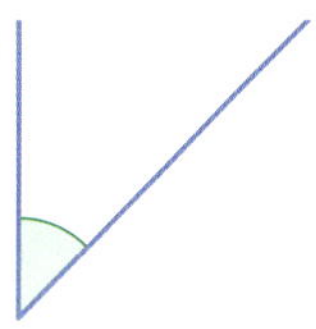 **b)** 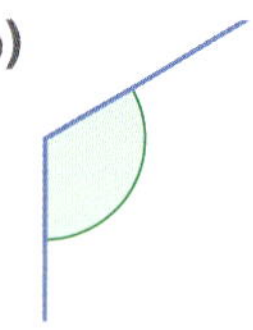 **c)** 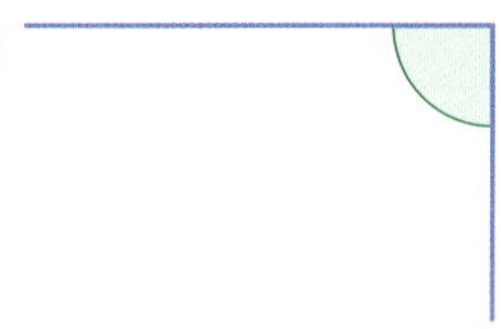

Dibujamos los ángulos comparándolos con un ángulo recto y uno llano.

a) Ángulo agudo

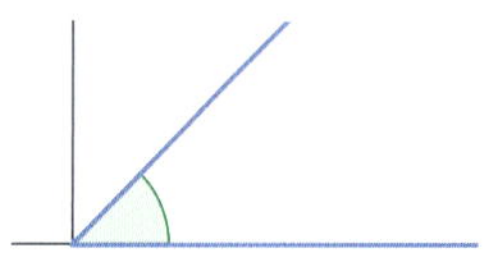

b) Ángulo obtuso

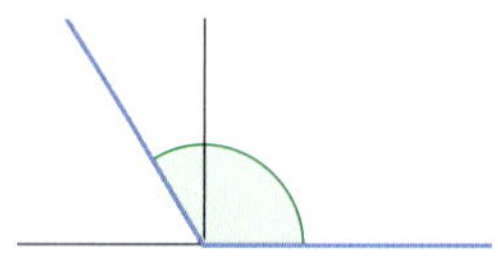

c) Ángulo recto

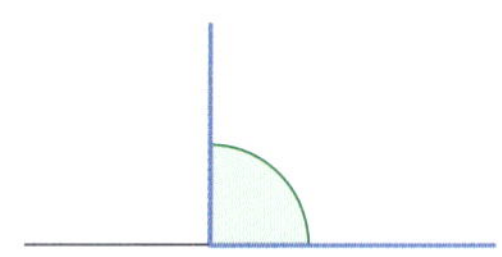

Ten en cuenta

- Dos ángulos son **complementarios** si forman un ángulo recto.
- Dos ángulos son **suplementarios** si forman un ángulo llano.
- Dos ángulos son **opuestos por el vértice** si tienen el vértice común y los lados de uno son prolongación de los del otro. Tienen la misma amplitud.

Relación entre rectas y ángulos

¿Cuánto miden los ángulos $\hat{A}$ y $\hat{B}$?

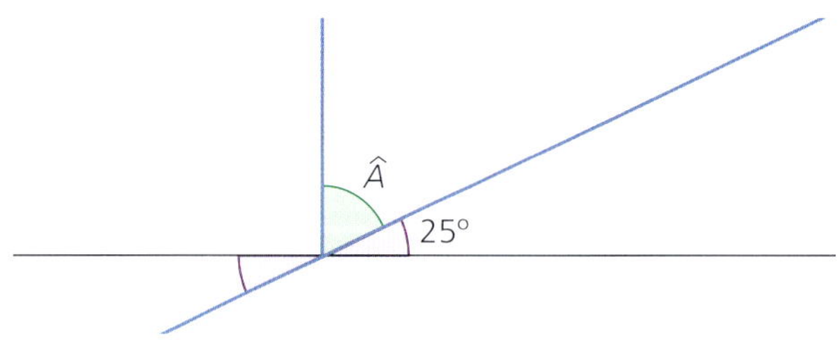

El ángulo $\hat{A}$ es complementario del ángulo de 25°. Por tanto: $\hat{A} = 90° - 25° = 65°$

El ángulo $\hat{B}$ y el de 25° son opuestos por el vértice. Por tanto: $\hat{B} = 25°$

Ten en cuenta

- La **mediatriz de un segmento** es la recta perpendicular al segmento que pasa por su punto medio.
- La **bisectriz de un ángulo** es la semirrecta que tiene su origen en el vértice del ángulo y que lo divide en dos ángulos iguales.

Mediatriz y bisectriz

Construye la mediatriz de un segmento y la bisectriz de un ángulo.

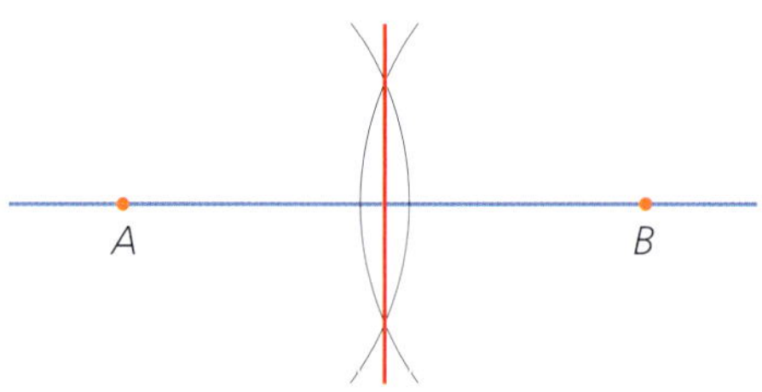

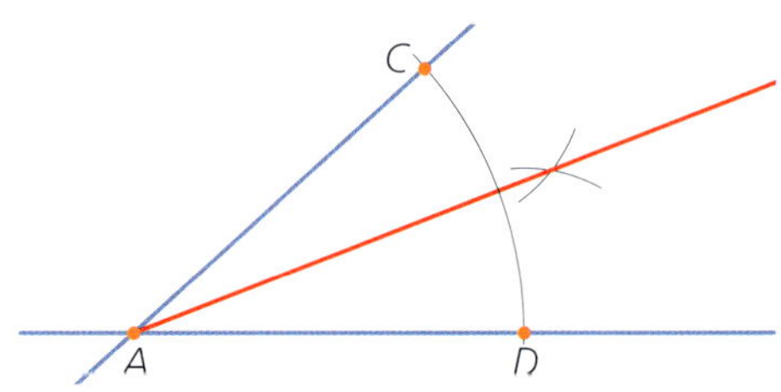

Rectas en el plano

31 Copia en tu cuaderno los siguientes puntos y resuelve los apartados.

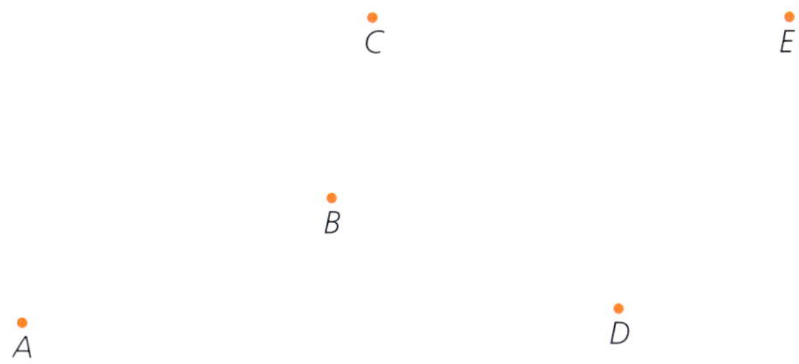

a) Dibuja tres rectas que pasen por *B*, pero no por el resto de puntos.

b) Traza una recta que pase por *C* y *D*. ¿Puedes dibujar otra recta distinta con esta condición? Explica por qué.

c) Dibuja una recta que pase por *A*, *B* y *E*. ¿Es perpendicular a la recta que pasa por *C* y *D*?

32 Copia y señala en tu cuaderno dos rectas, dos semirrectas y dos segmentos.

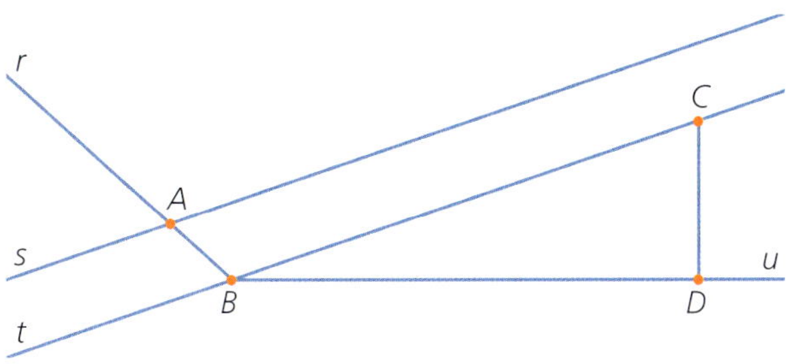

33 Indica en este dibujo dos rectas paralelas, dos secantes y dos perpendiculares.

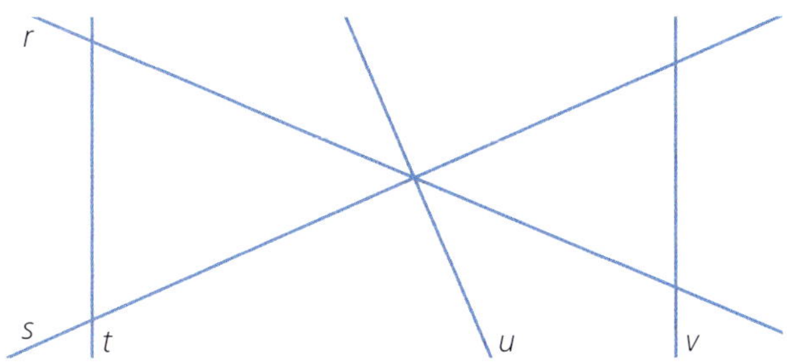

34 Dibuja en tu cuaderno estos dos puntos y una recta *r* que pase por ellos.

A partir de ella, dibuja:

a) Una recta secante a *r* que pase por *B*.

b) Una recta paralela a *r*.

c) Una recta perpendicular a *r* que pase por *B* y otra perpendicular a *r* que pase por *A*. ¿Cómo son estas dos rectas?

35 Localiza calles paralelas y perpendiculares en el siguiente plano. Compara tus respuestas con las de un compañero.

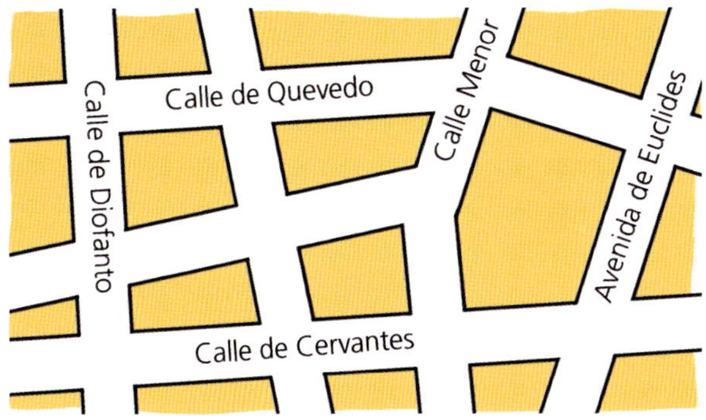

Ángulos en el plano

36 Copia estas figuras. En cada caso, colorea de azul el ángulo de mayor abertura y de rojo el de menor abertura.

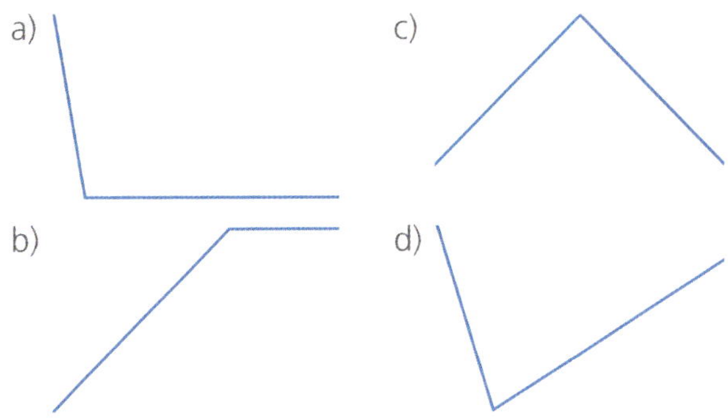

37 Mide estos ángulos y ordénalos de menor a mayor amplitud.

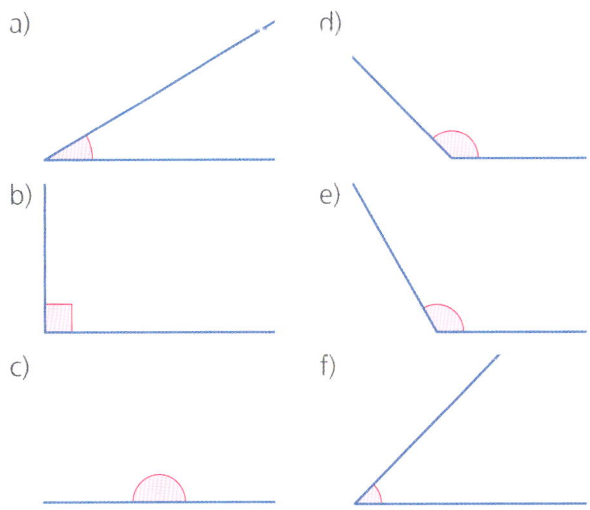

38 Utiliza el transportador de ángulos para dibujar estos ángulos.

a) 20° c) 70° e) 170°

b) 50° d) 100° f) 200°

39 Dibuja en tu cuaderno un ángulo de 45° y, después, otro ángulo con lados paralelos a él.

40 El ángulo $\widehat{A}$ mide 50°.

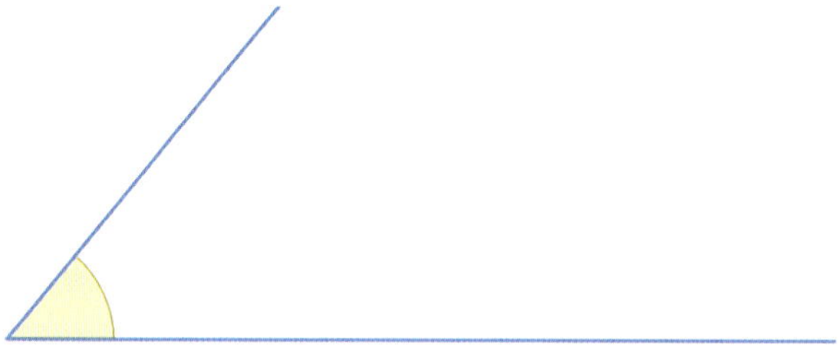

Dibuja en tu cuaderno los siguientes ángulos:

a) Un ángulo mayor que 25° y menor que 50°.

b) Un ángulo menor que 25°.

c) Un ángulo mayor que 50°.

41 Copia y completa esta tabla.

Amplitud	Agudo	Obtuso
39°	×	×
×	sí	no
×	×	sí
157°	×	×

42 Antiguamente, la tripulación de los barcos utilizaba banderas para enviarse mensajes. Las banderas se colocaban en distintas posiciones, cada una de las cuales representa una letra. Estos son algunos ejemplos:

Tomando el sentido contrario al de las agujas del reloj, dibuja en tu cuaderno los ángulos que forman las banderas y clasifícalos.

43 Calcula la medida de los ángulos pedidos.

a) El complementario de 72° 45′ 5″.

b) El suplementario de 156° 17′.

c) El complementario de 12° 32″.

d) El suplementario de 3° 59′ 7″.

e) El suplementario de 23′ 37″.

f) El suplementario de 179° 59′ 43″.

Relaciones entre ángulos y rectas

44 Indica, en cada caso, qué pares de ángulos son complementarios y cuáles son suplementarios.

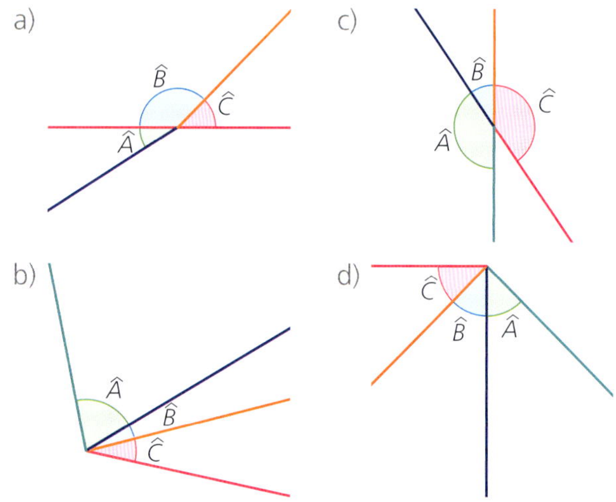

45 Completa esta tabla en tu cuaderno.

Ángulo	Complementario	Suplementario
52°	×	×
×	30°	×
×	×	145°
89°	×	×
×	80°	×
×	×	150°

46 Mide estos pares de ángulos y dibújalos en tu cuaderno como consecutivos. Indica si son complementarios o suplementarios.

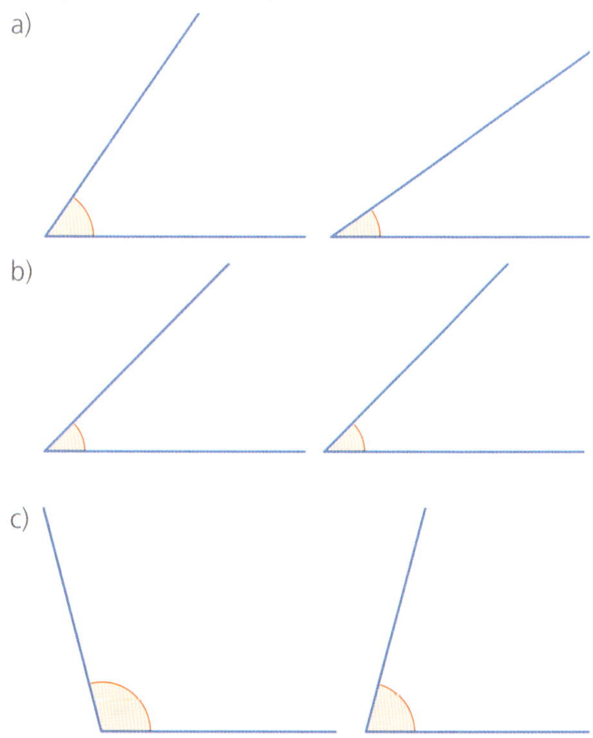

47 Encuentra, entre estos ángulos, dos parejas de complementarios y de suplementarios. Dibújalos en tu cuaderno.

125°	110°	43°	32°
15°	58°	82°	156°
97°	55°	137°	8°

48 Observa e indica qué pares de ángulos son opuestos por el vértice.

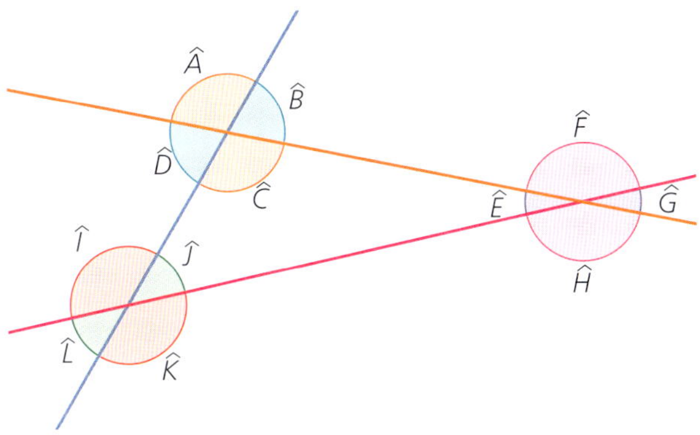

49 Halla el valor de los ángulos que faltan en las siguientes figuras.

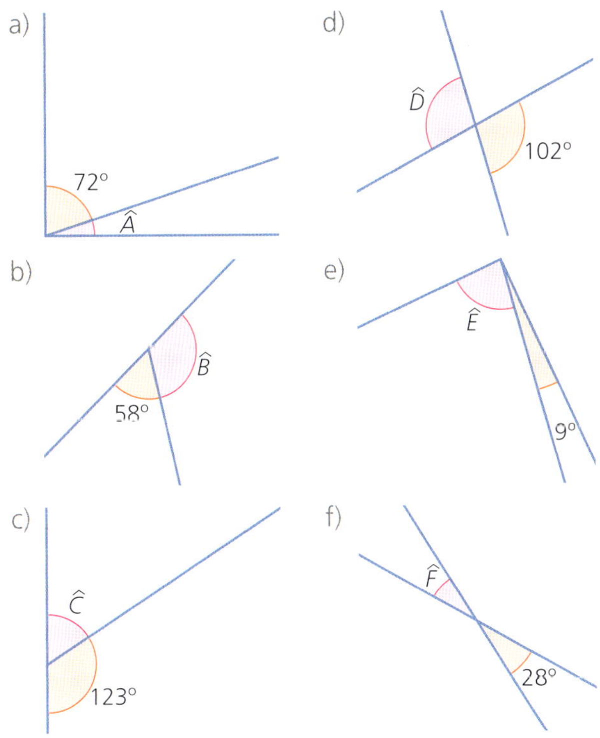

50 ¿Cuánto miden los ángulos desconocidos? Resuelve y explica cómo lo has averiguado.

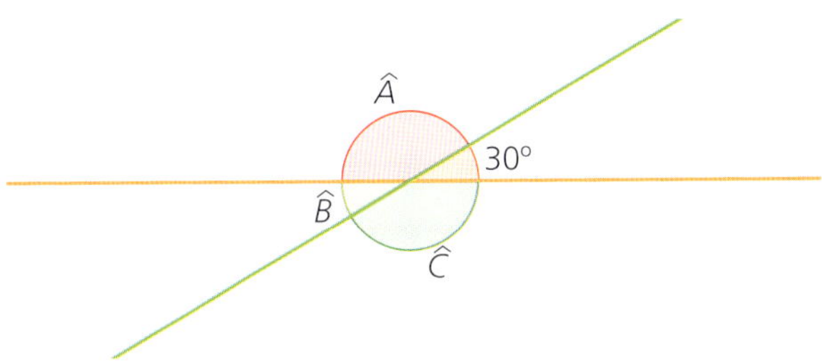

51 Indica qué ángulos son opuestos por el vértice y halla el valor de los ángulos que faltan.

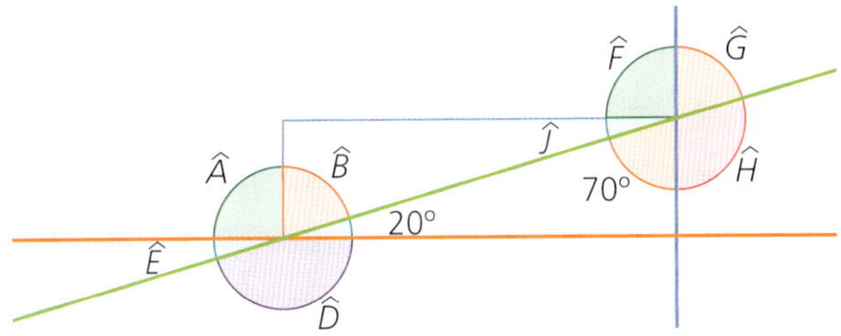

Mediatriz y bisectriz

52 Traza la mediatriz de estos segmentos.

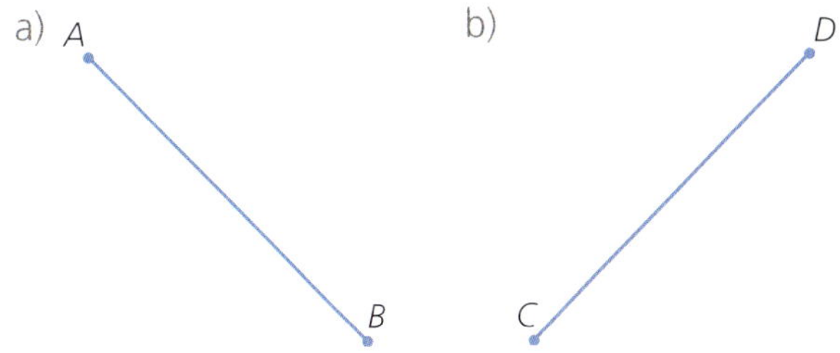

53 Dibuja en tu cuaderno dos puntos que disten 4 cm el uno del otro.

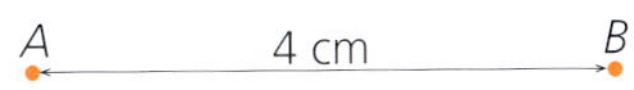

a) Señala el punto medio del segmento *AB* que se forma.

b) Localiza un punto que se encuentre a una distancia de 6 centímetros de *A* y de *B*.

c) ¿Es el único? Explica por qué.

54 Dibuja un triángulo en tu cuaderno y las mediatrices de los tres lados.

a) ¿Se cortan las tres mediatrices?

b) Intenta trazar una circunferencia que pase por los tres vértices.

c) ¿Qué observas?

55 Dibuja la bisectriz de estos ángulos.

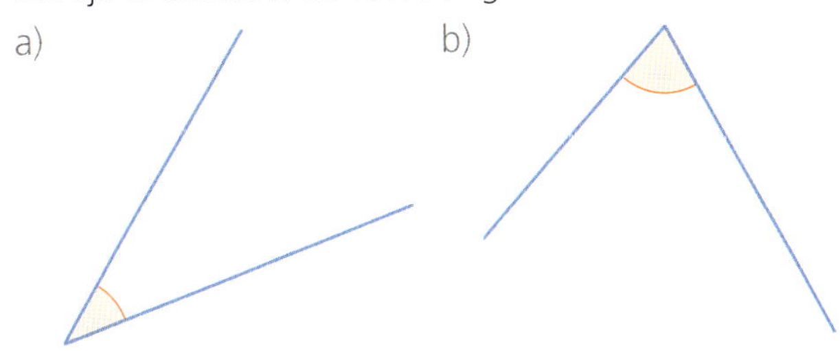

56 Traza un triángulo en tu cuaderno y las bisectrices de los tres ángulos.

a) ¿Se cortan la tres bisectrices?

b) Intenta dibujar una circunferencia que toque a los tres lados.

c) ¿Qué observas?

9 MATEMÁTICAS VIVAS

La escuadra y el cartabón son dos herramientas sencillas y útiles a la hora de trazar líneas rectas.

Ambas tienen forma de triángulo en el que uno de sus ángulos mide 90º: la escuadra con dos lados iguales y el cartabón con los tres lados distintos. Apoyando una en la otra, podemos dibujar líneas rectas, perpendiculares o que formen diferentes ángulos.

COMPRENDE

1 Observa la siguiente construcción.

Al desplazar la escuadra sobre el cartabón, como indica el dibujo y trazar una recta sobre la escuadra, ¿cómo es esta recta con respecto a *r*?

PIENSA Y RAZONA

2 Observa ahora esta otra construcción.

Al desplazar la escuadra sobre el cartabón, como indica el dibujo y trazar una recta sobre la escuadra, ¿cómo es esta recta con respecto a *r*?

PIENSA Y RAZONA

RELACIONA

3 Toma una hoja de papel y dibuja una recta paralela a uno de los lados de la hoja.

UTILIZA EL LENGUAJE MATEMÁTICO

a. ¿Cuántas rectas paralelas a esta puedes trazar?

b. ¿Cómo es esta recta con respecto a los otros lados de la hoja de papel?

c. Dibuja dos rectas perpendiculares a la primera que has dibujado. ¿Cómo son entre sí?

REPRESENTA

REFLEXIONA

4 Los ángulos que forman los lados de la escuadra y el cartabón son los siguientes. Es muy fácil trazar rectas que formen estos ángulos.

Combinando la escuadra y el cartabón, podemos dibujar rectas que formen ángulos cuya amplitud sea la suma del ángulo de cada una de ellas.

Por ejemplo, si colocamos la escuadra y el cartabón de esta forma, obtenemos un ángulo de 75°.

a. ¿Cómo debemos colocar la escuadra y el cartabón para formar un ángulo de 105°?

ARGUMENTA

b. Si utilizamos los ángulos complementarios de la escuadra y el cartabón, aumentamos la variedad de ángulos que podemos formar. Coloca la escuadra y el cartabón sobre una recta para formar ángulos de 120°, 135° y 150°.

MODELIZA

c. También podemos utilizar la escuadra y el cartabón para dibujar ángulos que miden pocos grados. ¿Cómo debemos colocar estas herramientas para trazar un ángulo de 15°?

COMUNICA

TRABAJO COOPERATIVO

TAREA

La circunferencia completa tiene 360°. Con la escuadra y cartabón podemos dibujar todos los ángulos múltiplos de 15°.

Realizad un mural donde se marquen las distintas posiciones de la escuadra y el cartabón que permiten conseguir estos ángulos.

AVANZA — Ángulos correspondientes y ángulos alternos

Cuando dos rectas paralelas son cortadas por otra recta, a la que llamaremos transversal se forman ocho ángulos, como puedes ver en la figura.

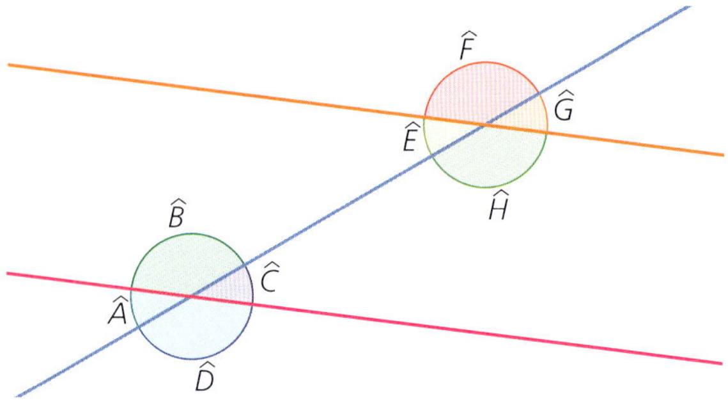

Los siguientes pares de ángulos son iguales:

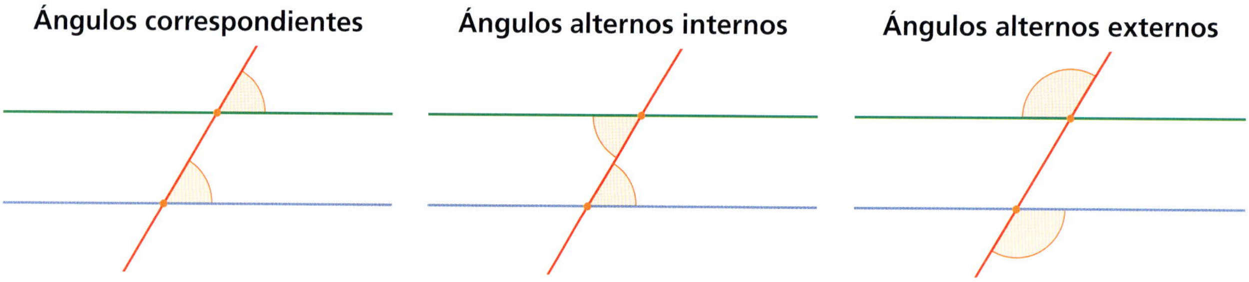

A1. Calcula las medidas de los ángulos que faltan en esta figura.

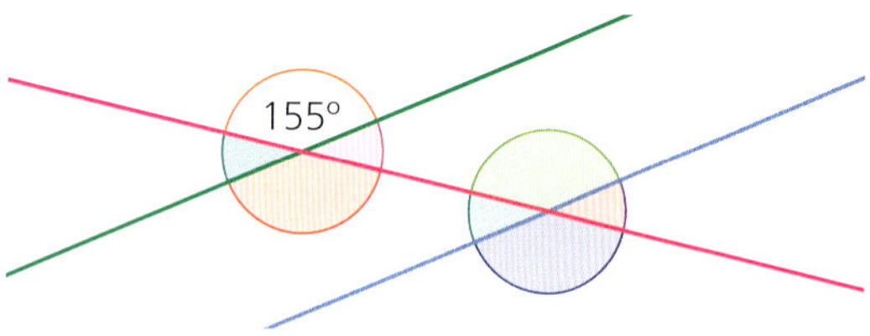

A2. Halla cuánto miden los ángulos que faltan en esta figura.

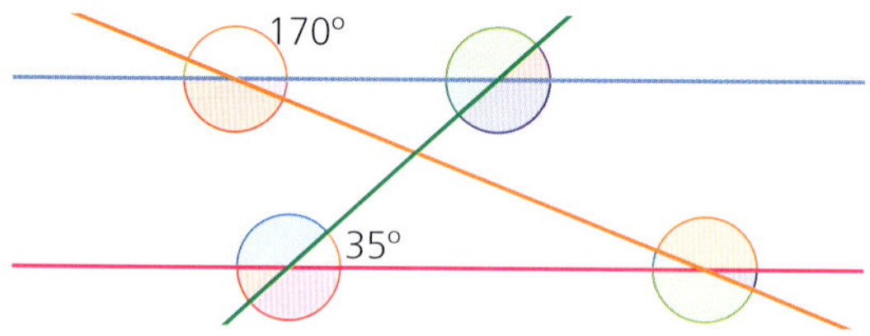

PERCEPCIÓN VISUAL — Ilusiones ópticas

Las ilusiones ópticas intentan crear una impresión errónea en la persona que las observa.

Una segunda mirada o comprobación puede hacer que la figura realmente nos sorprenda.

PV1. Comprueba las siguientes afirmaciones.

a) 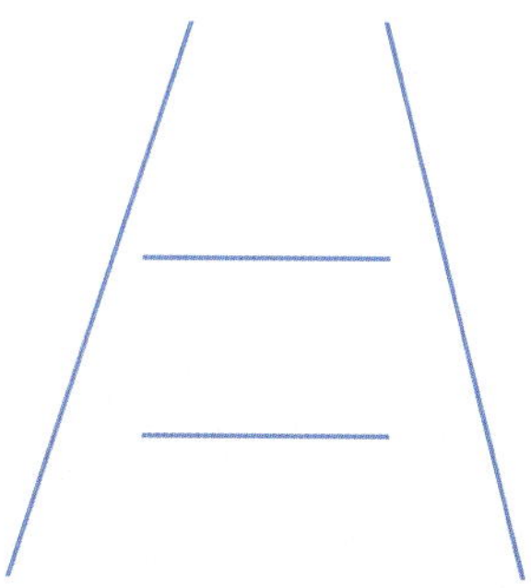

Los segmentos son iguales.

b) 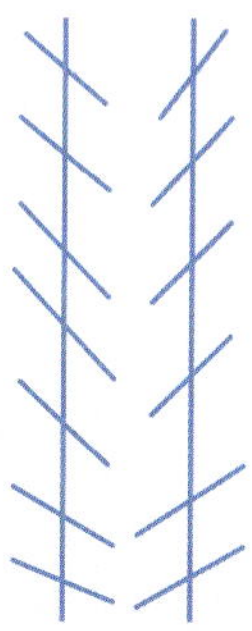

Las rectas verticales son paralelas.

c) 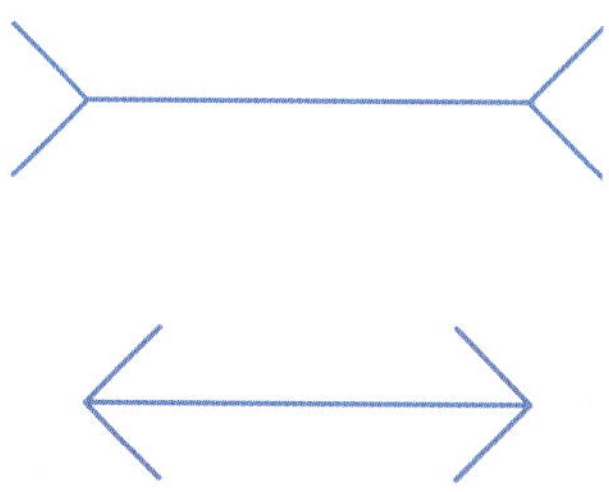

Los dos segmentos son iguales.

d) 

Las rectas horizontales son paralelas.

10

POLÍGONOS

IDEAS PREVIAS

- Tipos de rectas.
- Medida de ángulos.
- Mediatriz de un segmento y bisectriz de un ángulo.

Si pasas la vista a tu alrededor, verás que estamos rodeados de un sinnúmero de figuras planas. La forma de algunas de ellas hace que adquieran un significado especial:

Indica peligro.

Indica obligación.

REPASA LO QUE SABES

1. Identifica en este dibujo las rectas paralelas y las perpendiculares.

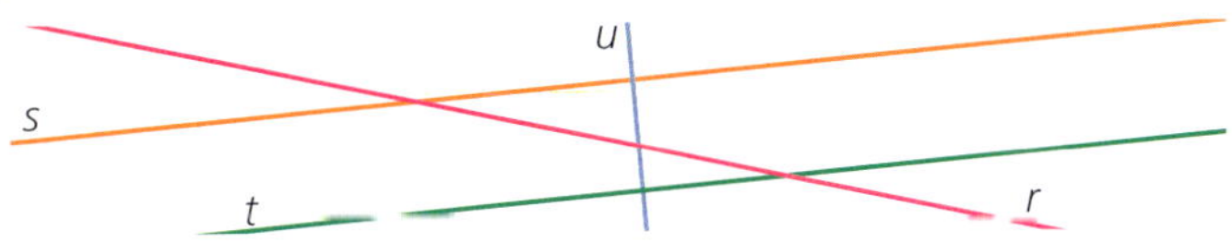

2. Clasifica estos ángulos según su amplitud.

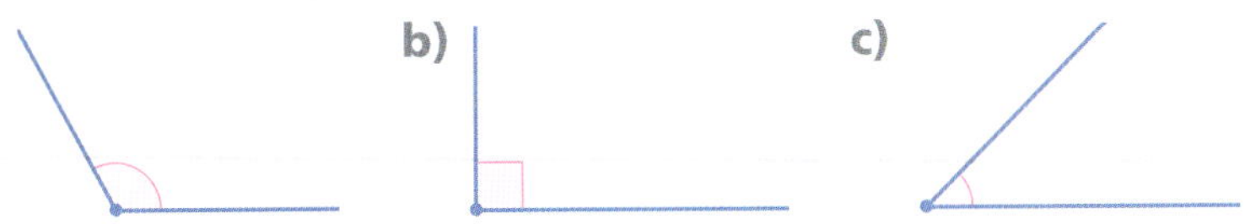

3. Traza en tu cuaderno la mediatriz del segmento AB y la bisectriz del ángulo $\hat{C}$.

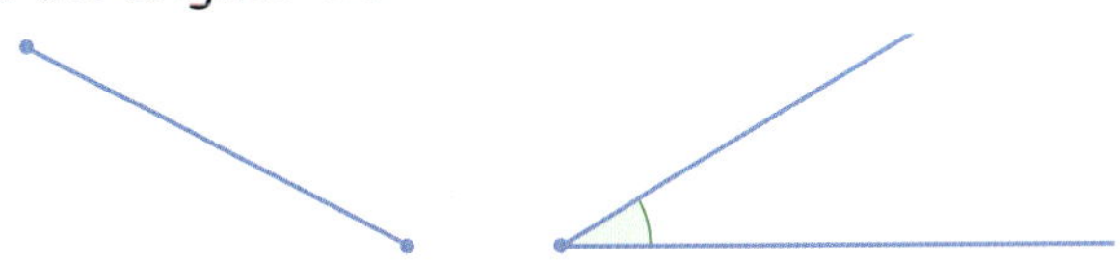

ma1e37

MATEMÁTICAS EN EL DÍA A DÍA

Los matemáticos de la Antigua Grecia pusieron nombre a muchos elementos geométricos, entre ellos los polígonos.

Aprenderás a...

- Reconocer los elementos principales de un polígono.
- Clasificar polígonos según la medida de sus lados o de sus ángulos.

1. CLASIFICACIÓN DE POLÍGONOS

Javier tiene que cercar un terreno con cuerdas y quiere aprovechar alguna de las estacas que ya tiene clavadas. Primero tiene que diseñar el recinto que quiere vallar y pide ayuda a cuatro amigos que le dan las siguientes propuestas.

Las cuatro figuras están formadas por varias líneas rectas unidas.

Un **polígono** es una región del plano limitada por una línea poligonal cerrada.

Lenguaje matemático

Línea poligonal cerrada

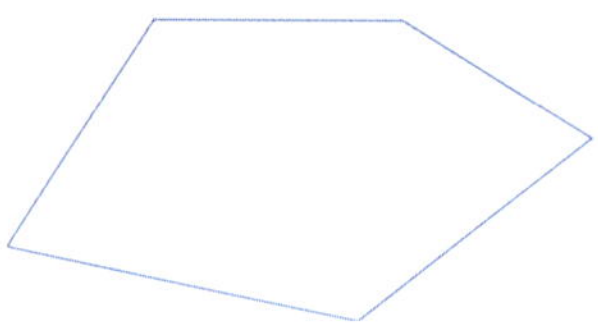

Línea poligonal abierta

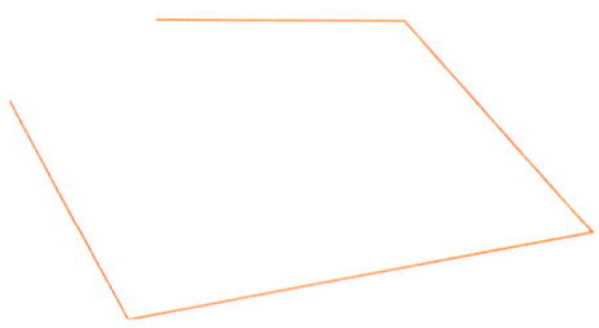

Los **elementos** de un polígono son:

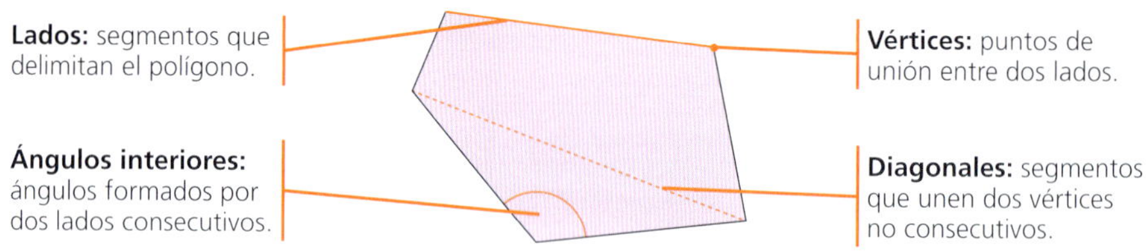

Los polígonos se pueden **clasificar** de diferentes formas:

- Según su **número de lados.**

Triángulo

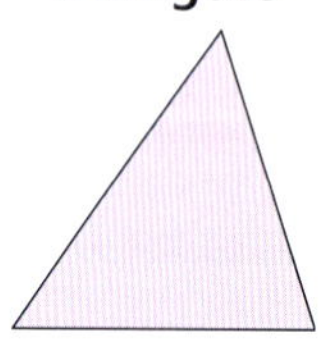

3 lados

Cuadrilátero

4 lados

Pentágono

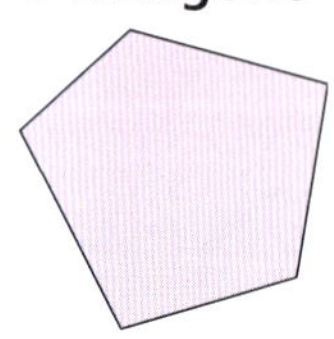

5 lados

Hexágono ...

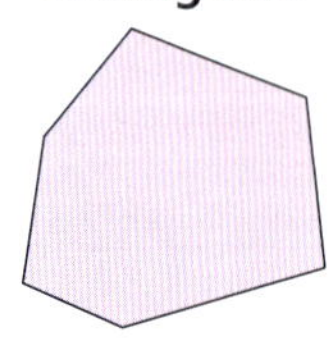

6 lados

- Según la **medida de sus ángulos interiores.**

Convexo

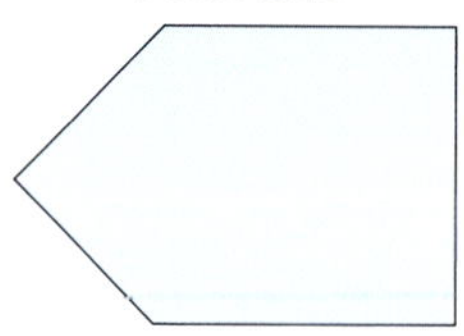

Todos ellos son menores que 180°.

Cóncavo

Alguno de ellos es mayor que 180°.

- Según **sus ángulos interiores y sus lados.**

Regular

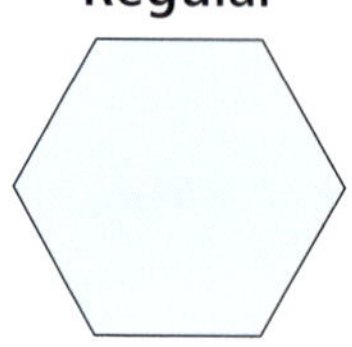

Todos los ángulos y todos los lados son iguales.

Irregular

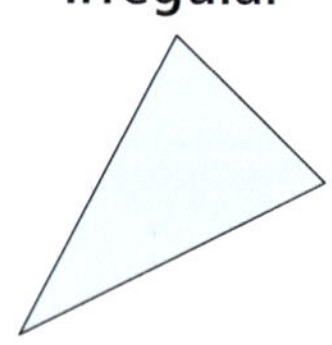

Tiene algún lado o algún ángulo distinto.

¿Cuáles de estas figuras son polígonos? Justifica tu respuesta.

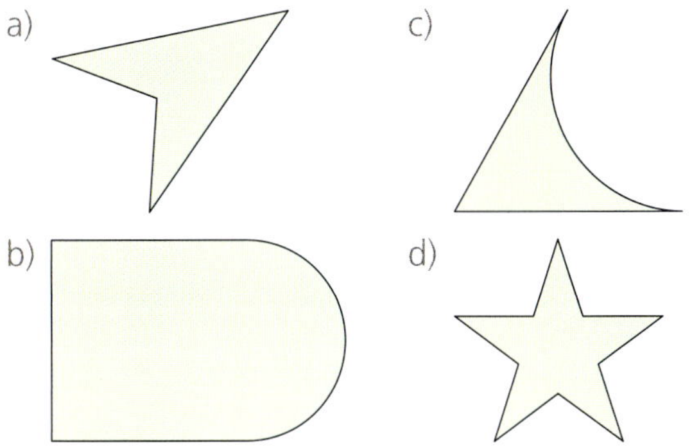

Clasifica estos polígonos según su número de lados.

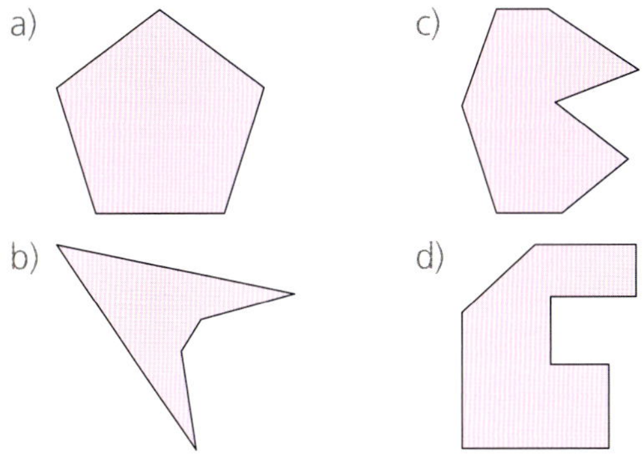

Copia estos polígonos en tu cuaderno y dibuja en ellos dos diagonales. ¿Cuáles son regulares?

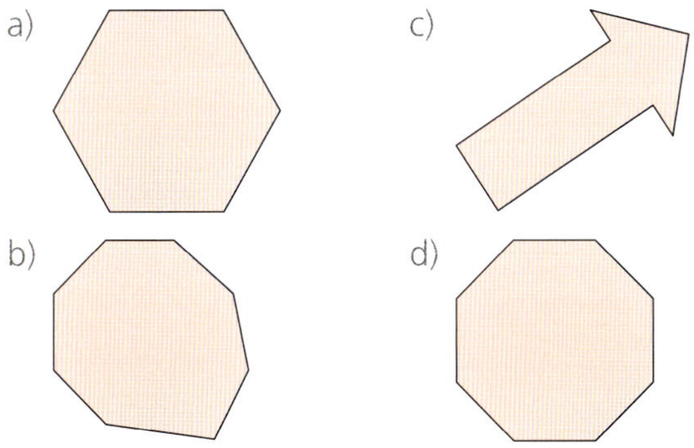

Clasifica estas figuras según la medida de sus ángulos interiores.

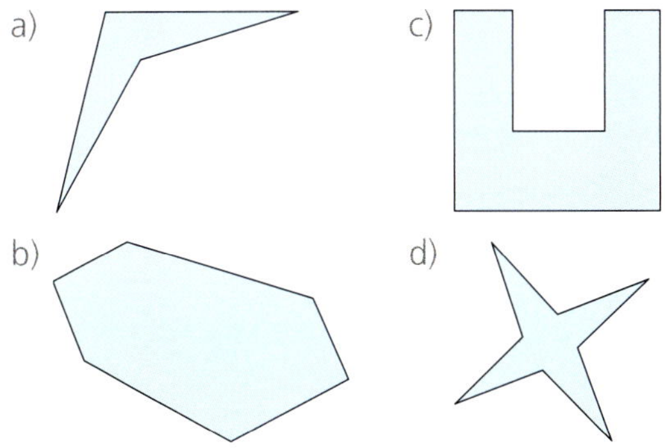

Utiliza un transportador de ángulos para medir los ángulos interiores de estos polígonos.

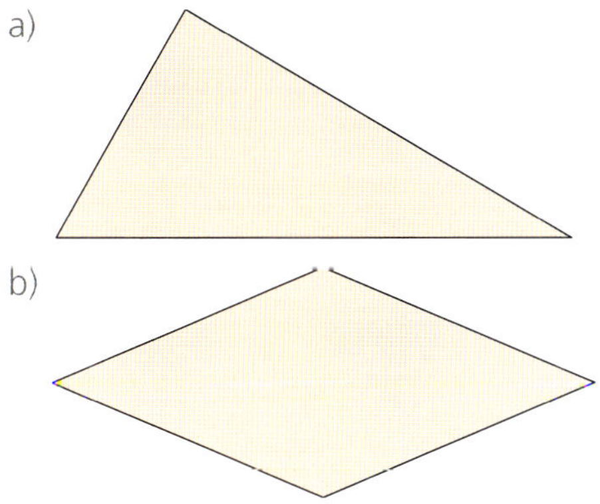

6 Dibuja en tu cuaderno estos polígonos.

a) Un pentágono cóncavo.

b) Un polígono de 4 lados con un ángulo interior de 60°.

c) Un octógono convexo.

7 Estos polígonos no son regulares. ¿Por qué?

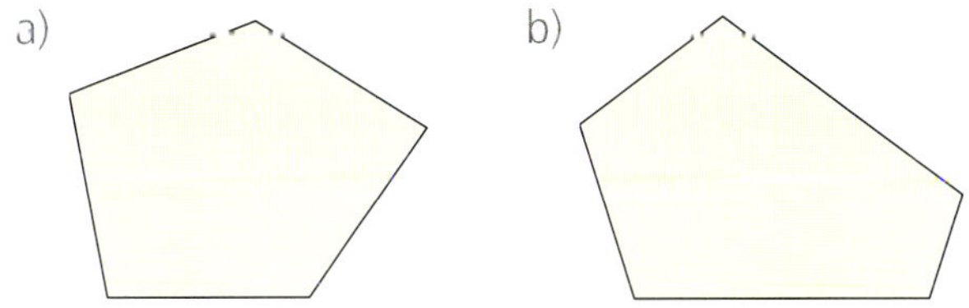

Investiga

8 Un polígono regular estrellado puede construirse a partir de un polígono regular convexo, uniendo vértices no consecutivos de forma continua. Por ejemplo:

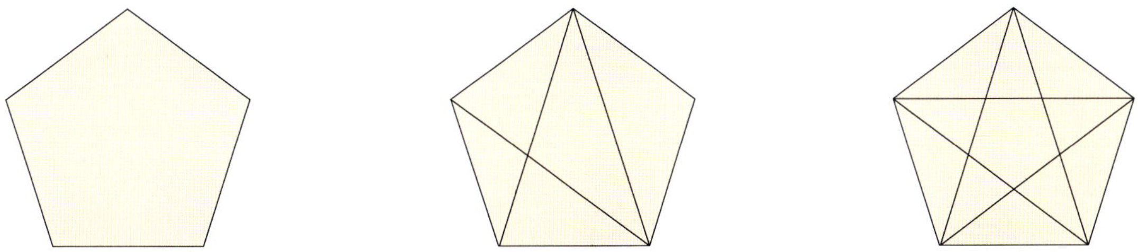

Construye, si es posible, los polígonos estrellados que genera un hexágono regular. Investiga, a partir de esta información, la relación entre el número de lados de un polígono regular y su número de diagonales.

Aprenderás a…

- Construir triángulos conocida la información mínima necesaria.
- Clasificar triángulos según la medida de sus lados o de sus ángulos.

Presta atención

Para poder construir un triángulo, la medida de cada lado tiene que ser menor que la suma de los otros dos lados.

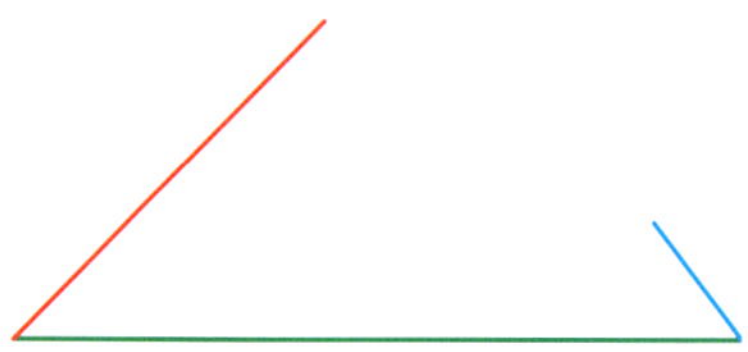

2. TRIÁNGULOS

Un **triángulo** es un polígono con tres lados. Para dibujarlo necesitamos:

- **Conocer los tres lados.**

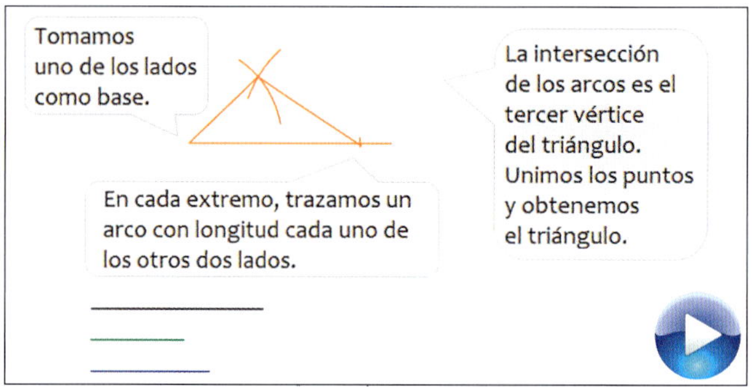

- **Conocer dos lados y el ángulo que forman.**

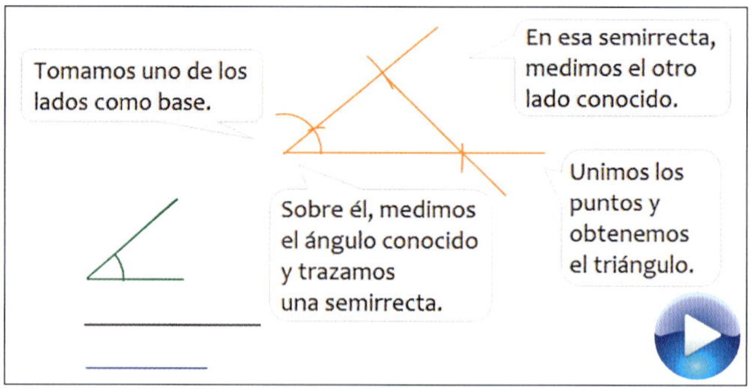

- **Dos ángulos y el lado común a ambos.**

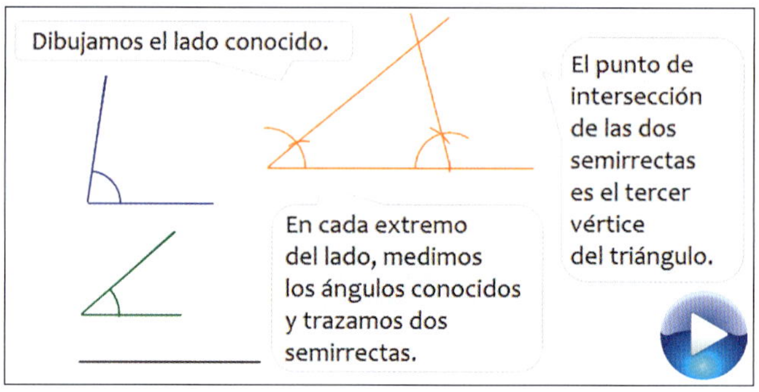

Los triángulos se pueden **clasificar** de diferentes formas:

- Según la **longitud de sus lados.**

Equilátero

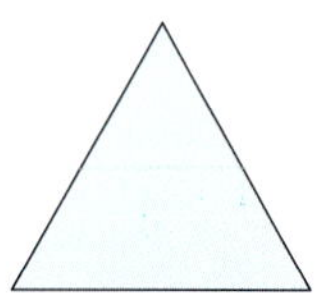

Los 3 lados iguales

Isósceles

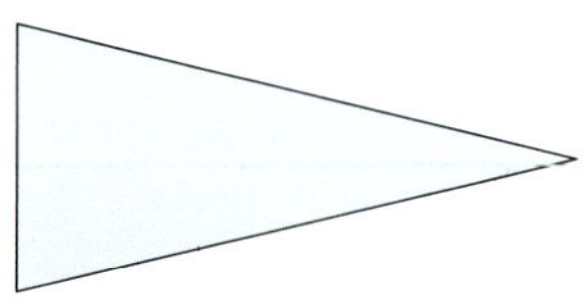

2 lados iguales

Escaleno

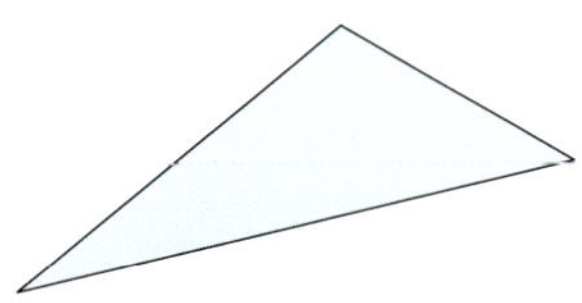

Ningún lado igual

- Según la **amplitud de sus ángulos.**

Acutángulo

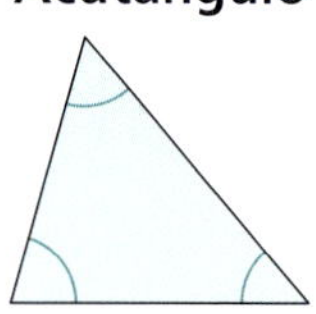

Los 3 ángulos agudos

Rectángulo

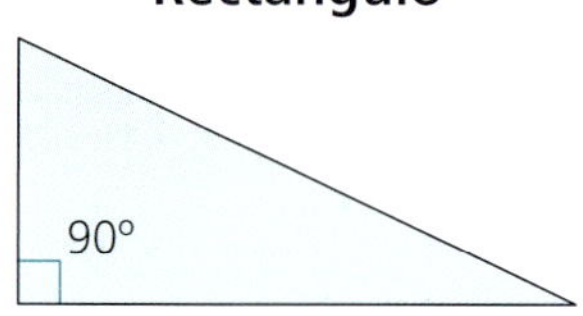

Un ángulo recto

Obtusángulo

Un ángulo obtuso

9 Construye triángulos con las siguientes condiciones.

a) Los lados miden 2 cm, 5 cm y 6 cm.

b) Un lado de 3 cm, otro de 4 cm y el ángulo que forman los dos mide 20°.

c) Tiene un ángulo de 50° y otro de 40°, y el lado común mide 6 cm.

10 Clasifica los siguientes triángulos según la medida de sus lados.

a) 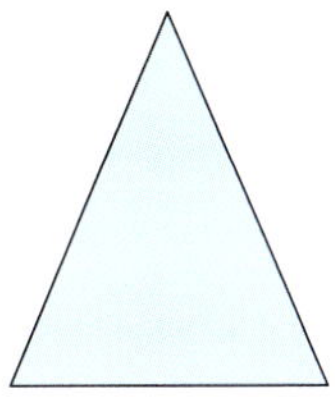

b) 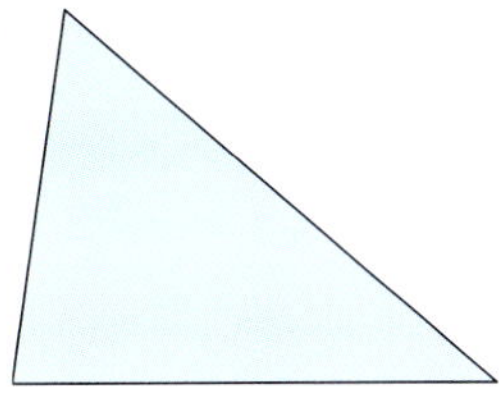

c) 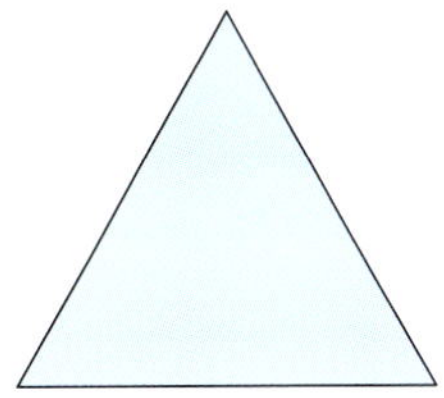

11 Clasifica los siguientes triángulos según la amplitud de sus ángulos.

a) 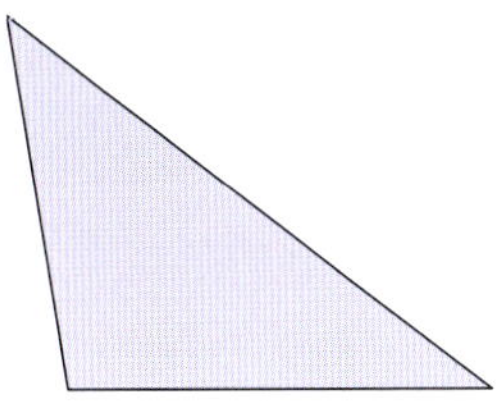

b) 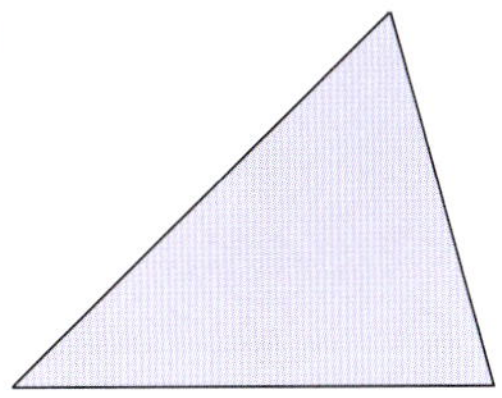

c) 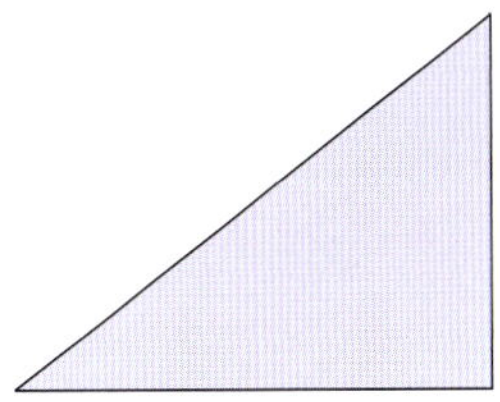

12 Clasifica estos triángulos según la medida de sus lados y de sus ángulos.

a) 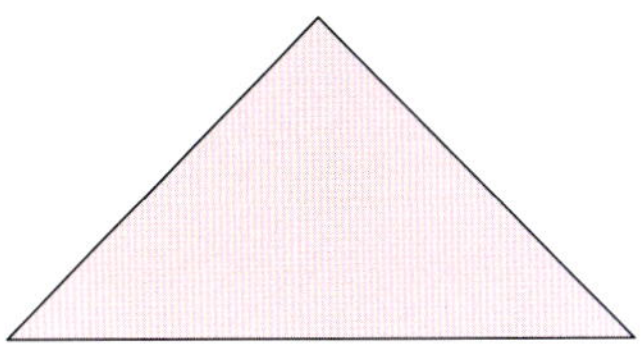

c) 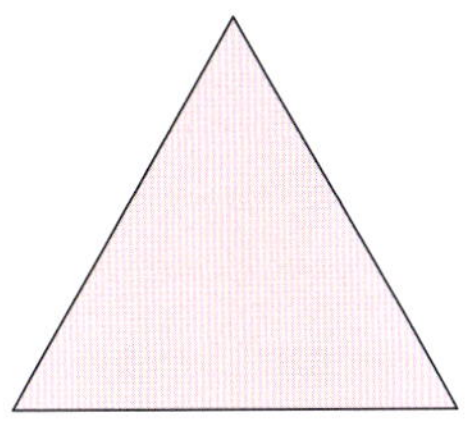

b) 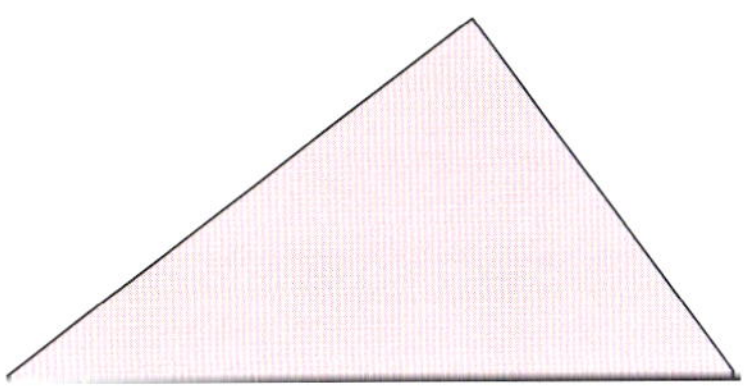

d) 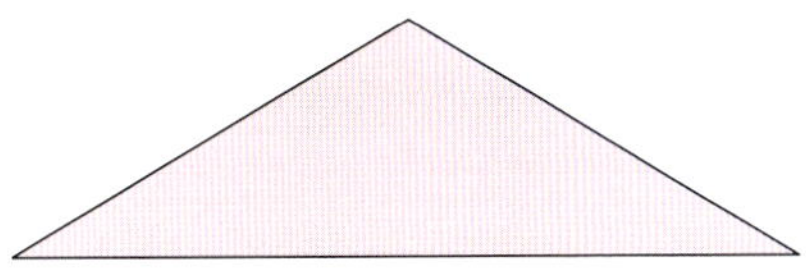

Presta atención

Todos los ángulos de un triángulo equilatero miden 60°, por lo tanto, los triángulos equiláteros son acutángulos.

13 Construye los triángulos propuestos.

a) Triángulo equilátero de 3 cm de lado.

b) Triángulo rectángulo isósceles que tiene dos lados de 3 cm.

c) Triángulo obtusángulo escaleno de ángulos 130° y 20°, y lado común 2 cm.

14 Indica por qué no se pueden construir los siguientes triángulos:

a) Los lados miden 3 cm, 4 cm y 9 cm.

b) Los lados miden 5 cm, 12 cm y 7 cm.

DESAFÍO

15 Utiliza 18 palillos para formar esta figura. Observa que la figura contiene 9 triángulos equiláteros iguales. ¿Qué seis palillos tienes que retirar para que en la figura solo queden 4 triángulos equiláteros iguales?

Aprenderás a...

- Identificar y construir las rectas y puntos notables de un triángulo.

3. RECTAS Y PUNTOS NOTABLES EN UN TRIÁNGULO

En un triángulo podemos definir cuatro tipos de rectas que, generalmente, se denominan **rectas notables** de un triángulo. Los puntos de intersección de estas rectas se denominan **puntos notables.**

Mediatriz y circuncentro

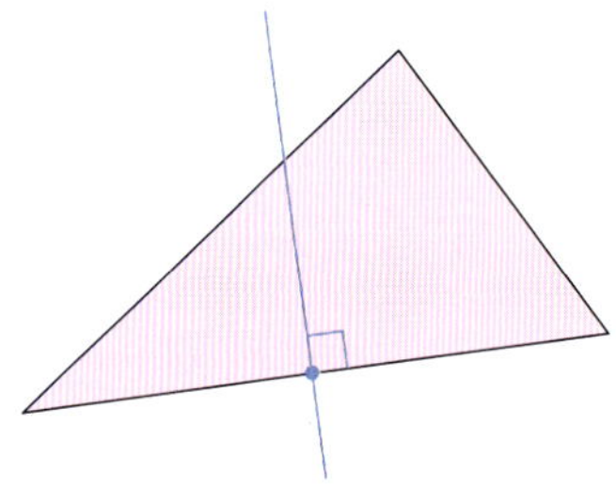

Mediatriz: recta perpendicular a un lado que pasa por su punto medio.

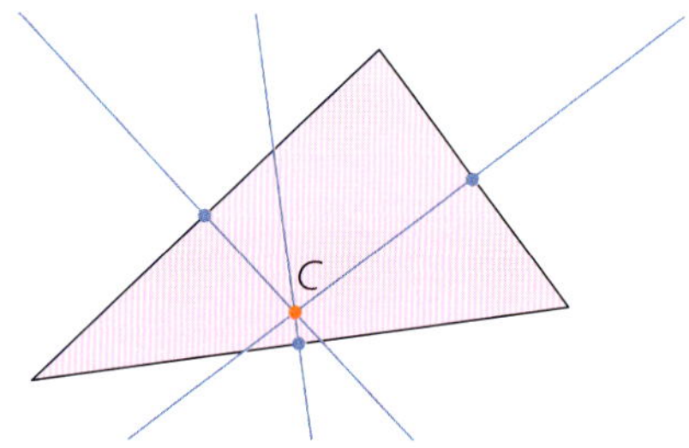

Circuncentro: punto de intersección de las tres mediatrices.

Presta atención

Las mediatrices de los lados de un triángulo se pueden cortar fuera de él.

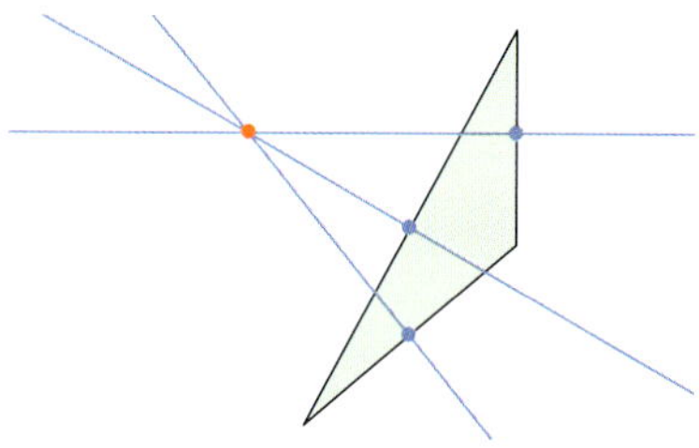

Por tanto, el circuncentro puede ser exterior al triángulo.

Mediana y baricentro

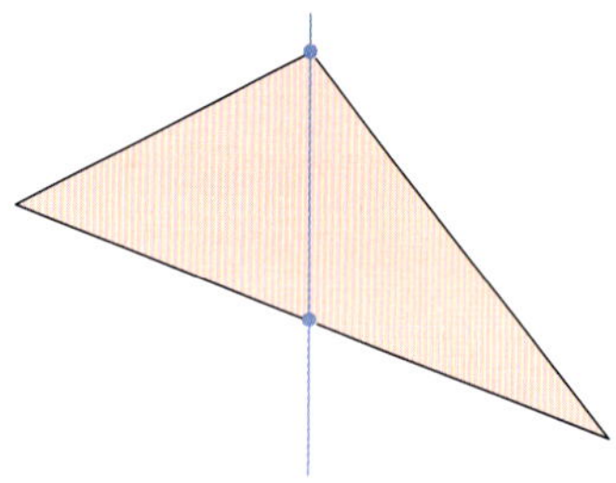

Mediana: recta que pasa por un vértice y por el punto medio del lado opuesto.

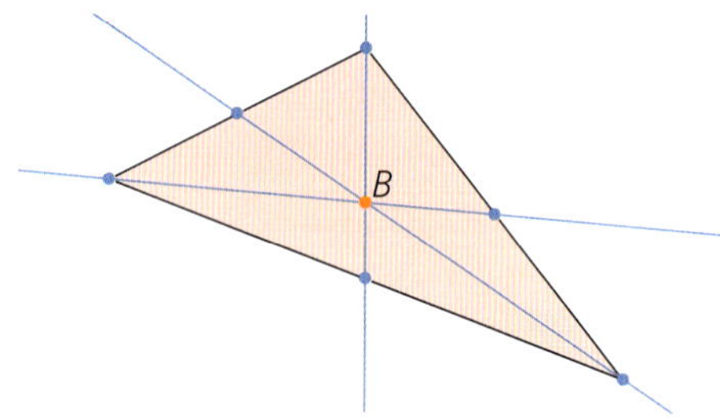

Baricentro: punto de intersección de las medianas.

Bisectriz e incentro

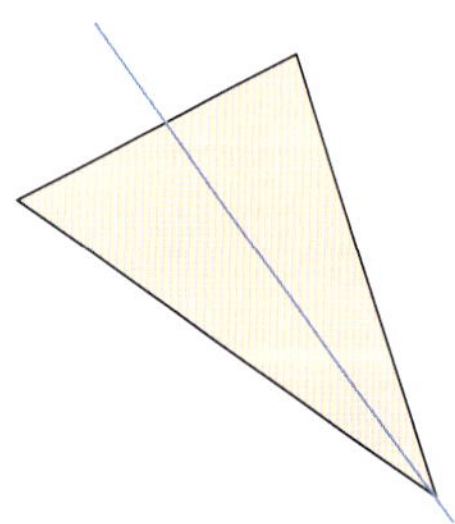

Bisectriz: recta que divide a un ángulo en dos ángulos iguales.

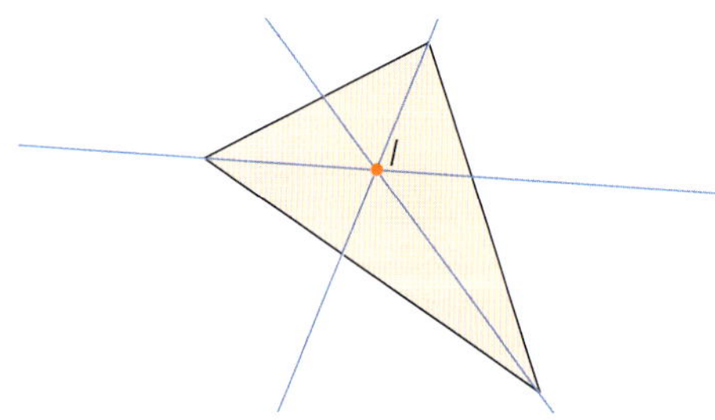

Incentro: punto de intersección de las bisectrices.

Altura y ortocentro

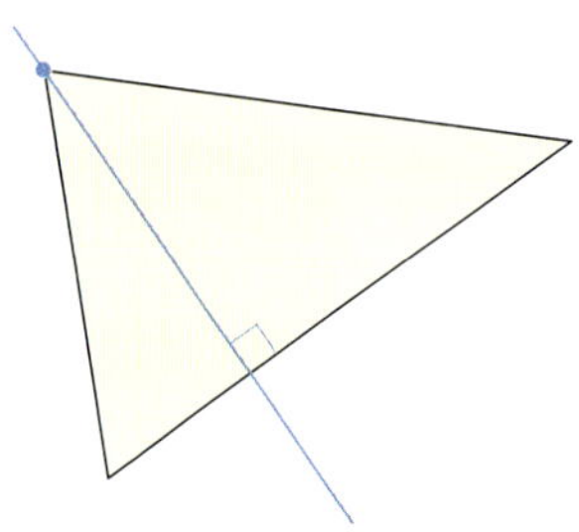

Altura: recta perpendicular a un lado que pasa por el vértice opuesto.

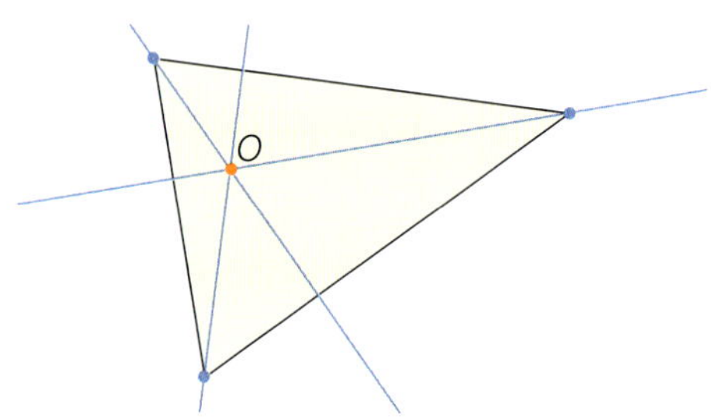

Ortocentro: punto de intersección de las alturas.

Presta atención

Las alturas de un triángulo pueden ser exteriores a él.

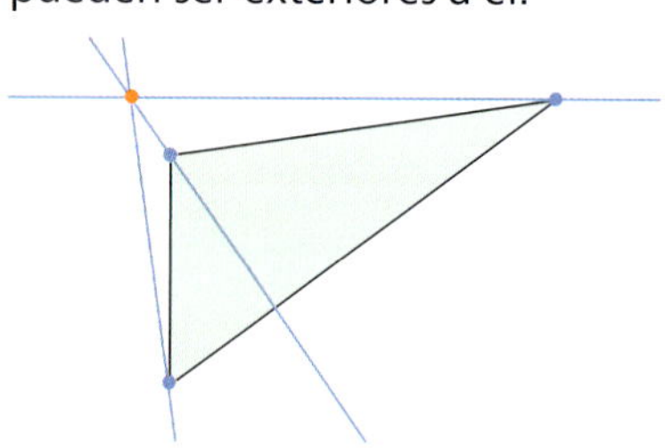

Por tanto, el ortocentro puede ser exterior al triángulo.

16 Escribe el nombre de las rectas dibujadas en los siguientes triángulos.

a)

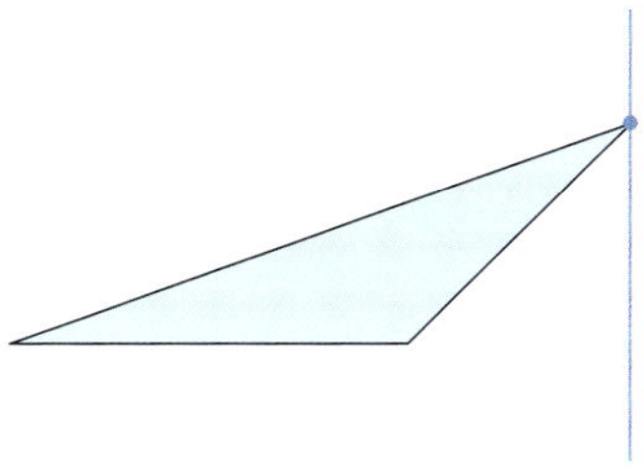

b)

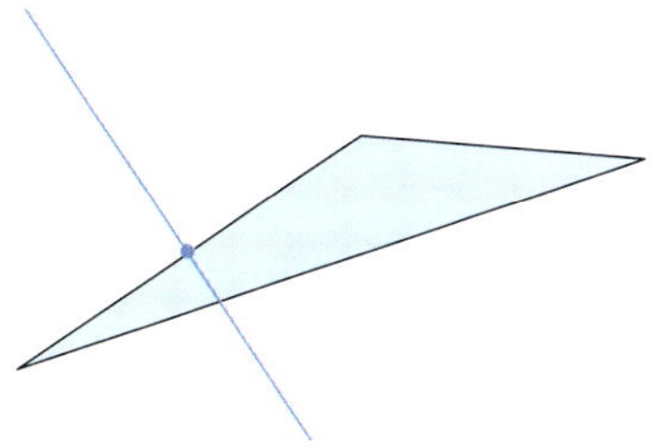

17 En estos dibujos están representados las rectas y puntos notables de un triángulo. Indica cuáles son en cada caso.

a)

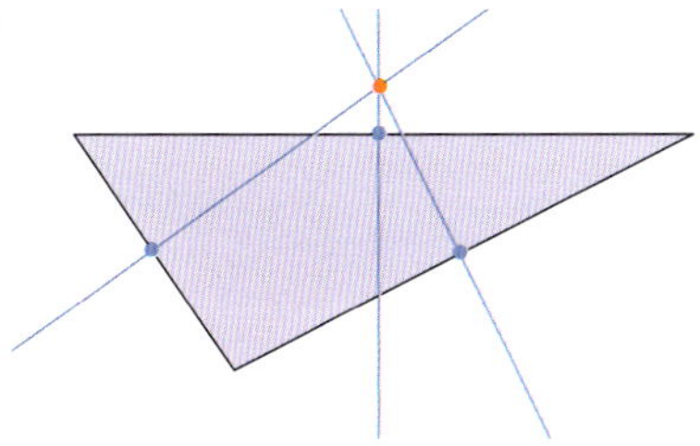

c)

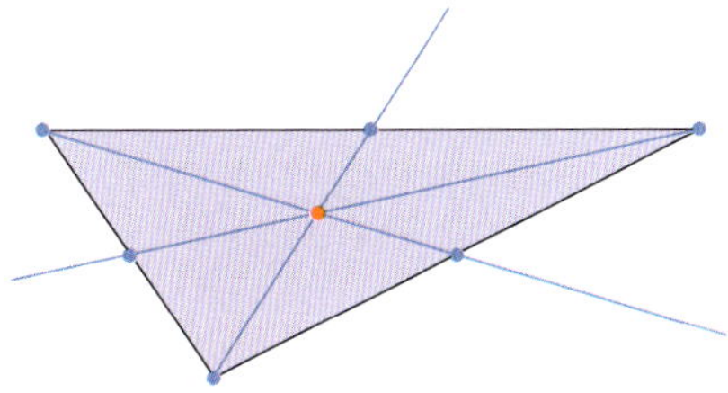

b)

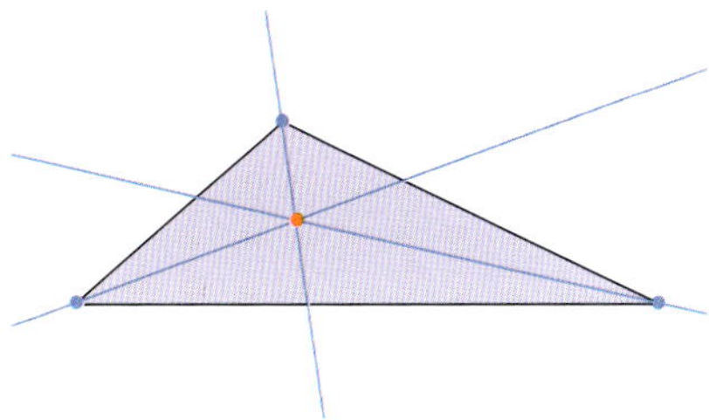

d)

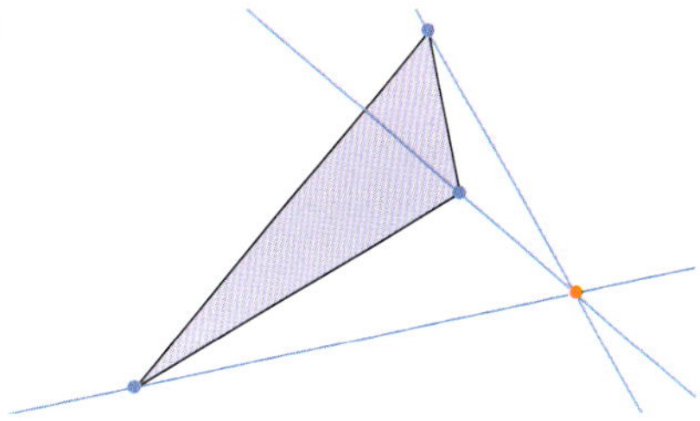

18 Dibuja en tu cuaderno un triángulo equilátero y traza con distinto color:

- Sus alturas.
- Las medianas de sus ángulos.
- Las mediatrices de sus lados.
- Las bisectrices de sus ángulos.

¿Qué observas?

19 Dibuja las alturas de un triángulo rectángulo. ¿Dónde está situado el ortocentro?

20 Observa el centro de cada circunferencia. ¿Qué punto notable representa?

a)

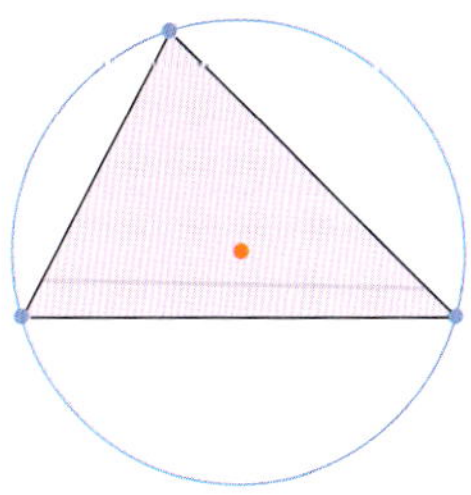

b)

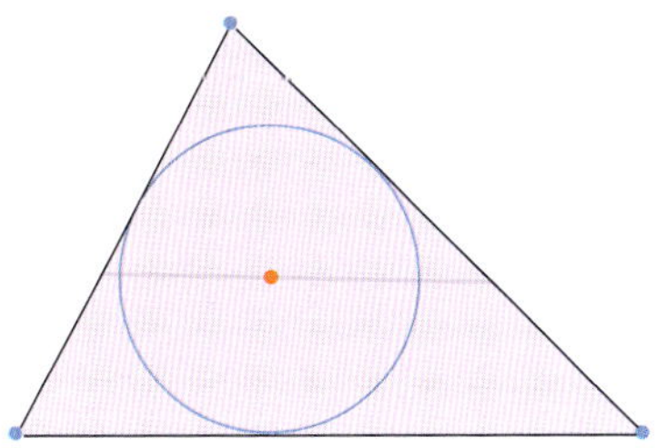

DESAFÍO

21 Observa la recta que se ha construido uniendo algunos puntos notables de un triángulo. Construye un triángulo cualquiera y comprueba que también se puede trazar una recta uniendo los mismos puntos notables.

Investiga esta propiedad y averigua si esta recta tiene algún nombre especial.

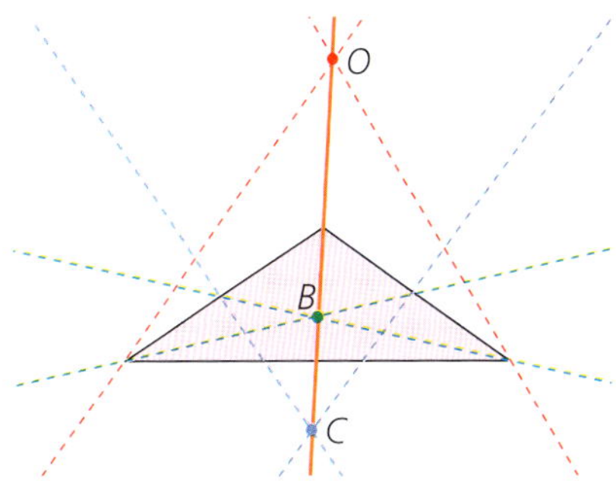

Aprenderás a…

- Clasificar los cuadriláteros según el paralelismo de sus lados.
- Identificar y clasificar los paralelogramos y los trapecios.

4. CUADRILÁTEROS

Un **cuadrilátero** es un polígono de 4 lados.

Los cuadriláteros, según los lados paralelos que tengan, se clasifican en:

Paralelogramo

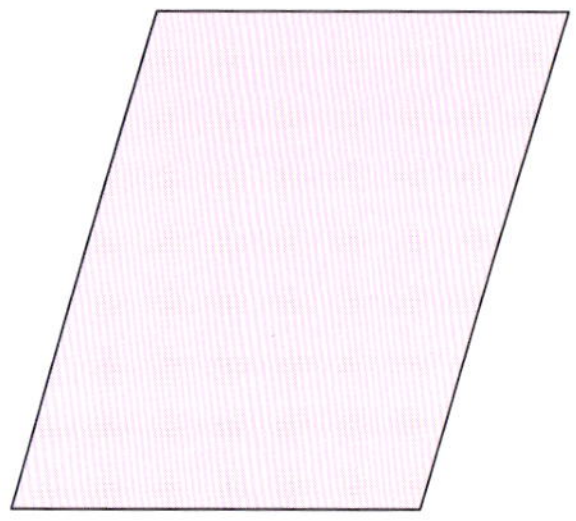

Los 4 lados son paralelos dos a dos.

Trapecio

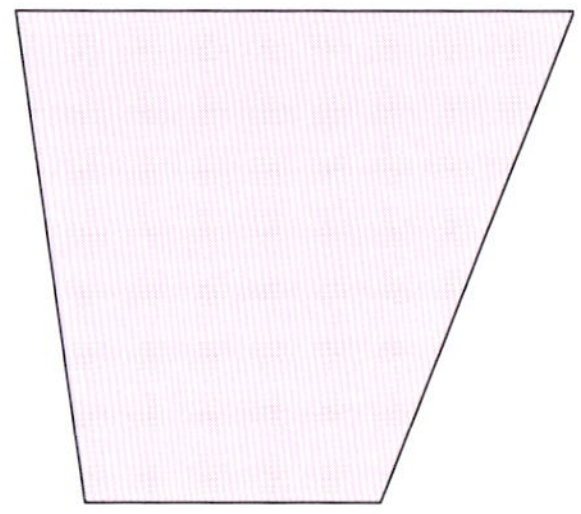

Tiene solo 2 lados paralelos.

Trapezoide

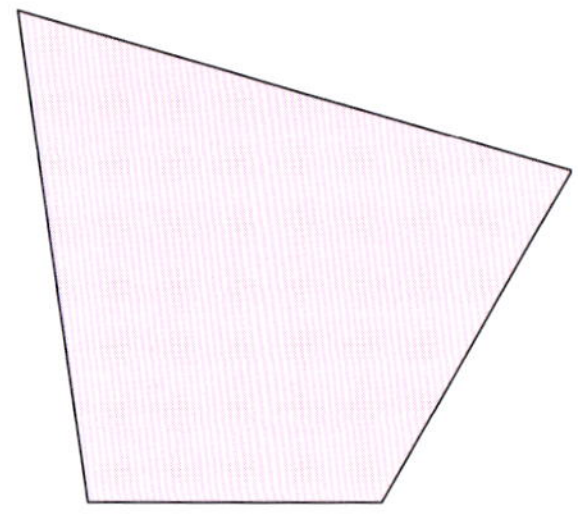

No tiene lados paralelos.

- Los **paralelogramos** se pueden clasificar, según la medida de sus lados y según la amplitud de sus ángulos, en:

Cuadrado

Los 4 lados son iguales.

Los 4 ángulos son iguales.

Rombo

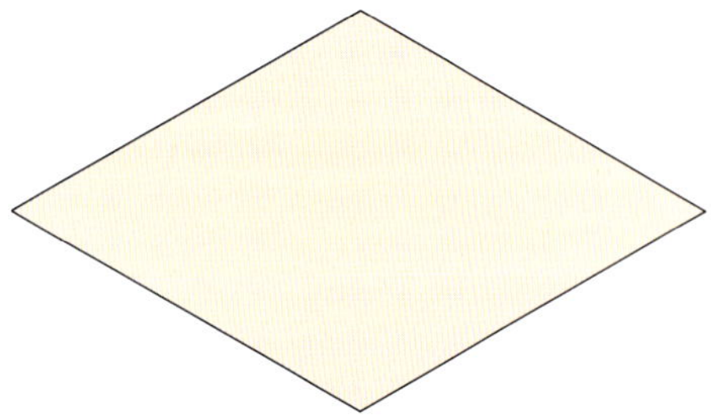

Los 4 lados son iguales.

Los ángulos son iguales dos a dos.

Rectángulo

Lados iguales dos a dos.

Los 4 ángulos iguales.

Romboide

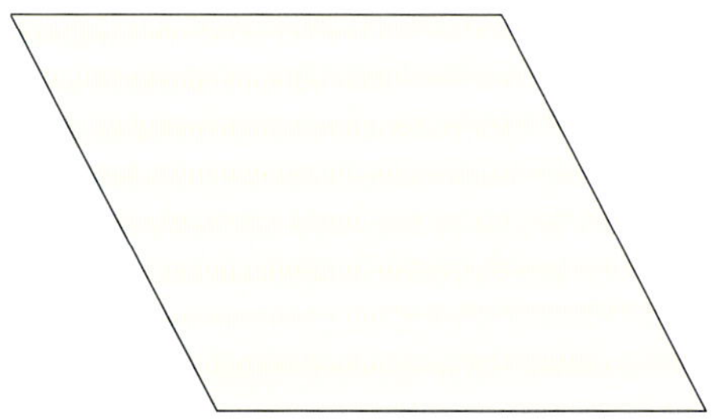

Lados iguales dos a dos.

Ángulos iguales dos a dos.

- Los **trapecios** se clasifican, según sus lados y sus ángulos, en:

Isósceles

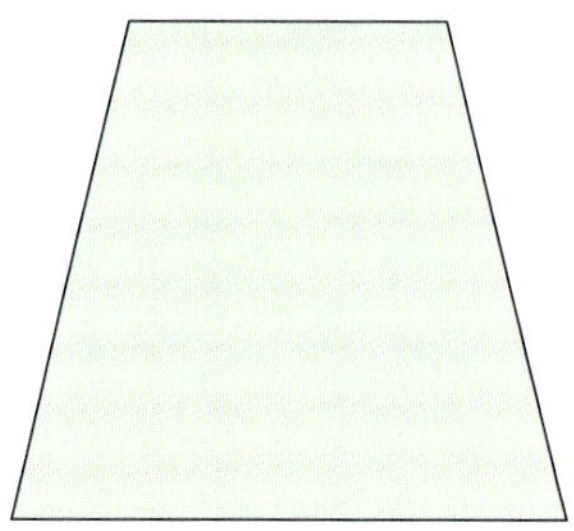

Los lados no paralelos son iguales.

Rectángulo

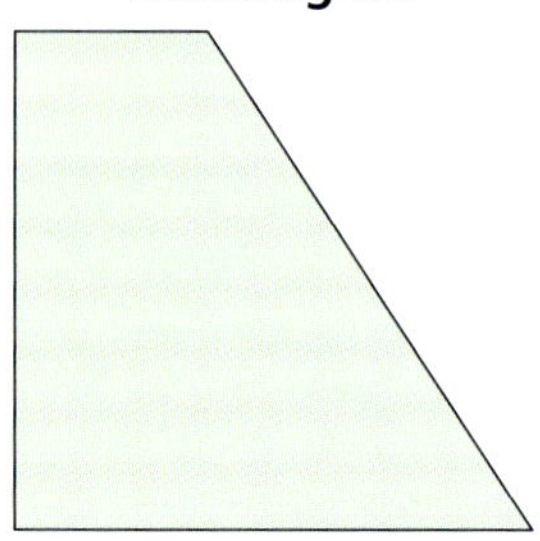

Tiene dos ángulos rectos.

Escaleno

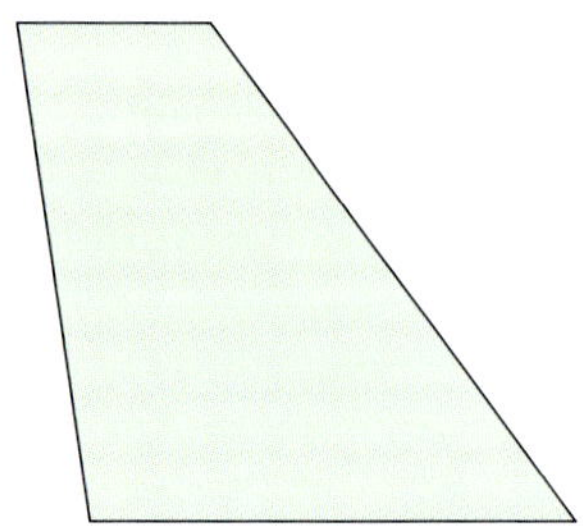

Tiene los cuatro ángulos interiores distintos.

22 Indica cuáles de las siguientes figuras son cuadriláteros e indica su nombre.

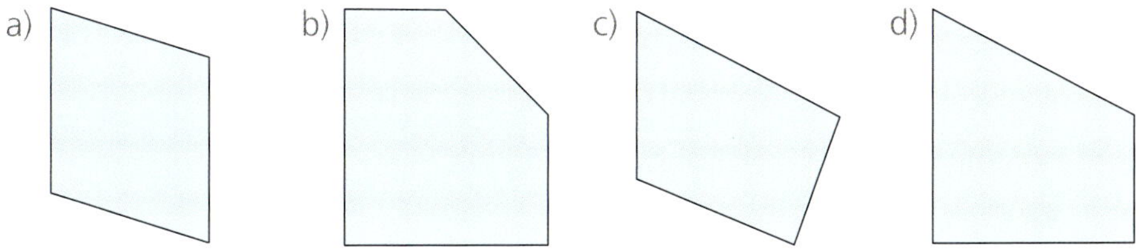

23 Copia estos paralelogramos en tu cuaderno. Clasifícalos y dibuja sus diagonales.

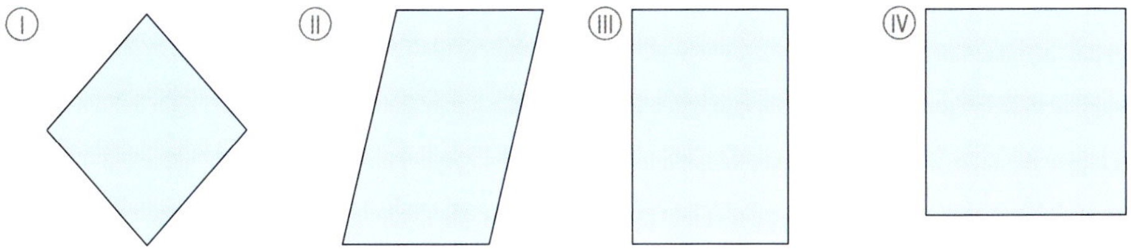

a) ¿Cuánto miden dos lados opuestos?
b) ¿Cuánto miden dos ángulos consecutivos?
c) Comprueba si las diagonales se cortan en sus puntos medios.
d) ¿Hay algún paralelogramo cuyas diagonales se corten en ángulo recto? Indica cuáles.

24 Construye los siguientes cuadriláteros en tu cuaderno.
a) Un rombo con diagonales de longitud 4 cm y 6 cm.
b) Un cuadrado cuyas diagonales miden 5 cm.

25 Clasifica los siguientes trapecios.

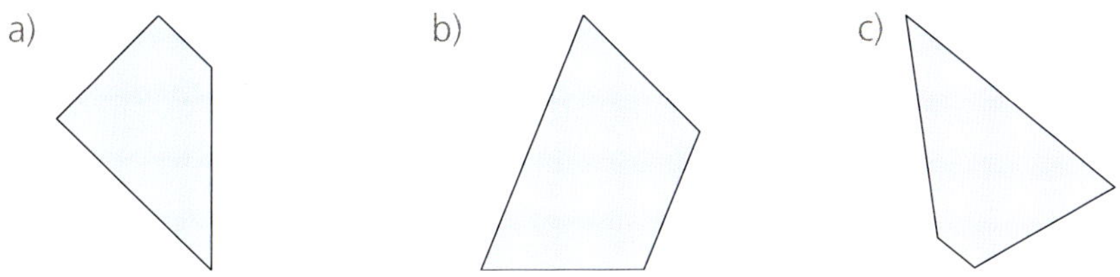

26 Observa estas figuras. ¿Son iguales? Explica por qué.

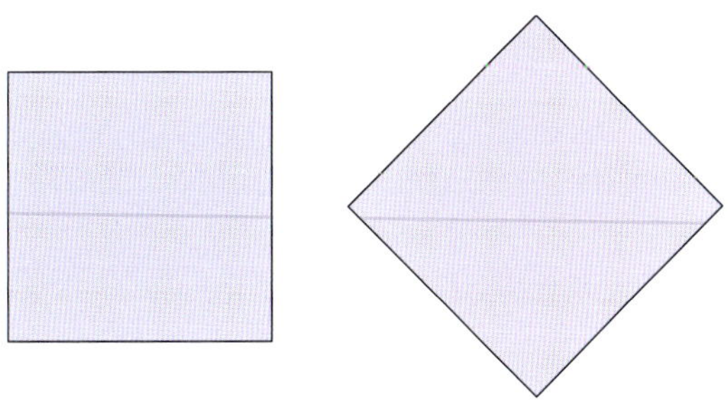

27 Piensa y contesta. Argumenta tus respuestas.
a) ¿Puede un paralelogramo ser un trapezoide?
b) ¿Es un cuadrado siempre un paralelogramo?
c) ¿Y un paralelogramo es siempre un cuadrado?

DESAFÍO

28 Sabemos que un cuadrilátero tiene una diagonal de 6 cm y otra de 3 cm.
a) ¿Cuántos tipos de cuadriláteros que cumplan esta condición puedes dibujar?
b) Dibuja dos cuadriláteros posibles con estas diagonales.

Aprenderás a…

- Conocer la suma de los ángulos interiores de cualquier polígono.
- Calcular la medida de un ángulo interior de un polígono conociendo el resto de ángulos.

5. SUMA DE LOS ÁNGULOS DE UN POLÍGONO

Suma de los ángulos interiores de un triángulo

Dibuja un triángulo en una hoja. Recorta y pinta cada cara de un color. A continuación, realiza los siguientes pasos:

1. Pliega el vértice *B* por la recta *r*, paralela al lado opuesto, de forma que el vértice toque al lado opuesto.

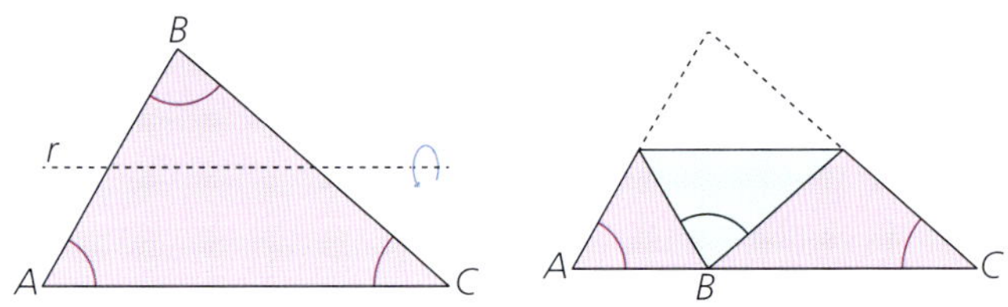

2. Pliega el vértice *A* por la recta *s*, perpendicular al lado opuesto, hasta *B*.

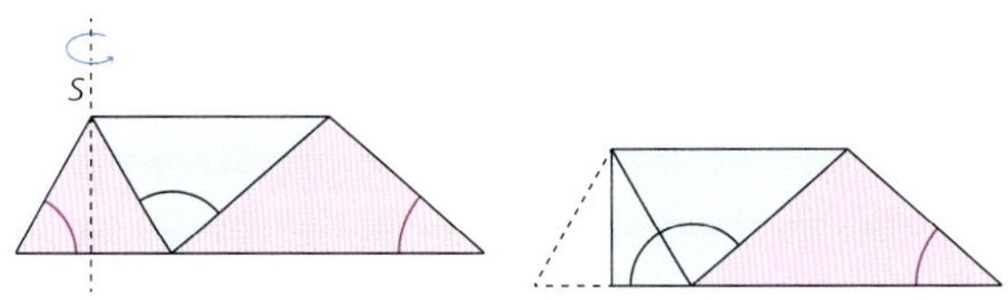

3. Pliega el vértice *C* por la recta *t*, perpendicular al lado opuesto, de nuevo hasta *B*.

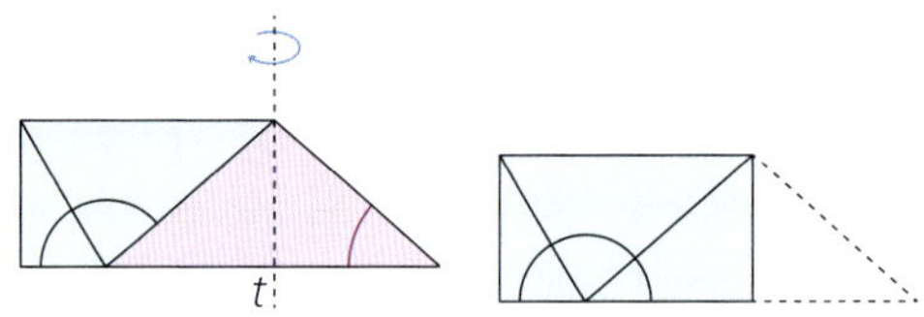

Observa que los tres ángulos del triángulo forman un ángulo llano.

Los ángulos interiores de un triángulo suman 180°.

Suma de los ángulos interiores de cualquier cuadrilátero

Si dibujas una de las diagonales de un cuadrilátero, obtienes dos triángulos.

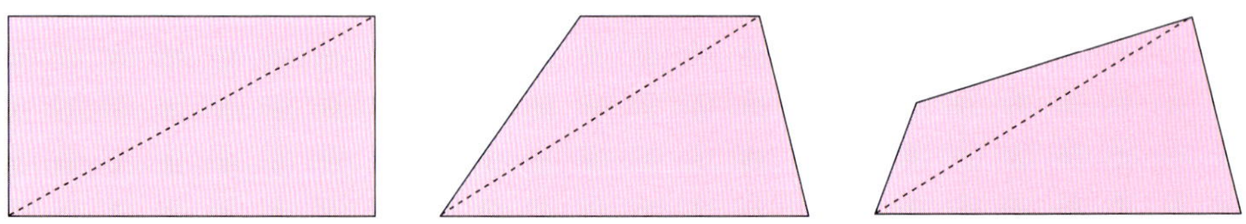

Como la suma de los ángulos interiores de un triángulo es 180°, la suma de los ángulos interiores de los dos triángulos será $2 \cdot 180° = 360°$.

Los ángulos interiores de un cuadrilátero suman 360°.

Suma de los ángulos interiores de cualquier polígono

Al igual que con los cuadriláteros, podemos dividir cualquier polígono en varios triángulos. Para ello, trazamos las diagonales que hay desde un único vértice y calculamos la suma total de los ángulos de los triángulos.

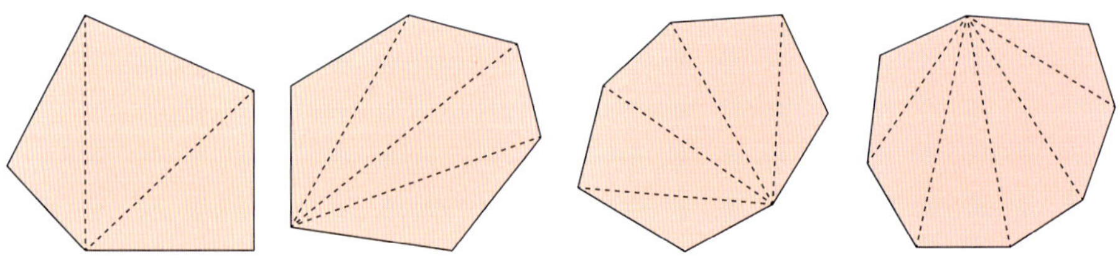

Pentágono $3 \cdot 180° = 540°$ | Hexágono $4 \cdot 180° = 720°$ | Heptágono $5 \cdot 180° = 900°$ | Octógono $6 \cdot 180° = 1\,080°$

Lenguaje matemático

La suma de los ángulos interiores de un polígono de *n* lados es:

$$(n - 2) \cdot 180°$$

29 Averigua el ángulo que falta en los siguientes triángulos.

a) 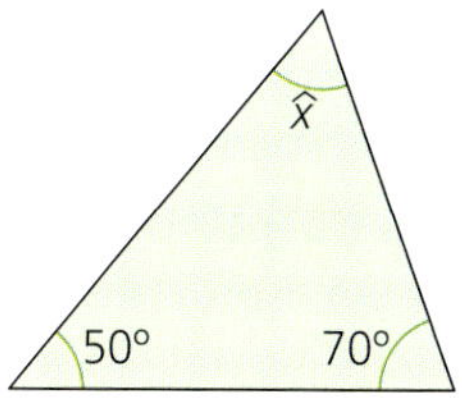

b) 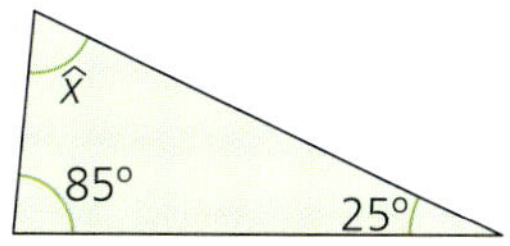

c) 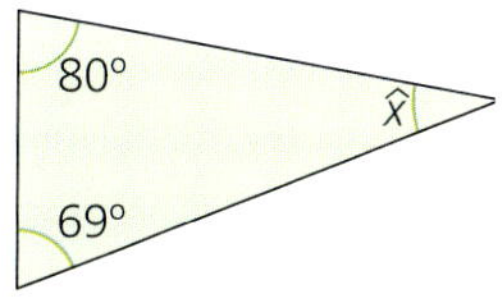

30 Calcula el valor del ángulo que falta en estos triángulos rectángulos.

a) 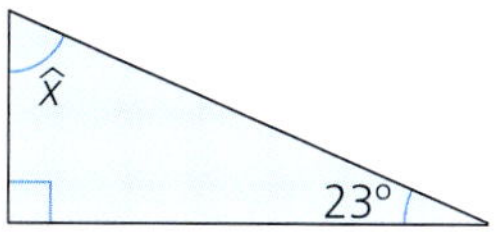

b) 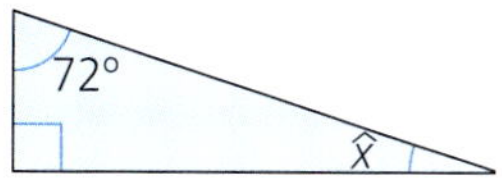

c) 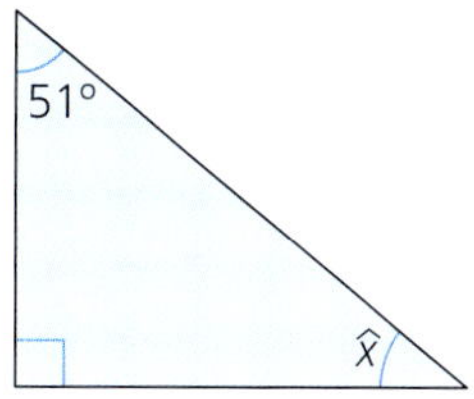

31 ¿Cuánto mide el ángulo desconocido en los cuadriláteros propuestos?

a) 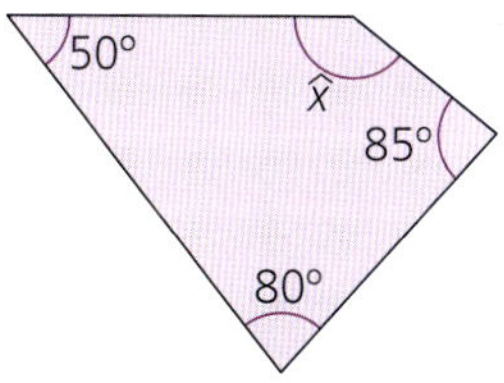

b) 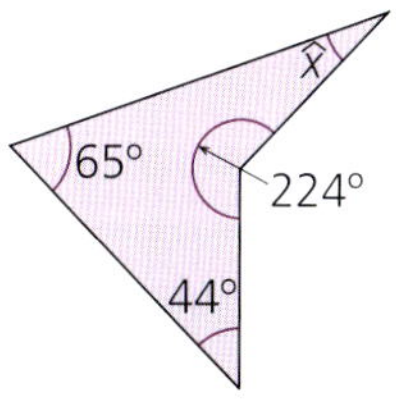

c) 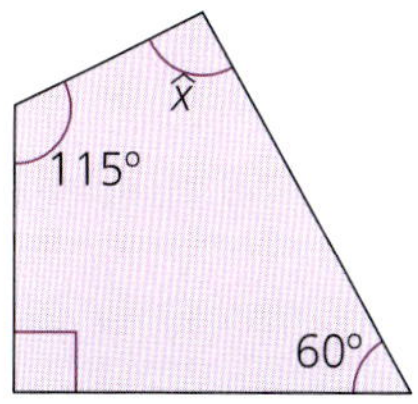

32 Averigua los tres ángulos de un triángulo a partir de estas condiciones:

a) Es rectángulo y tiene un ángulo agudo que mide 48°.

b) Es isósceles y su ángulo desigual mide 20°.

33 Calcula los ángulos que faltan en los siguientes paralelogramos.

a) 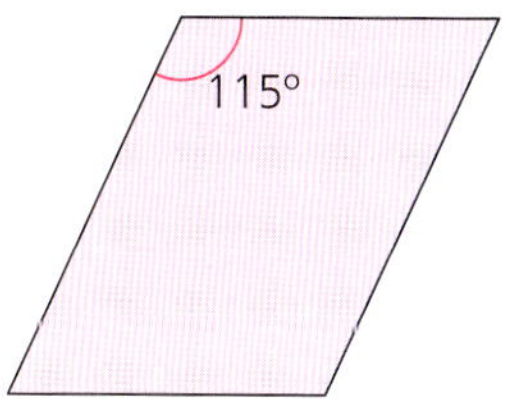

b) 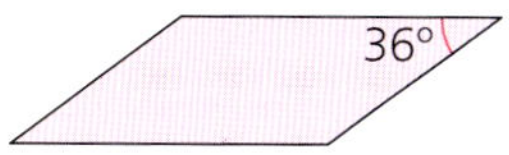

c) 

34 En estas figuras falta el valor de un ángulo. Calcúlalo.

a) 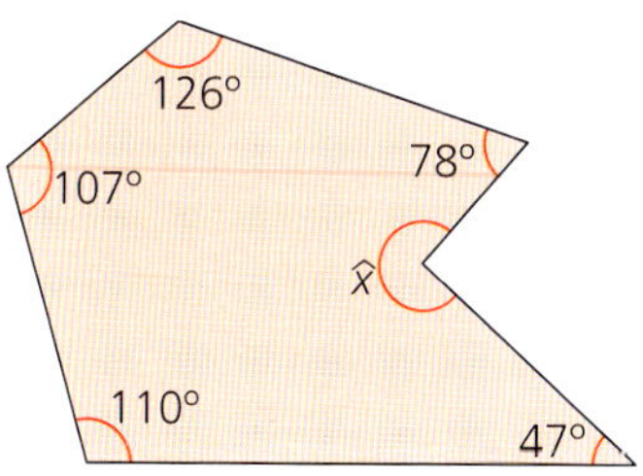

b) 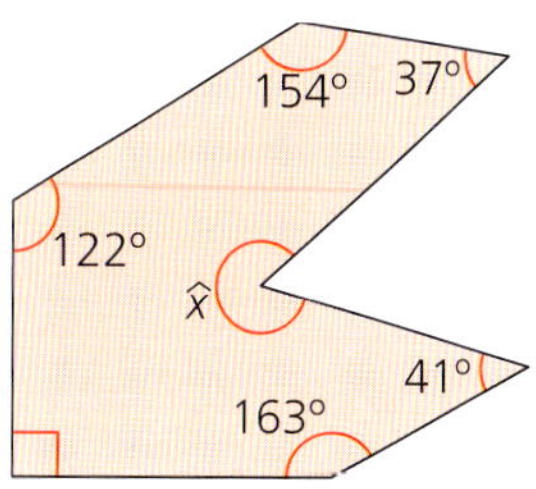

35 ¿Cuánto mide cada ángulo interior de un dodecágono regular? Explica cómo lo has averiguado.

DESAFÍO

36 Averigua si existen los siguientes polígonos.

a) Un polígono regular cuyo ángulo interior es 144°.

b) Un cuadrilátero con tres ángulos de 120°.

c) Un polígono regular con un ángulo de 100°.

Justifica tus respuestas.

10

¿QUÉ tienes que saber?

Ten en cuenta

Los triángulos se pueden clasificar:

Según sus lados.

- **Equilátero:** 3 lados iguales.
- **Isósceles:** 2 lados iguales.
- **Escaleno:** ningún lado igual.

Según sus ángulos.

- **Rectángulo:** un ángulo recto.
- **Acutángulo:** 3 ángulos agudos.
- **Obtusángulo:** un ángulo obtuso.

Clasificación de los triángulos

Clasifica estos triángulos según la medida de sus lados y de sus ángulos.

a)

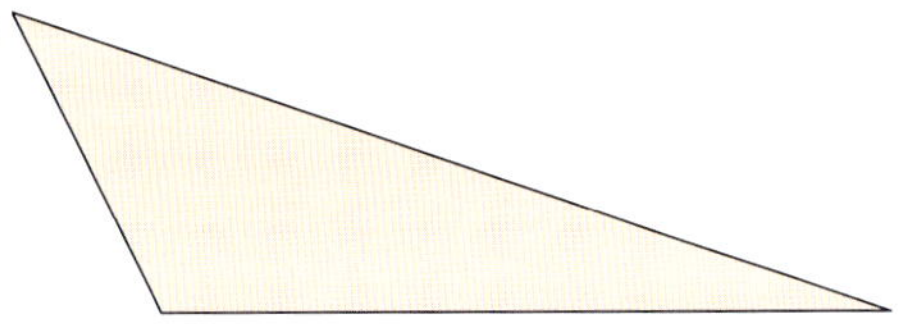

b)

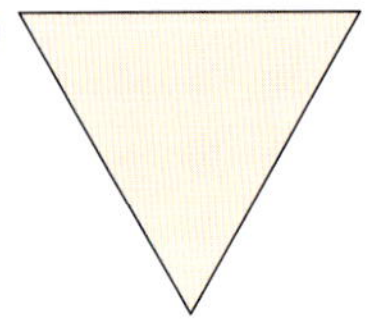

a) Los tres lados tienen medidas distintas y uno de los ángulos es obtuso.
Por tanto, es un triángulo escaleno obtusángulo.

b) Los tres lados miden lo mismo y los tres ángulos son agudos.
Por tanto, es un triángulo equilátero acutángulo.

Ten en cuenta

Paralelogramos: lados paralelos dos a dos.

- Cuadrado
- Rombo
- Rectángulo
- Romboide

Trapecios: solo 2 lados paralelos.

- Trapecio rectángulo
- Trapecio isósceles
- Trapecio escaleno

Trapezoides: ningún lado paralelo.

Clasificación de los cuadriláteros

Clasifica estos cuadriláteros.

a)

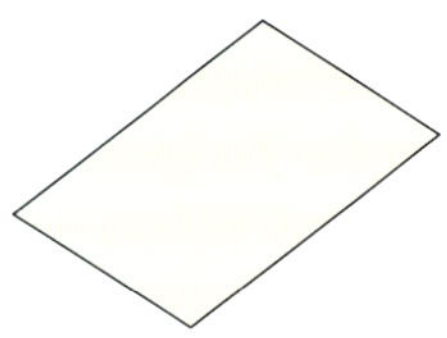

b)

c)

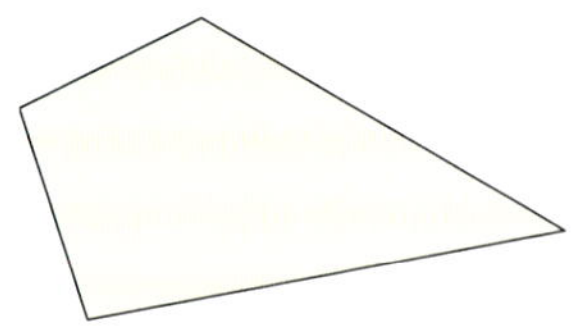

a) Tiene los lados paralelos dos a dos, por tanto, es un paralelogramo.
Como tiene los lados y los ángulos iguales dos a dos, es un romboide.

b) Tiene solo dos lados paralelos, por consiguiente, es un trapecio.
Como tiene un ángulo recto, es un trapecio rectángulo.

c) No tiene lados paralelos, por tanto, es un trapezoide.

Ten en cuenta

Rectas notables

- Altura
- Mediana
- Mediatriz
- Bisectriz

Puntos notables

- Ortocentro
- Baricentro
- Circuncentro
- Incentro

Rectas y puntos notables de un triángulo

Dibuja un triángulo, y traza sus rectas y puntos notables.

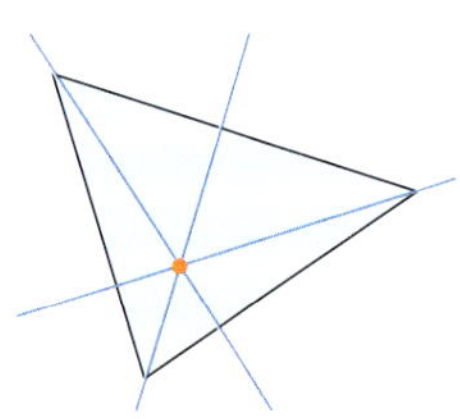

Alturas
Ortocentro

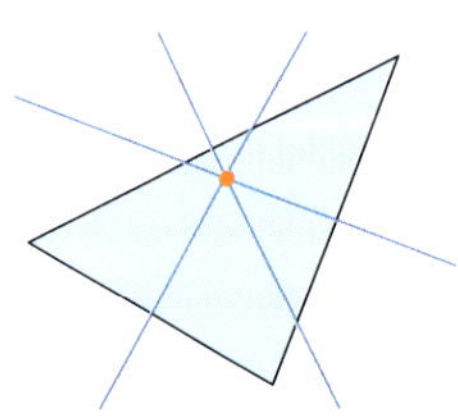

Mediatrices
Circuncentro

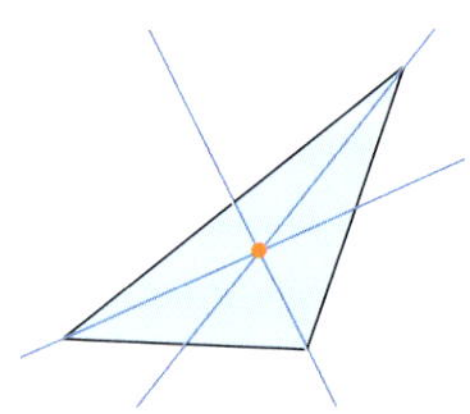

Medianas
Baricentro

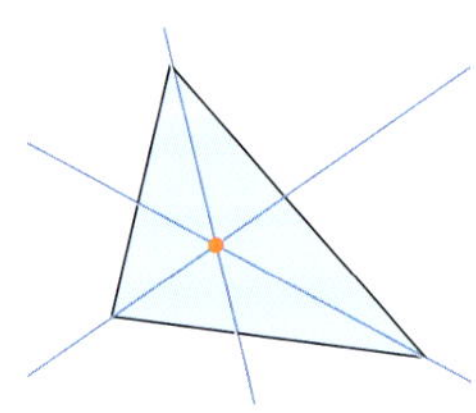

Bisectrices
Incentro

Ten en cuenta

La suma de los ángulos interiores de un polígono de n lados es:

$(n - 2) \cdot 180°$

Suma de los ángulos de un polígono

Calcula el ángulo que falta en este polígono.

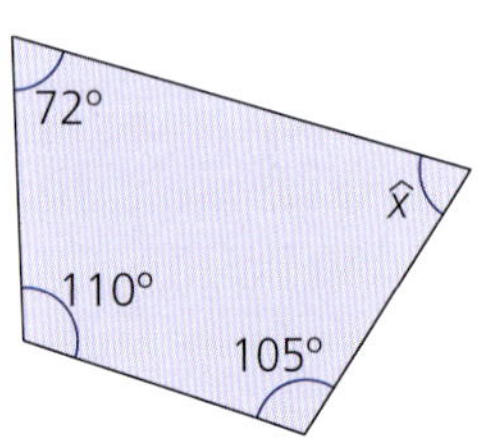

Es un cuadrilátero, por tanto, la suma de los cuatro ángulos interiores es:

$$(4 - 2) \cdot 180° = 2 \cdot 180° = 360°$$

Calculamos el ángulo que falta:

$$360° - 105° - 110° - 72° = 73°$$

Clasificación de polígonos

37 Dibuja en tu cuaderno.

a) Una línea poligonal abierta formada por tres segmentos.

b) Una línea poligonal cerrada formada por cuatro segmentos.

c) ¿Cuál de los anteriores dibujos es un polígono? Razona tu respuesta.

38 Escribe el nombre de los elementos destacados en naranja en el siguiente dibujo.

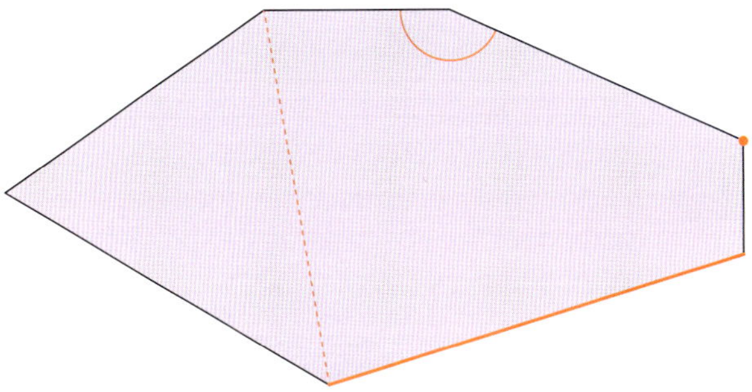

39 Indica cuáles de estas letras tienen forma de polígono.

Explica por qué el resto de letras no son polígonos.

Clasifica las letras que son polígonos según su número de lados.

40 Clasifica estos polígonos según sus ángulos interiores.

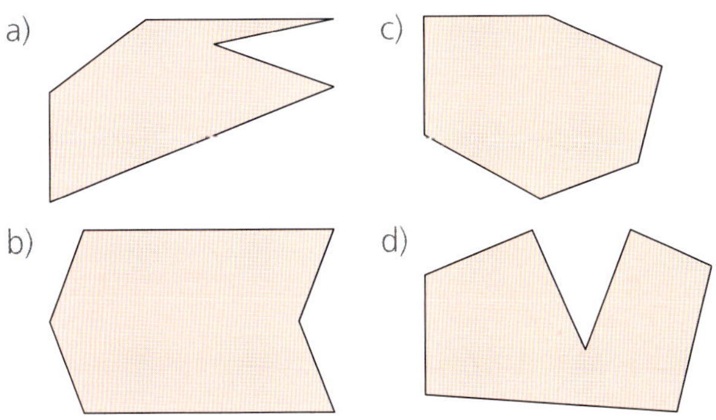

41 Razona si son verdaderas o falsas estas afirmaciones.

a) Todo polígono regular es cóncavo.

b) Todos los triángulos son convexos.

c) Un polígono cóncavo no puede ser convexo.

Triángulos

42 Dibuja los siguientes triángulos.

a) Un triángulo cuyos lados miden 3 cm, 5 cm y 7 cm, respectivamente.

b) Un triángulo con dos lados de 4 cm y 7 cm que forman entre sí un ángulo de 30°.

c) Un triángulo con dos ángulos que miden 60° y 80°, y cuyo lado común mide 4 cm.

43 Copia la figura en tu cuaderno y marca:

a) Un triángulo rectángulo.

b) Un triángulo obtusángulo.

c) Un triángulo acutángulo.

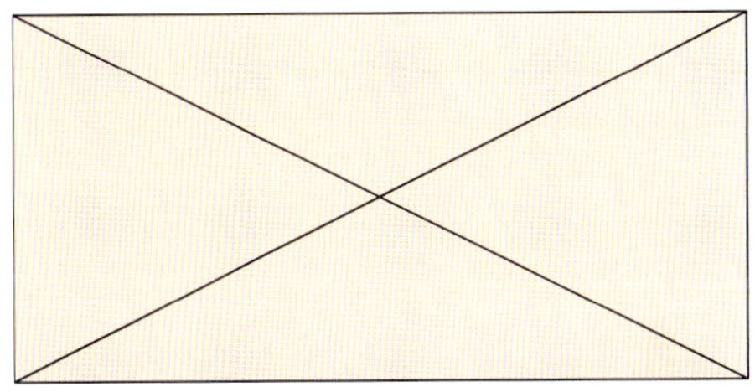

44 Copia en tu cuaderno esta tabla y complétala con dibujos siempre que sea posible.

	Equilátero	Isósceles	Escaleno
Acutángulo	×	×	×
Obtusángulo	×	×	×
Rectángulo	×	×	×

45 Utiliza el transportador de ángulos y una regla para medir estos triángulos y clasificarlos.

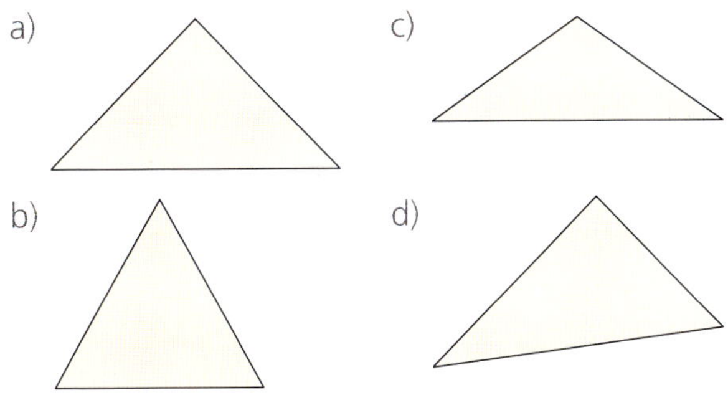

46 Celia asegura que ha dibujado un triángulo cuyos lados miden 2 cm, 3 cm y 5 cm, respectivamente.

a) ¿Es posible construir este triángulo?

b) Cambia la medida de uno de los lados y construye un triángulo con esas dimensiones.

Rectas y puntos notables en un triángulo

47 Escribe el nombre de las rectas dibujadas en estos triángulos.

a)

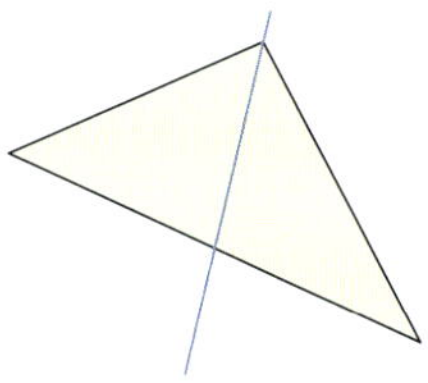

b)

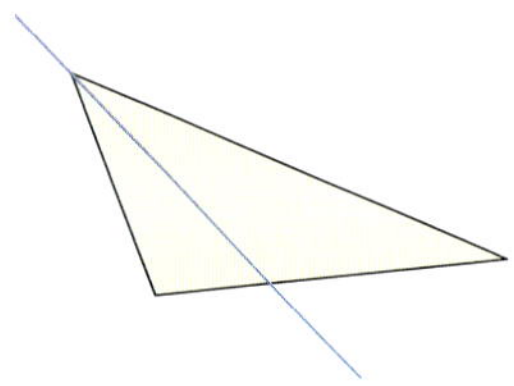

48 Construye en tu cuaderno un triángulo obtusángulo como el siguiente.

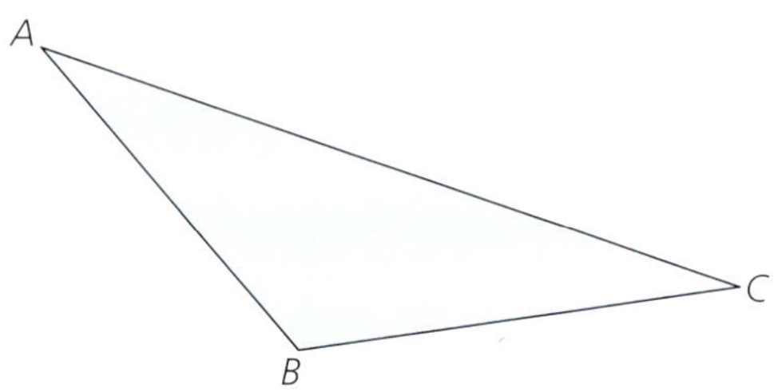

a) Traza la altura respecto al lado *BC*.

b) Dibuja la mediana del lado *AC*.

c) Construye la mediatriz del segmento *AB*.

d) Traza la bisectriz del ángulo $\hat{C}$.

49 ¿Puede un triángulo ser rectángulo y obtusángulo a la vez?

Razona tu respuesta.

50 Copia y completa esta tabla. Indica si los puntos notables son interiores, exteriores o si se encuentran sobre algún lado del triángulo.

	Acutángulo	Rectángulo	Obtusángulo
Baricentro	×	×	×
Ortocentro	×	×	×
Circuncentro	×	×	×
Incentro	×	×	×

51 Dibuja estos triángulos en tu cuaderno y marca los puntos notables en ellos.

a)

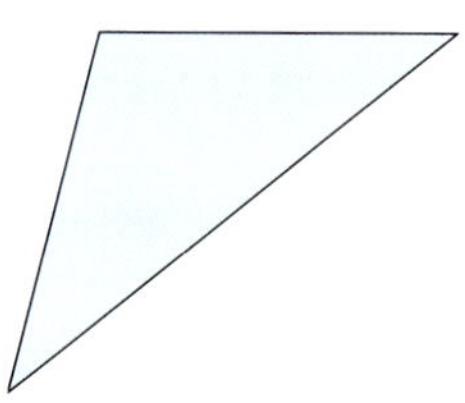

b)

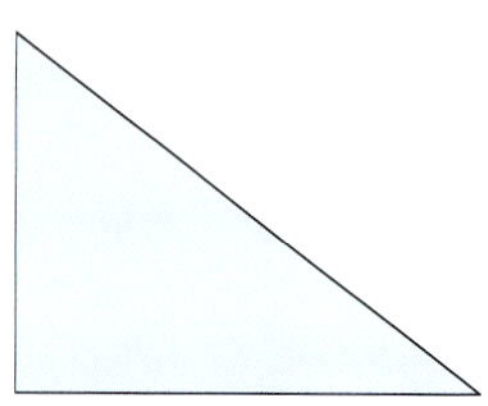

52 Este mapa muestra tres carreteras que forman un triángulo. Se quiere colocar una gasolinera en un punto del triángulo cuya distancia a las tres vías sea la menor posible. ¿Cuál es ese punto? Dibújalo en tu cuaderno.

53 Decide que provincia se encuentra a la misma distancia de las siguientes capitales de provincia: León, Huelva y Cuenca.

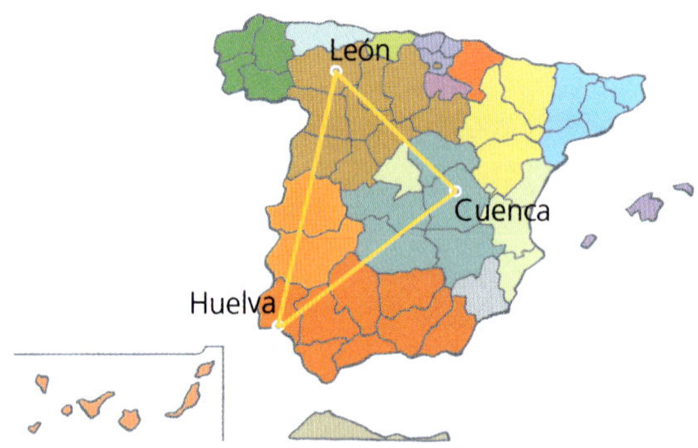

Cuadriláteros

54 Copia en tu cuaderno y señala en estos cuadriláteros los lados que son paralelos. Clasifícalos según sean paralelogramos, trapecios y trapezoides.

a)

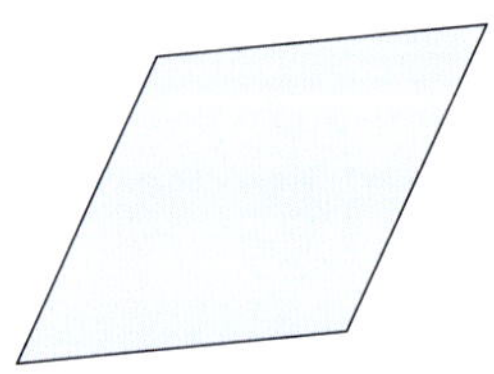

d)

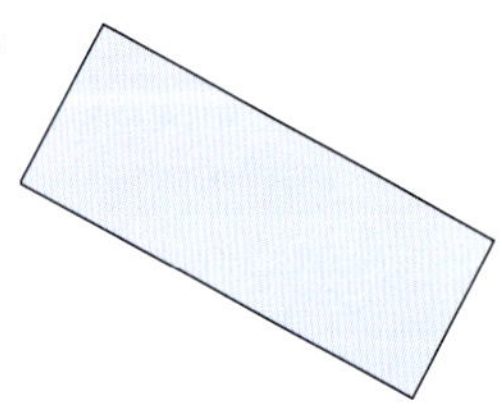

b)

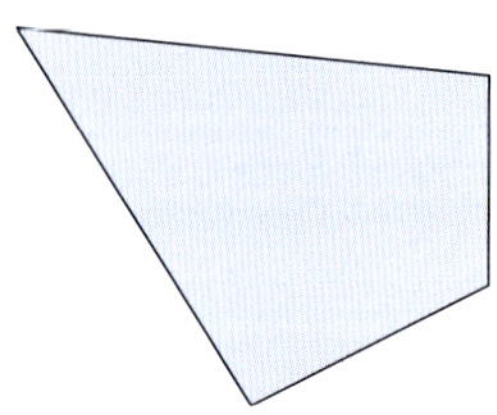

e)

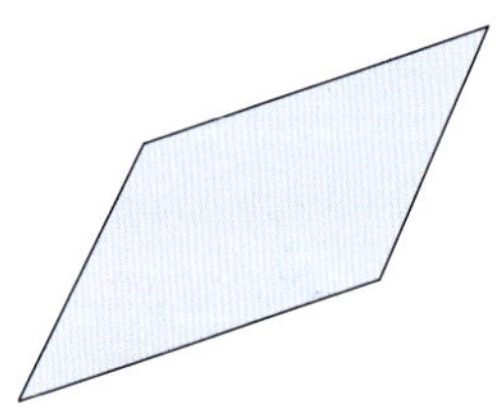

c)

f)

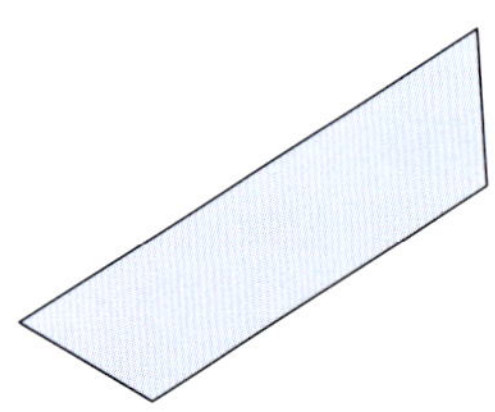

55 Clasifica estos paralelogramos.

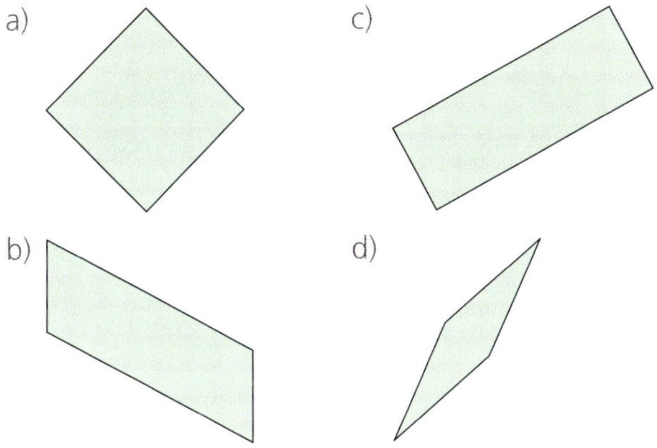

56 Traza dos rectas paralelas con una separación de 3 cm. Utiliza estas rectas para dibujar:

a) Un trapecio isósceles.

b) Un trapecio rectángulo.

c) Un trapecio escaleno.

Suma de los ángulos de un polígono

57 Halla los ángulos que faltan en los siguientes triángulos isósceles.

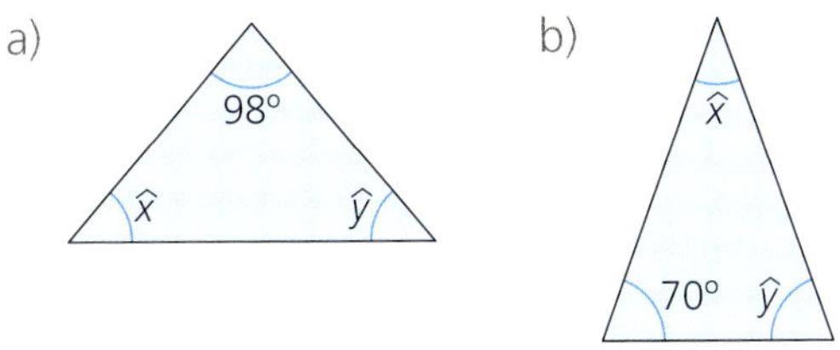

58 Halla la medida de los tres ángulos de estos triángulos.

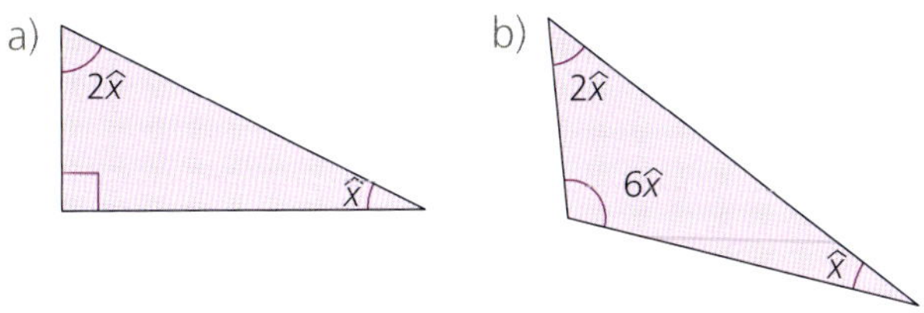

59 Halla el valor de los ángulos que faltan en los siguientes polígonos.

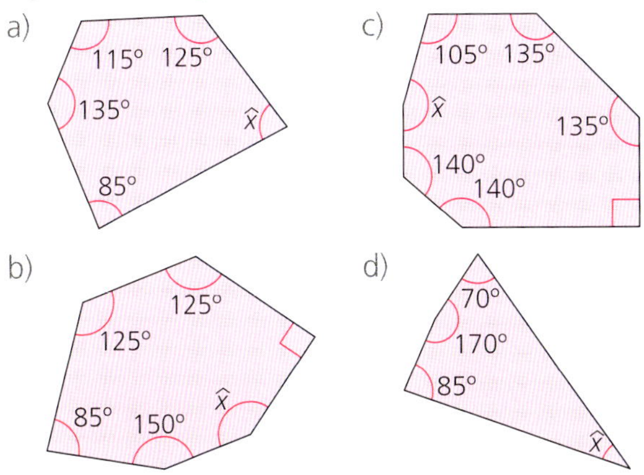

60 ¿Cuál es la medida del ángulo interior de estos polígonos regulares?

61 En un triángulo rectángulo, uno de los ángulos agudos mide el cuádruple que el otro. ¿Cuánto mide cada uno de los ángulos?

62 Calcula el valor de los ángulos desconocidos de este polígono.

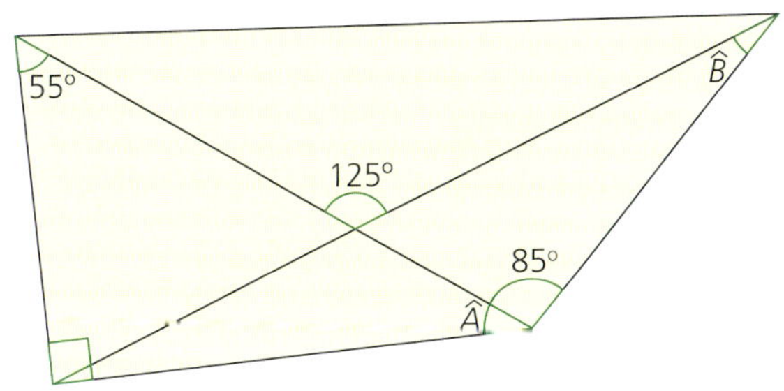

63 La suma de los ángulos interiores de un polígono regular es 1 080°. ¿De qué polígono se trata?

64 Calcula los ángulos interiores de un pentágono sabiendo que el segundo mide el doble que el primero, el tercero mide el triple que el primero, el cuarto mide el doble que el segundo y el quinto mide el quíntuple que el primero.

65 Piensa y contesta.

a) ¿Puede tener un heptágono regular un número natural como medida de sus ángulos interiores?

b) ¿Existe un polígono regular cuyo ángulo interior mida 162°? ¿Cuántos lados tiene?

c) ¿Cuántos lados tiene un polígono regular cuyo ángulo interior mide 179°?

d) ¿Puede existir un polígono regular con un ángulo interior de 180°?

Razona tus respuestas.

MATEMÁTICAS VIVAS

Un teselado es un patrón repetitivo de figuras geométricas que encajan y cubren el plano sin superponerse y sin dejar huecos.

Un ejemplo de teselado lo forman las baldosas que recubren el suelo que pisamos, ni dejan huecos ni se superponen. La figura que se emplea con más frecuencia para ello es el cuadrado, porque resulta más fácil de manejar: sin embargo, también es posible recubrir el plano con otros polígonos, como el triángulo rectángulo e isósceles.

COMPRENDE

1 Observa los siguientes triángulos que recubren el plano:

a. ¿Cuántos triángulos equiláteros comparten un solo vértice?

b. ¿Cuánto mide cada ángulo interior de estos triángulos?

c. ¿Cuánto mide la suma de los ángulos interiores de estos triángulos?

RESUELVE

UTILIZA EL LENGUAJE MATEMÁTICO

2 Copia y completa en tu cuaderno la siguiente tabla.

	Triángulo equilátero	Cuadrado	Pentágono regular	Hexágono regular	Heptágono regular	Octógono regular
Número de lados	×	×	×	×	×	×
Suma de la medida de los ángulos interiores	×	×	×	×	×	×
Medida de los ángulos interiores	×	×	×	×	×	×

RELACIONA

3 A la hora de recubrir el plano, no pueden quedar espacios en blanco entre las figuras.

a. Observa los polígonos de la tabla anterior. ¿Con cuáles se puede recubrir el plano? Explica por qué.

b. Supón que se recubre el plano con una figura plana: ¿qué debe ocurrir con la suma de los ángulos cuando se unen varias de esas figuras compartiendo un vértice?

PIENSA Y RAZONA

REFLEXIONA

4 Habitualmente los suelos están formados por baldosas iguales, pero esto no siempre es así. Se puede recubrir el plano mezclando polígonos regulares.

Por ejemplo, el suelo que muestra esta imagen está formado por cuadrados y octógonos.

a. ¿Cuántos polígonos concurren en cada vértice?

b. ¿Cuánto mide la suma de los ángulos interiores de estos polígonos?

RESUELVE

5 ¿Cuáles de las siguientes parejas de polígonos recubren el plano?

a.

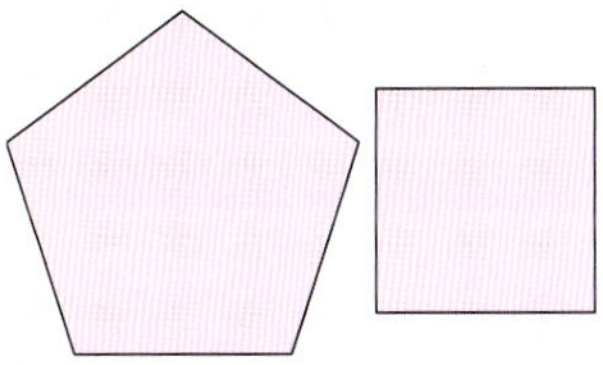

b.

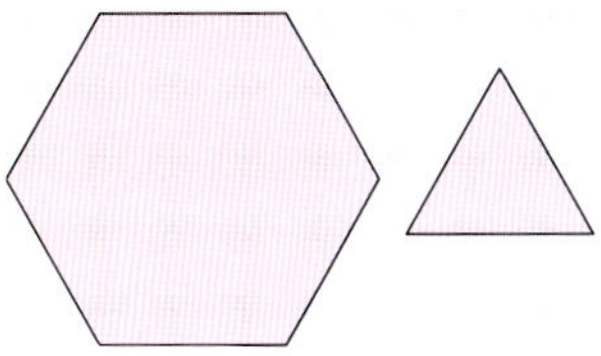

c.

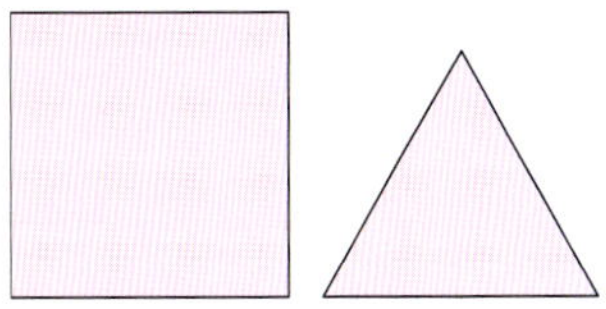

d.

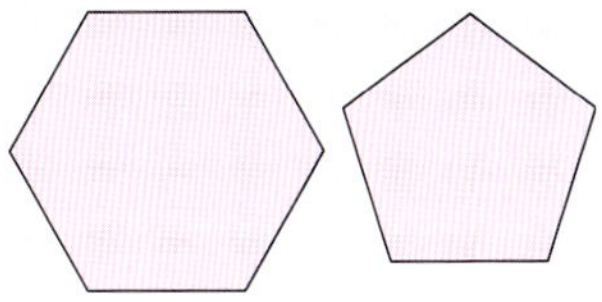

ARGUMENTA

6 Dibuja una superficie teselada con varios de los polígonos que sí pueden rellenar el plano.

7 Con tres polígonos regulares, solo puedes constuir dos modelos de teselado. ¿Cuáles son?

REPRESENTA

TRABAJO COOPERATIVO

TAREA

Los antiguos artistas islámicos crearon polígonos regulares conocidos como polígonos nazaríes. Uno de los más famosos es el hueso nazarí. Observad su construcción.

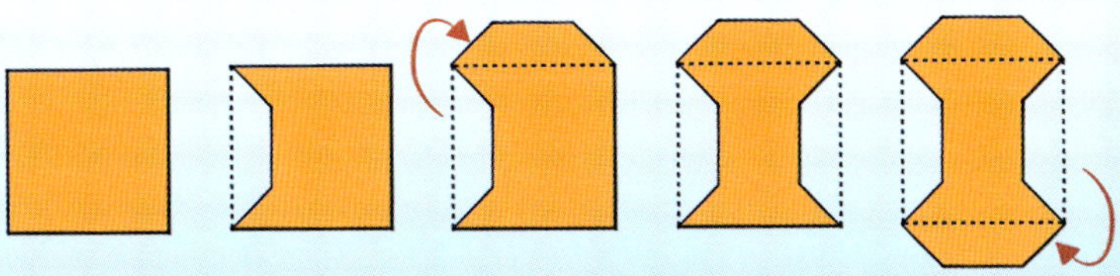

– Con esta técnica, cread una baldosa que rellene el plano.
– Investigad sobre los teselados que existen en la Alhambra.

AVANZA — Cuerpos geométricos a partir de desarrollos planos

El **desarrollo plano** de un cuerpo geométrico es la figura plana formada por todas sus caras.

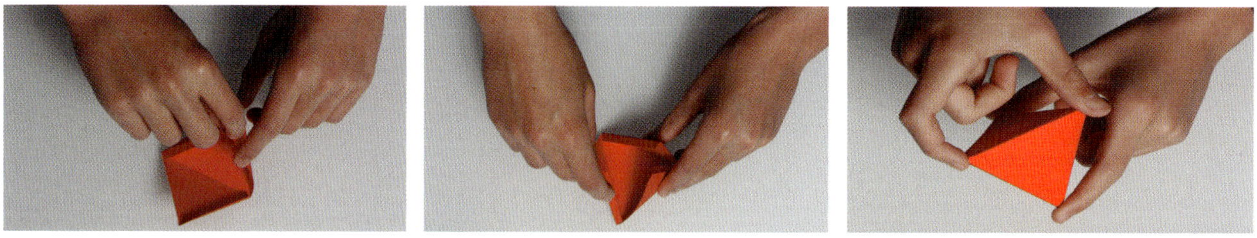

Copia este desarrollo plano y, después, amplíalo. Recórtalo y dóblalo por las líneas. Utiliza pegamento en las pestañas para conseguir que se mantenga fijo el cuerpo geométrico que se forma.

A1. Identifica entre las siguientes figuras las que sean el desarrollo plano de un cubo.

A2. Dibuja el desarrollo de los siguientes cuerpos geométricos.

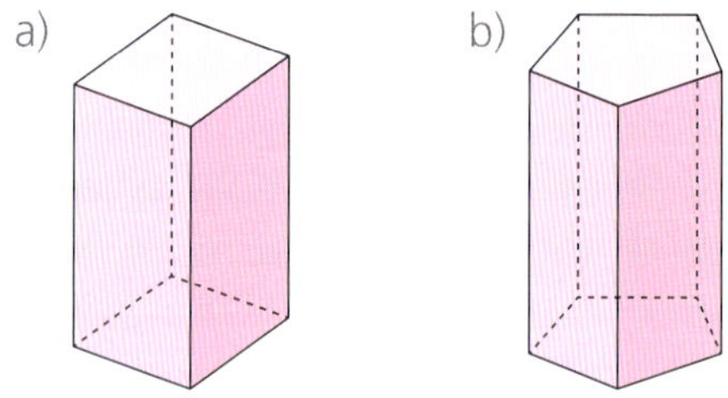

PERCEPCIÓN VISUAL — El tangram

El tangram, de origen chino, es uno de los rompecabezas más antiguos que se conoce. Se utiliza desde hace más de dos mil años.

Está formado por siete polígonos: cinco triángulos, un cuadrado y un romboide. Con ellos, podemos construir figuras que representan animales, objetos, personas, polígonos…

PV1. Utiliza todas las piezas del tangram para construir estos polígonos.

PV2. Construye con el tangram las siguientes figuras.

11

PERÍMETROS Y ÁREAS DE POLÍGONOS

Antes de empezar cualquier reforma en una casa, tenemos que conocer la superficie de las paredes, suelos y techos para poder calcular la cantidad de material que necesitamos, ya sea pintura, baldosas, tarima, etc.

Además, si en nuestra reforma incluimos cambiar el rodapié, también es preciso conocer el perímetro de la habitación que vamos a remodelar.

IDEAS PREVIAS

- Multiplicación y división por la unidad seguida de ceros.
- Raíces enteras.
- Resolución de ecuaciones.
- Distancia entre un punto y una recta.

REPASA LO QUE SABES

1. Realiza estas multiplicaciones y divisiones.

a) $0{,}45 \cdot 10$ c) $42 : 100$ e) $3{,}4051 \cdot 1\,000$

b) $0{,}034 \cdot 100$ d) $3{,}5 : 10$ f) $45{,}61 : 1\,000$

2. Calcula las siguientes raíces enteras.

a) $\sqrt{81}$ c) $\sqrt{121}$ e) $\sqrt{225}$

b) $\sqrt{49}$ d) $\sqrt{10\,000}$ f) $\sqrt{169}$

3. Resuelve estas ecuaciones.

a) $x + 6 = 10$ c) $12 = 2x + 4$

b) $7 = 18 - x$ d) $15 + \frac{x}{2} = 23$

4. Utiliza herramientas de dibujo para calcular la distancia entre la recta y el punto.

a) 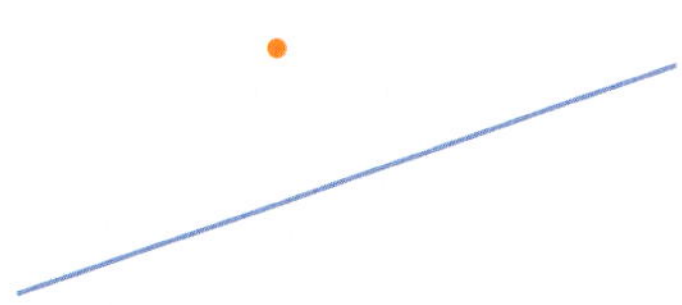

b) 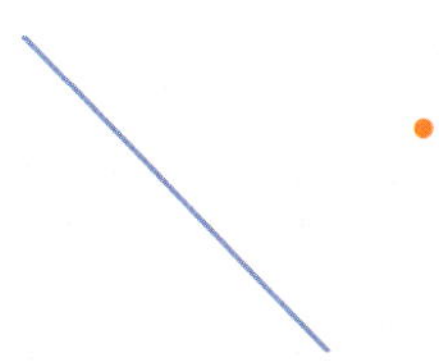

MATEMÁTICAS EN EL DÍA A DÍA

En 1798, tras la Revolución Francesa, se estableció en París, en la Academia de Ciencias, el sistema métrico decimal que utilizamos actualmente.

ma1e41

Aprenderás a...

- Manejar las medidas de longitud y superficie.
- Expresar una medida de longitud o superficie en distintas unidades.

1. UNIDADES DE LONGITUD Y SUPERFICIE

Beatriz quiere medir el ancho de la pista deportiva de su centro escolar.

Para ello, utiliza como unidad de medida uno de sus pasos y cuenta cuántos pasos tiene que dar hasta completar el ancho.

Medir es comparar una cantidad con otra establecida de la misma magnitud, que se llama **unidad.**

La longitud del paso de Beatriz es diferente a la del paso de su amigo Carlos, ya que la longitud de la zancada de él es mayor.

Para evitar tomar una unidad con diferentes medidas, empleamos el **sistema métrico decimal.**

- Para medir **longitudes,** utilizamos el **metro** como unidad principal, y, para medir longitudes mayores o menores, utilizamos sus múltiplos y sus submúltiplos.

· 10 ↓	· 10 ↓	· 10 ↓	· 10 ↓	· 10 ↓	· 10 ↓	
Kilómetro	**Hectómetro**	**Decámetro**	**Metro**	**Decímetro**	**Centímetro**	**Milímetro**
km	hm	dam	m	dm	cm	mm
↑ : 10	↑ : 10	↑ : 10	↑ : 10	↑ : 10	↑ : 10	

Para transformar unidades de longitud:

- Multiplicamos por 10 para pasar a unidades inferiores.
- Dividimos por 10 para pasar a unidades superiores.

- Para medir **superficies,** usamos el **metro cuadrado** como unidad principal, y, para medir superficies mayores o menores, empleamos sus múltiplos y sus submúltiplos.

· 100 ↓	· 100 ↓	· 100 ↓	· 100 ↓	· 100 ↓	· 100 ↓	
Kilómetro cuadrado	**Hectómetro cuadrado**	**Decámetro cuadrado**	**Metro cuadrado**	**Decímetro cuadrado**	**Centímetro cuadrado**	**Milímetro cuadrado**
km^2	hm^2	dam^2	m^2	dm^2	cm^2	mm^2
↑ : 100	↑ : 100	↑ : 100	↑ : 100	↑ : 100	↑ : 100	

Para transformar unidades de superficie:

- Multiplicamos por 100 para pasar a unidades inferiores.
- Dividimos por 100 para pasar a unidades superiores.

En el **sistema métrico decimal,** la unidad principal de medida de longitud es el metro, m, y la unidad principal de superficie es el metro cuadrado, m^2.

Presta atención

No todo se puede medir. Por ejemplo, no podemos medir el color de los ojos o el del pelo. Solo podemos medir cualidades que se puedan expresar con números.

En tu vida diaria

El sistema métrico decimal es un sistema de unidades de medida conocido internacionalmente y es el que se utiliza habitualmente, salvo en algunos países anglosajones.

1. Escoge la unidad de medida más apropiada para indicar estas longitudes.
   a) La distancia entre dos ciudades.
   b) El ancho de un cuaderno.
   c) La altura de un edificio.

2. Dibuja un segmento que mida 1 dm y divídelo en centímetros. ¿Cuántos centímetros mide?

3. Expresa en kilómetros.
   a) 340 m b) 23 560 mm c) 45 021 cm

4. Transforma en milímetros las siguientes longitudes.
   a) 27 m b) 0,3 km c) 5,31 cm

5. Copia y completa con las unidades correctas.
   a) 3,2 m = 0,0032 ⊡ = 320 ⊡
   b) 65,7 dm = 6 570 ⊡ = 6,57 ⊡
   c) 34,56 dam = 3 456 ⊡ = 0,3456 ⊡

6. Indica qué corredor ha recorrido más distancia en una carrera de relevos.

Corredor 1	Corredor 2	Corredor 3	Corredor 4
13,2 dam	1,45 hm	0,1397 km	13 972 cm

EJERCICIO RESUELTO

Calcula y expresa el resultado en metros.

2 084,56 dm + 439,25 dam + 57,3 m

Solución

Para operar con distintas unidades de medida de longitud, colocamos las cantidades en una tabla con las unidades. Después, sumamos de forma habitual: de derecha a izquierda, y teniendo en cuenta las llevadas.

	km	hm	dam	m	dm	cm	mm
	—	2	0	8	4	5	6
	4	3	9	2	5	—	—
+	—	—	5	7	3	—	—
	4	6	5	8,	2	5	6

El resultado es 4 658,256 m.

7. Calcula y expresa el resultado en decímetros.
   a) 45,67 km + 56 309 mm + 367,3 m
   b) 58,07 dam + 43,5617 hm + 34 967 cm
   c) 509 902 mm + 47,467 m + 34,5 dm
   d) 45,68 m − 3 749 mm

8. Dibuja un decímetro cuadrado y divídelo en centímetros cuadrados. ¿Cuántos centímetros cuadrados tiene?

9. Transforma en metros cuadrados las siguientes superficies.
   a) 40,97 hm^2 c) 673 409 mm^2
   b) 0,367 cm^2 d) 4,5 km^2

10. El metro cuadrado de baldosa tiene un precio de 23,50 €. ¿Cuánto costará embaldosar una superficie de 2,35 dam^2?

EJERCICIO RESUELTO

Calcula y expresa el resultado en decámetros cuadrados.

347,365 m^2 + 156, 40081 hm^2 + 499 623 dm^2

Para operar con distintas unidades de medida de superficie, colocamos las cantidades en una tabla con las unidades. En cada casilla escribimos dos cifras y sumamos. Si el resultado es igual o mayor que 100, sumamos una unidad a la unidad inmediata superior.

	km^2	hm^2	dam^2	m^2	dm^2	cm^2	mm^2
	—	—	03	47	36	50	—
	1	56	40	08	10	—	—
+	—	—	49	96	23	—	—
	1	56	93,	51	69	50	—

El resultado es 15 693,51695 dam^2.

11. Resuelve las siguientes operaciones y expresa el resultado en metros cuadrados.
   a) 35,609 m^2 + 47 201,3 cm^2 + 3,00496 hm^2
   b) 456,7 cm^2 + 350 931 mm^2 + 36,409 dm^2
   c) 0,5069 hm^2 + 3,4 m^2 + 1,5093 dam^2
   d) 4 km^2 − 325 009 m^2

Investiga

12. Existen sistemas de medidas como el anglosajón que se utiliza actualmente en muchos territorios de habla inglesa, como Reino Unido, Estados Unidos y otros países con influencia anglosajona en América. Sin embargo, existen diferencias entre los sistemas de Estados Unidos y Reino Unido, este último llamado *sistema imperial*. Investiga sobre las unidades de medida de estos sistemas y sus diferencias.

Aprenderás a...

- Calcular el lado desconocido en un triángulo rectángulo aplicando el teorema de Pitágoras.
- Comprobar si tres lados pueden formar un triángulo rectángulo.
- Reconocer ternas pitagóricas.

2. TEOREMA DE PITÁGORAS

Adrián tiene que construir una rampa para salvar un escalón de 6 dm en un terreno. Para construirla correctamente, realiza un esquema y toma las medidas que necesita.

Adrián observa que la rampa, el suelo y el desnivel que tiene que salvar forman un triángulo rectángulo y que sus medidas cumplen que:

$$10^2 = 8^2 + 6^2 \rightarrow 100 = 64 + 36$$

Todos los triángulos rectángulos tienen un ángulo de 90°. El lado opuesto al ángulo de 90° se llama **hipotenusa,** y los lados que forman el ángulo de 90° son los **catetos.**

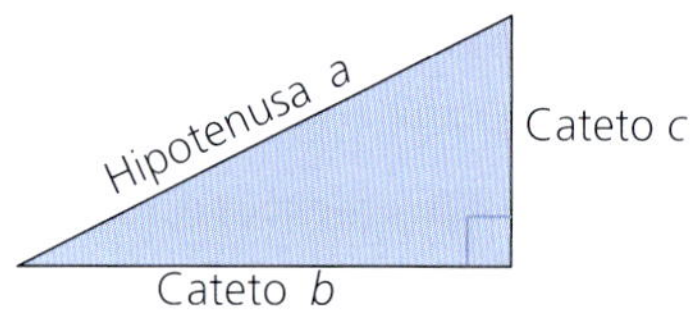

Teorema de Pitágoras. En un triángulo rectángulo, el cuadrado de la hipotenusa es igual a la suma de los cuadrados de los catetos.

$$a^2 = b^2 + c^2$$

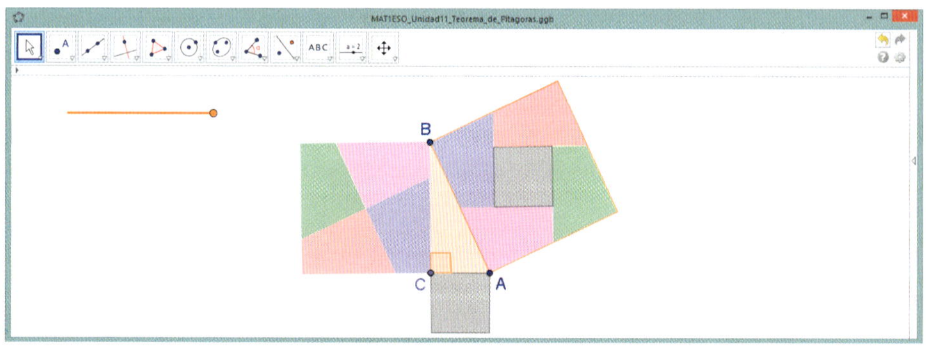

ma1e42

El teorema de Pitágoras solo se cumple en triángulos rectángulos. Dado cualquier triángulo, podemos saber si es rectángulo comprobando si se cumple esta igualdad:

- Triángulo cuyos lados miden 3 cm, 4 cm y 5 cm, respectivamente:

  Lados menores: 3 y 4 — $3^2 + 4^2 = 9 + 16 = 25 = 5^2$

  Lado mayor: 5 — Es un triángulo rectángulo.

- Triángulo cuyos lados miden 5 cm, 6 cm y 9 cm, respectivamente:

  Lados menores: 5 y 6 — $5^2 + 6^2 = 25 + 36 = 61 \neq 81 = 9^2$

  Lado mayor: 9 — No es un triángulo rectángulo.

Un triángulo es rectángulo si el mayor de sus lados elevado al cuadrado es igual a la suma de los cuadrados de los otros dos lados.

13 Indica en cada triángulo qué lado es la hipotenusa y cuáles son los catetos.

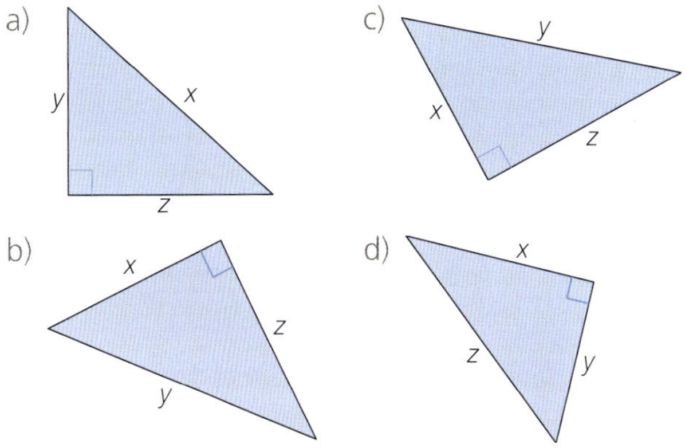

EJERCICIO RESUELTO

▶ **Aplica el teorema de Pitágoras para calcular la longitud, en centímetros, del lado que falta.**

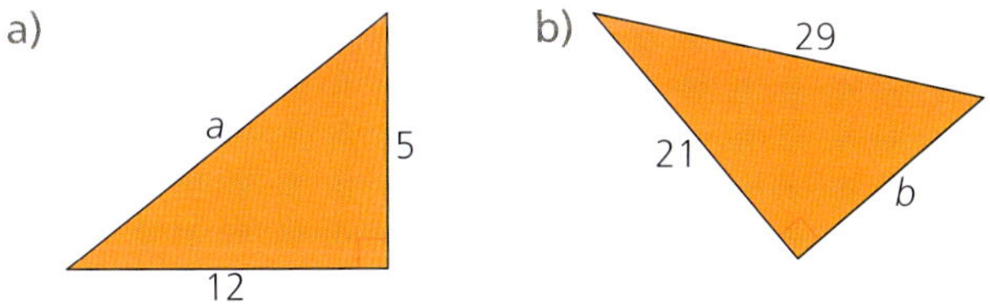

Solución

a) $a^2 = 12^2 + 5^2 \rightarrow a^2 = 144 + 25 \rightarrow a^2 = 169$
$\rightarrow a = \sqrt{169} \rightarrow a = 13$ cm

b) $29^2 = 21^2 + b^2 \rightarrow 841 = 441 + b^2$
$\rightarrow 841 - 441 = b^2 \rightarrow 400 = b^2$
$\rightarrow b = \sqrt{400} \rightarrow b = 20$ cm

14 Calcula la medida del lado que falta.

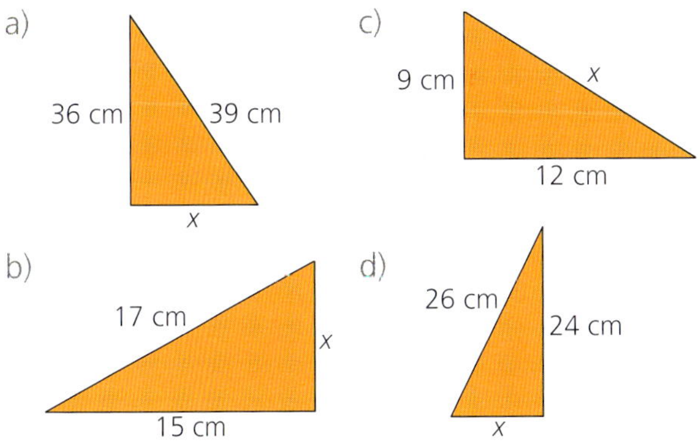

15 Halla la medida del lado desconocido.

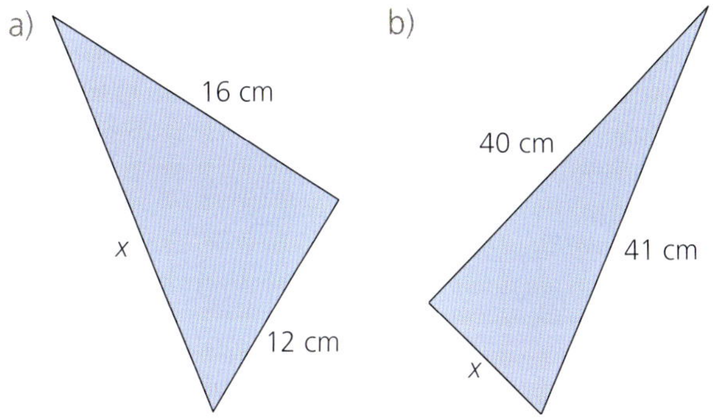

16 Comprueba, sin dibujar, si se pueden construir triángulos rectángulos con las siguientes medidas.

a) 97 cm, 72 cm y 65 cm

b) 24 dm, 10 dm y 25 dm

c) 11 dam, 15 dam y 16 dam

d) 36 m, 77 m y 85 m

17 Irene apoya una escalera de 15 m sobre el borde de un muro. Si el pie de la escalera se encuentra apoyado a 12 m del muro, ¿cuántos metros de altura tiene el muro?

18 Un carpintero acaba de terminar un marco para un cuadro, pero no está seguro de que las esquinas formen un ángulo recto.

Si las dimensiones de los lados son 63 cm y 84 cm, respectivamente, y la diagonal que forman es de 105 cm, ¿podrías decir si las esquinas del marco están en ángulo recto?

19 Un edificio de 18 m de altura proyecta una sombra sobre el suelo de 24 m. ¿Cuál es la distancia entre la parte superior del edificio y el punto hasta el que se prolonga la sombra en ese momento?

DESAFÍO

20 Una terna pitagórica está formada por tres números naturales que son las longitudes de los lados de un triángulo rectángulo y, por tanto, cumplen el teorema de Pitágoras. Es decir, tres números naturales, a, b y c, forman una terna pitagórica si: $a^2 = b^2 + c^2$

Construye una tabla con los 20 primeros cuadrados de los números naturales y con los cuadrados de los múltiplos de 10 hasta 100, y busca las ternas pitagóricas existentes.

Aprenderás a...

- Identificar el perímetro de una figura plana.
- Calcular o estimar el perímetro de una figura plana.

3. PERÍMETRO DE UNA FIGURA

Laura ha comprado una parcela para construir una casa donde veranear.

En el plano de la parcela, indica la relación entre la medida del plano y la real.

Laura quiere cercar la finca y para ello necesita saber cuántos metros de valla tiene que comprar. Con este fin, cuenta las unidades que mide en el plano cada uno de sus lados y calcula la medida real.

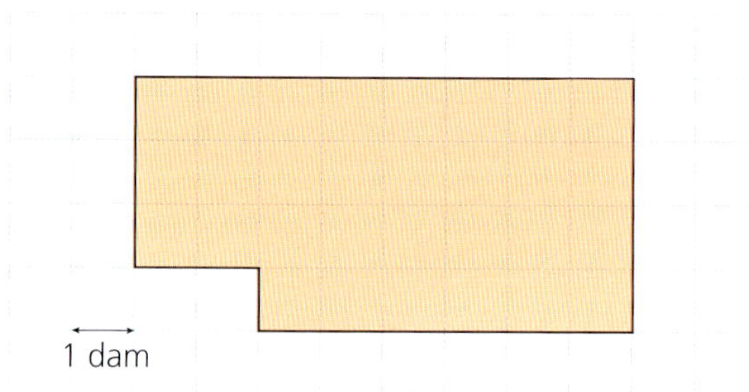

$$3 + 2 + 1 + 6 + 4 + 8 = 24 \text{ unidades}$$

Como cada unidad de medida del plano equivale a 1 dam en la realidad, necesita 24 dam. Si lo expresamos en metros, necesita 240 m de valla.

El **perímetro** de una figura plana es la suma de las longitudes de sus lados.

Lenguaje matemático

El perímetro de una figura suele expresarse mediante la letra *P*.

Estimación de perímetros

El vecino de Laura también quiere vallar su parcela. Sin embargo, alguno de los lados de la finca no mide un número entero de unidades.

Para poder obtener el perímetro de la finca, estimamos las medidas de los lados.

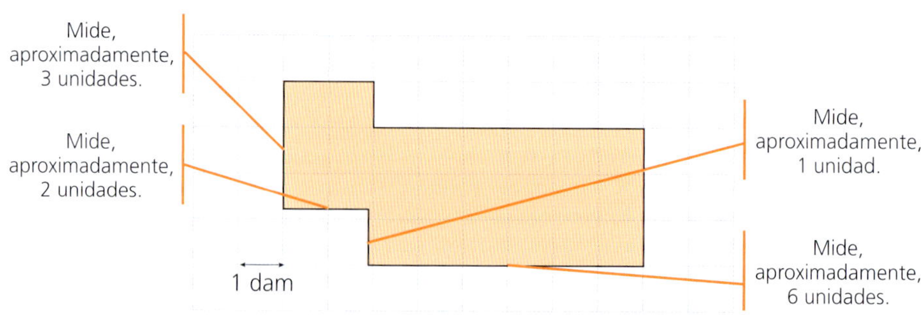

El perímetro de la finca mide, aproximadamente:

$$3 + 2 + 1 + 6 + 3 + 6 + 1 + 2 = 24 \text{ dam} = 240 \text{ m}$$

21 Calcula el perímetro de las siguientes figuras.

a) 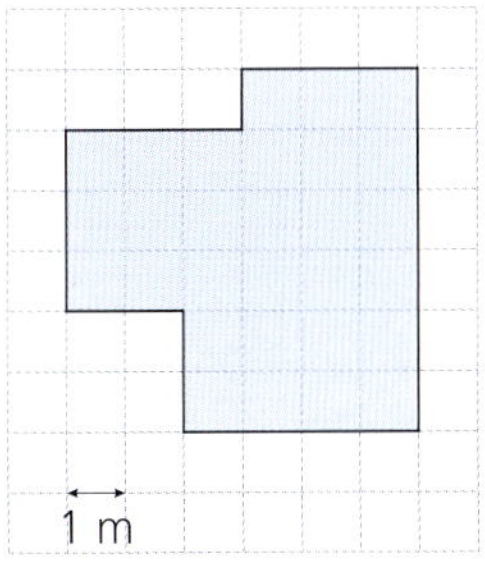

b) 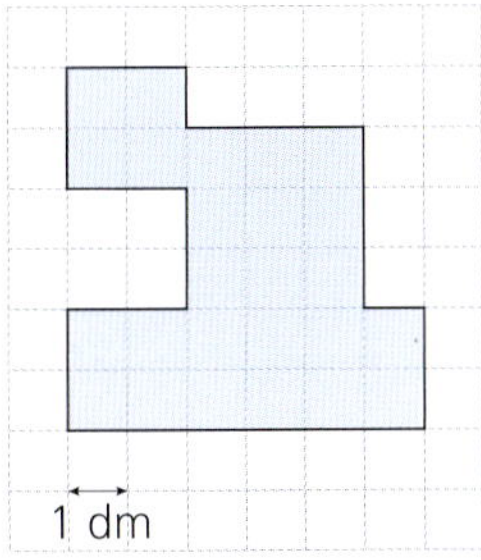

c) 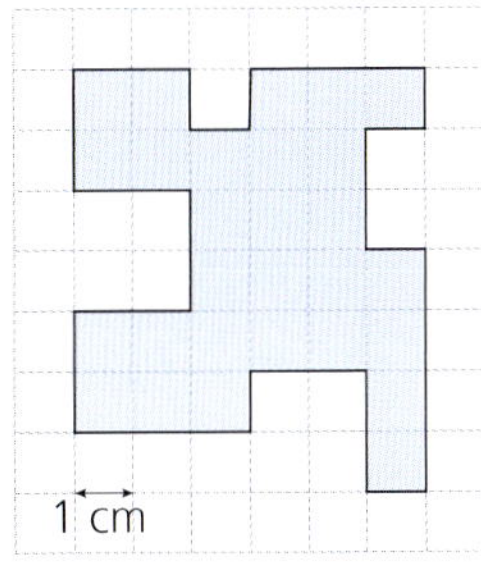

22 Jesús quiere medir el perímetro de su casa, que tiene forma de hexágono. Obtiene las siguientes medidas de cada lado:

2,5 m 3,2 m 7,8 m 2,1 m 10,5 m 2 m

¿Cuál es el perímetro de su casa?

23 El perímetro de un pentágono regular es 34 cm. ¿Cuánto mide cada lado?

24 Halla el perímetro de estos polígonos.

a) 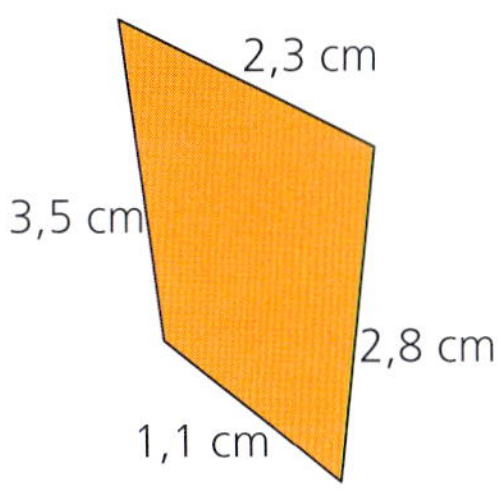

b) 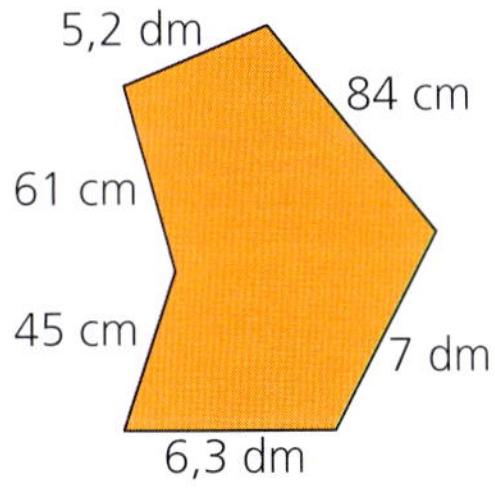

c) 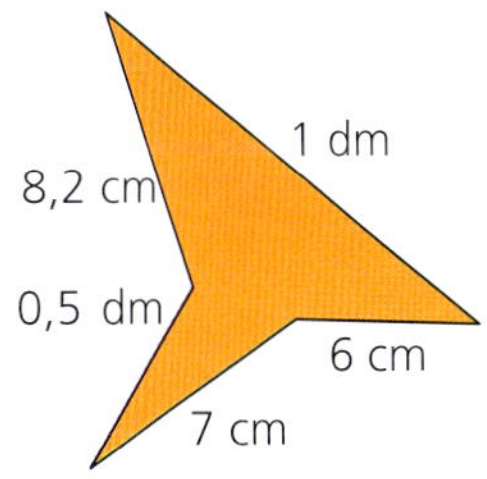

Presta atención

Antes de realizar operaciones, debemos asegurarnos de que todos los datos están expresados en las mismas unidades.

25 Estima la longitud de los lados de los siguientes polígonos.

a) 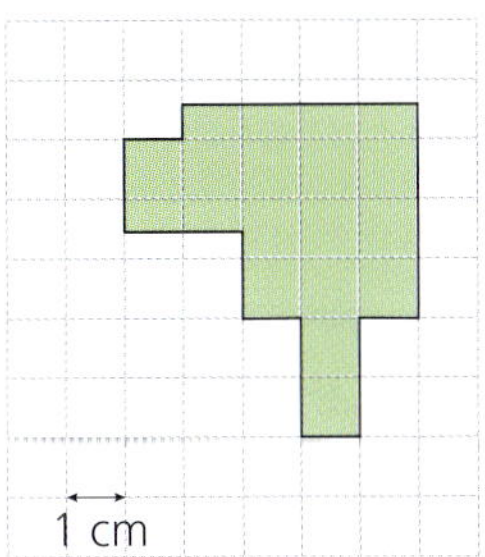

b) 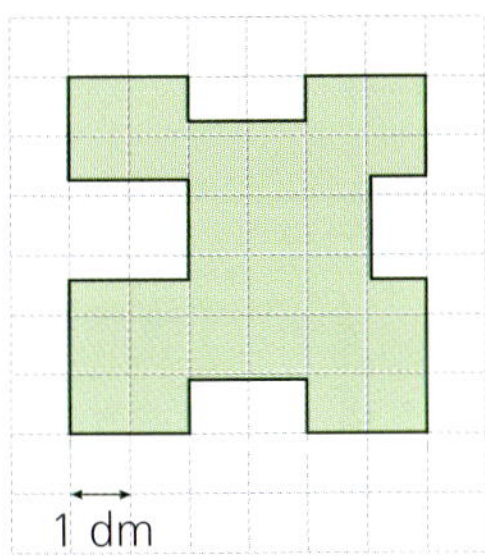

c) 

26 Da una estimación, en metros, del perímetro de estos polígonos.

a) 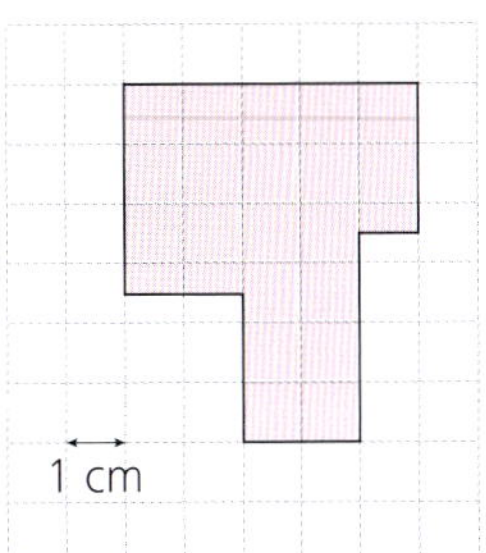

b) 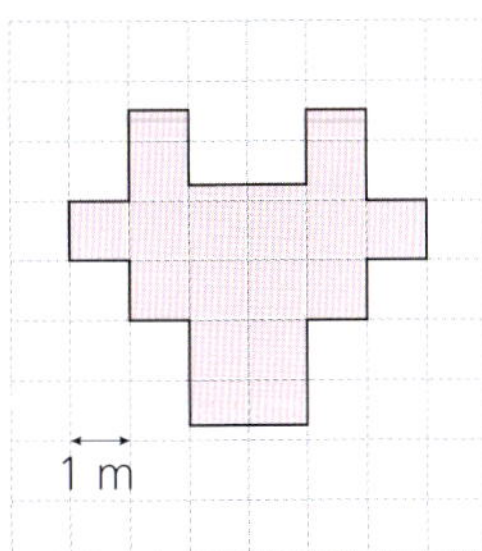

c) 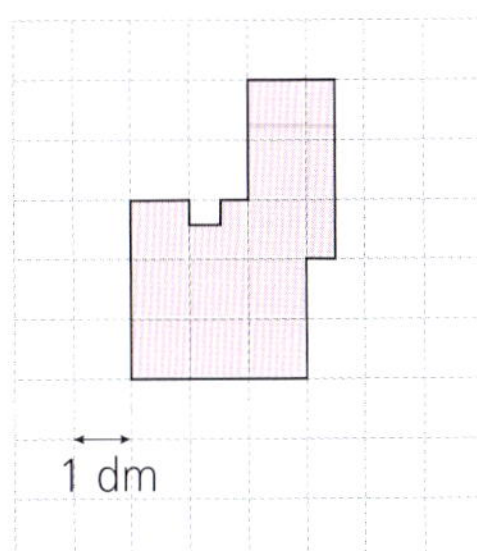

Investiga

27 Cuando queremos medir el perímetro de algún objeto, necesitamos un instrumento que mida longitudes; sin embargo, no utilizamos el mismo instrumento para medir el perímetro de un chip de ordenador que para medir el perímetro de nuestra casa.

Utiliza Internet para investigar diferentes instrumentos de medida de longitud e indica un ejemplo de medida de un perímetro llevada a cabo con dichos instrumentos.

Aprenderás a…

- Identificar la superficie de una figura plana.
- Calcular o estimar el área de una figura plana.

4. SUPERFICIE DE UNA FIGURA

Ismael quiere plantar césped alrededor de una piscina y necesita saber cuánta superficie tiene que comprar.

Cada cuadrado del plano representa 1 m^2 en la realidad.

Para calcular cuántos metros cuadrados de césped tiene que comprar, toma las medidas necesarias en el plano.

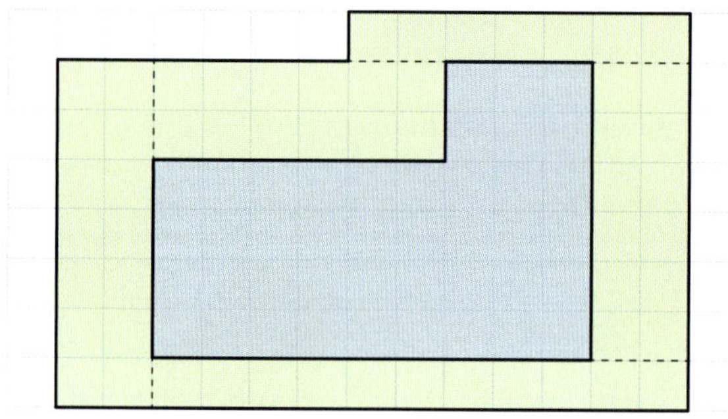

14 + 11 + 12 + 7 + 12 = 56 unidades cuadradas

Como cada unidad de medida del plano equivale a 1 m^2, necesita en total 56 m^2 de césped.

Lenguaje matemático

El área de una figura suele expresarse por la letra *A*.

El **área** de una figura plana es la medida de la superficie que ocupa.

Estimación de áreas

Ismael ahora debe plantar césped en el interior de una parcela como la del plano.

Esta vez no puede contar cuadrados porque hay zonas que no ocupan un cuadrado entero.

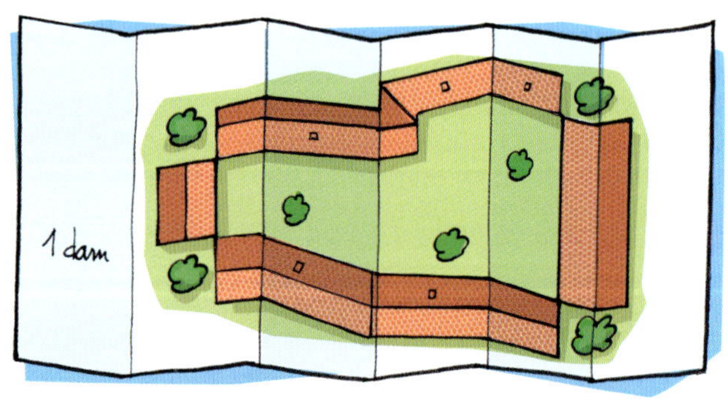

Para saber cuánto mide la superficie de la finca, estimamos el área.

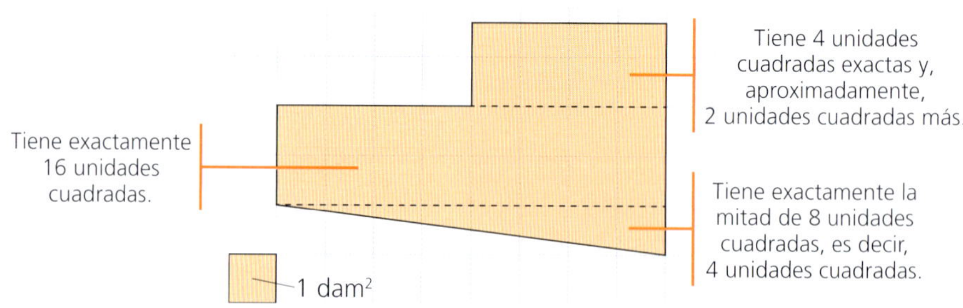

El área de la parcela es, aproximadamente, 4 + 2 + 16 + 4 = 26 unidades cuadradas, que equivalen a 26 dam^2.

28 Calcula el área de las siguientes figuras planas.

a) 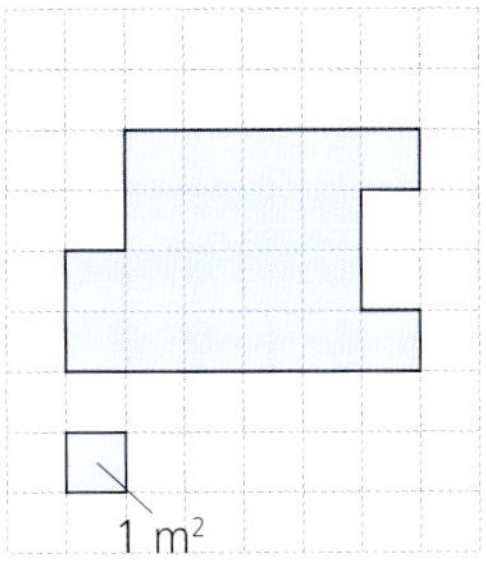

c) 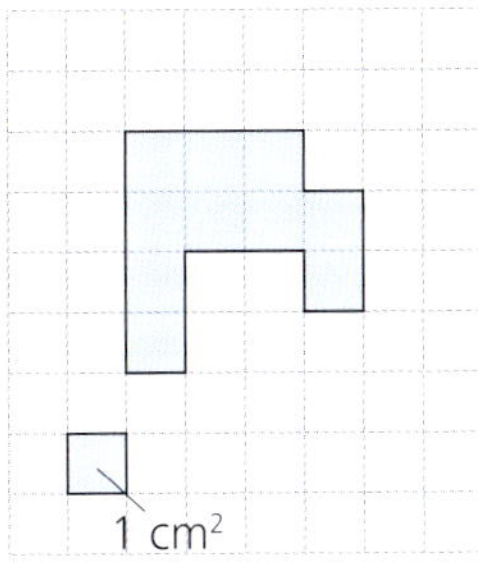

e) 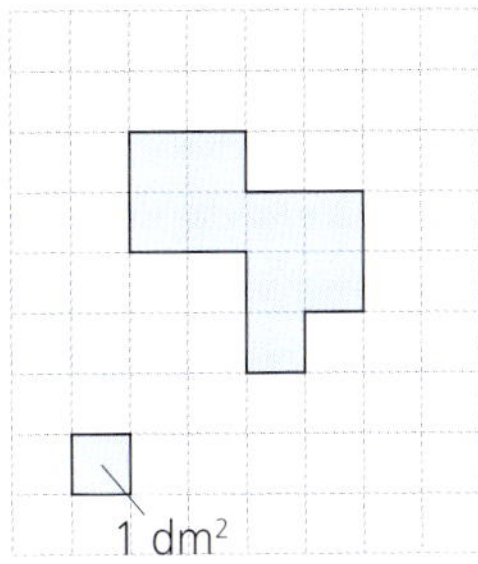

b) 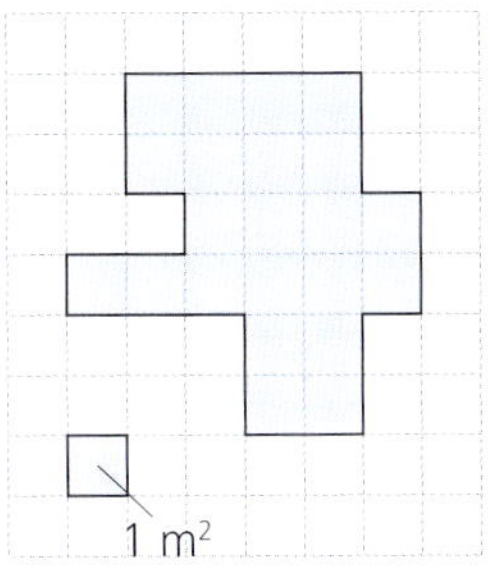

d) 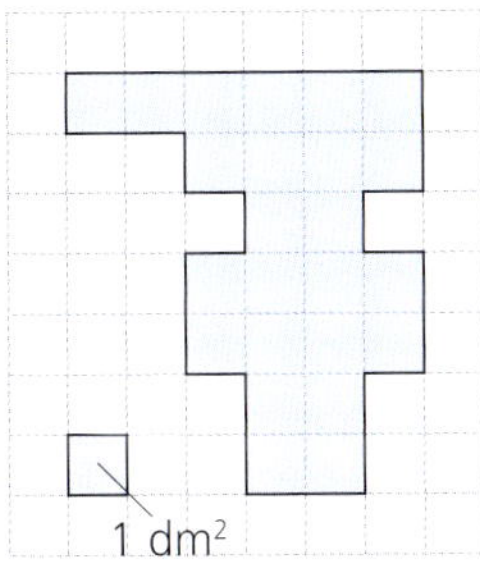

f) 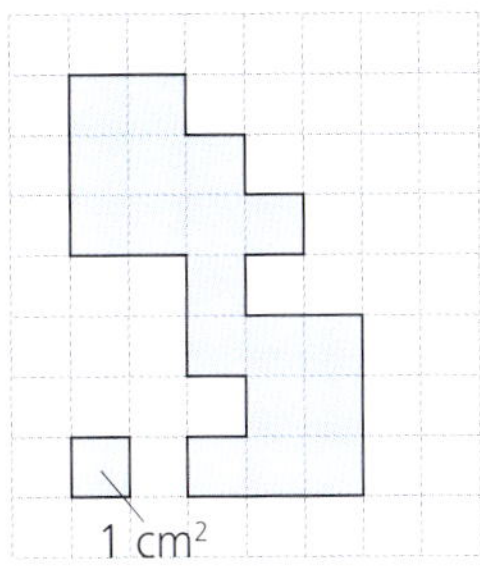

29 Traza una cuadrícula en tu cuaderno, cuyos cuadrados tengan una superficie de 1 cm^2 y dibuja en ella polígonos con las siguientes áreas.

a) 24 cm^2

b) 1 dm^2

c) 13 cm^2

d) 7,5 cm^2

30 Halla el área de los estos polígonos.

a) 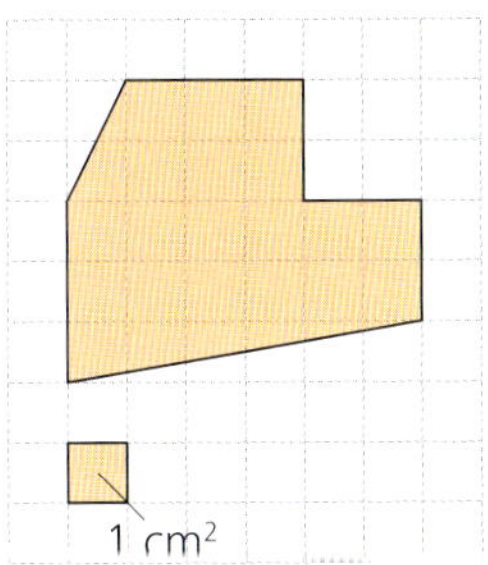

b) 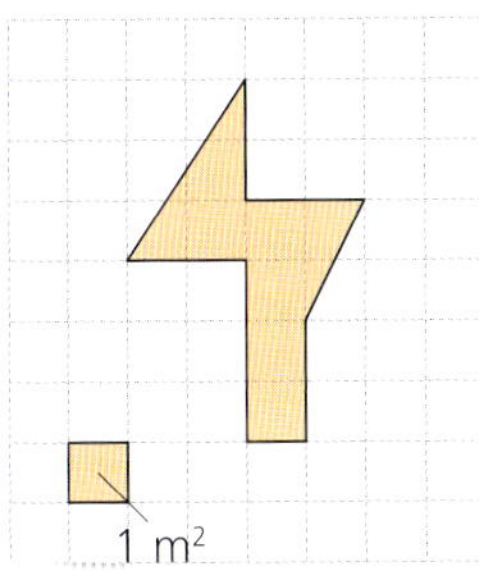

c) 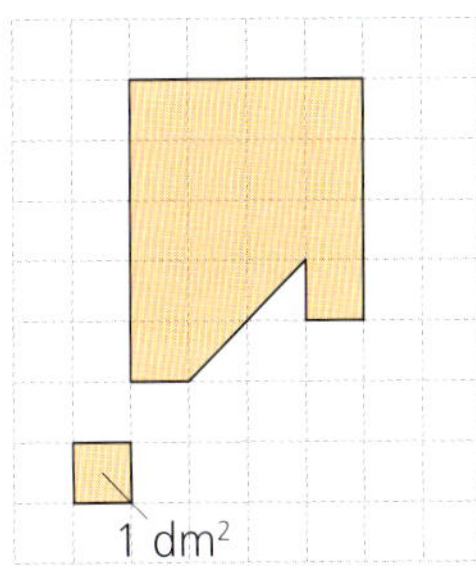

31 Estima el área de estas figuras planas.

a) 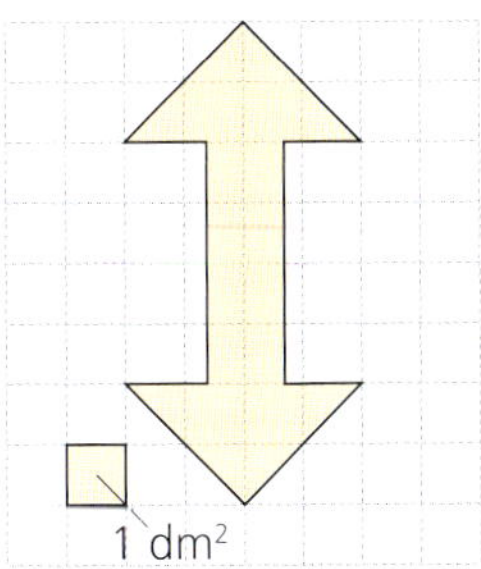

b) 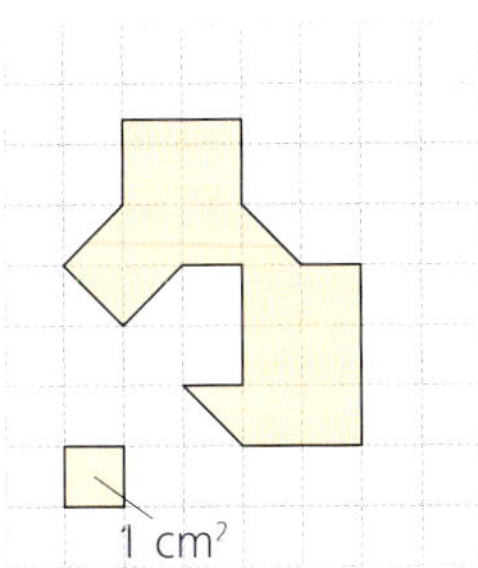

c) 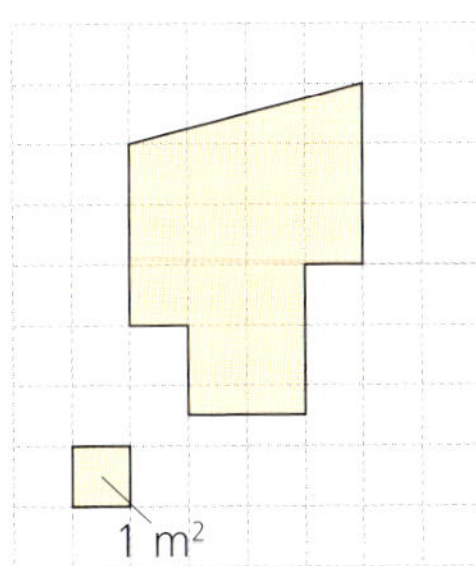

DESAFÍO

32 Una empresa fabrica banderas con unas dimensiones de 2 m de largo por 1 m de ancho. Calcula la superficie que ocupa cada color en las siguientes banderas.

Aprenderás a...

- Calcular el área de un cuadrilátero.

Lenguaje matemático

- Área del cuadrado:

$$A = l^2$$

- Área del rectángulo:

$$A = b \cdot h$$

5. ÁREA DE CUADRILÁTEROS

Cristina va a embaldosar dos habitaciones con forma de cuadrilátero.

Quiere utilizar baldosas cuadradas de 1 m de lado.

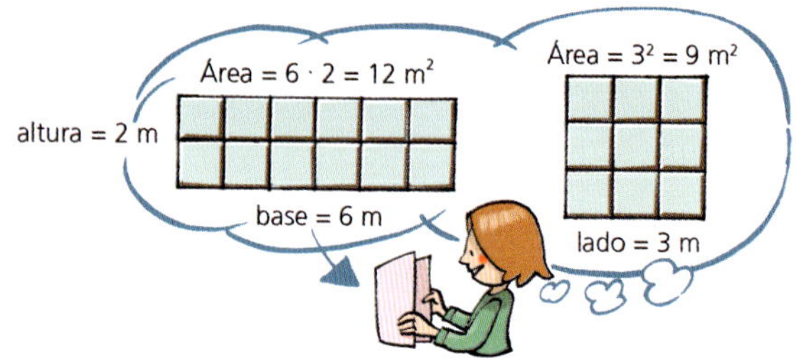

- El **área de un cuadrado** es igual a su lado elevado al cuadrado.
- El **área de un rectángulo** es el producto de su base por su altura.

Para calcular el área de otros cuadriláteros, dividimos la figura en otras y las recolocamos para conseguir relacionar su área con la de figuras ya conocidas.

- El **área del romboide** coincide con el área de este rectángulo:

ma1e43

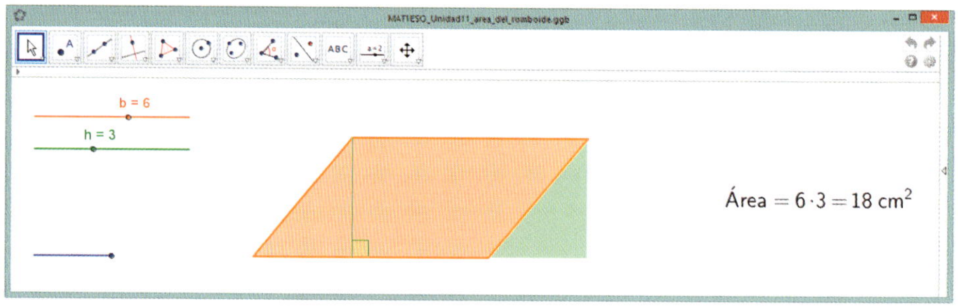

- El **área del rombo** coincide con la mitad del área de este rectángulo:

ma1e44

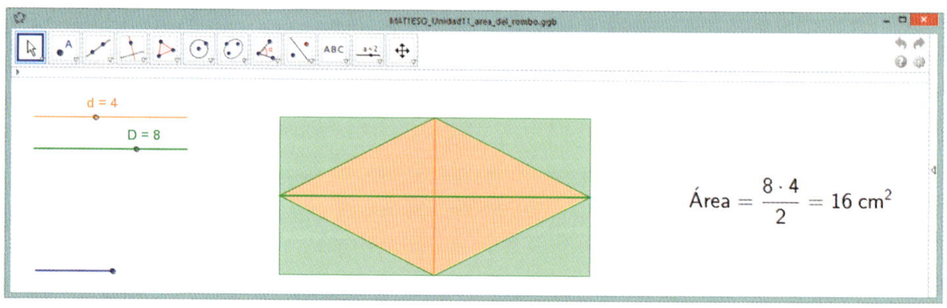

- El **área del trapecio** coincide con la mitad del área de este romboide:

ma1e45

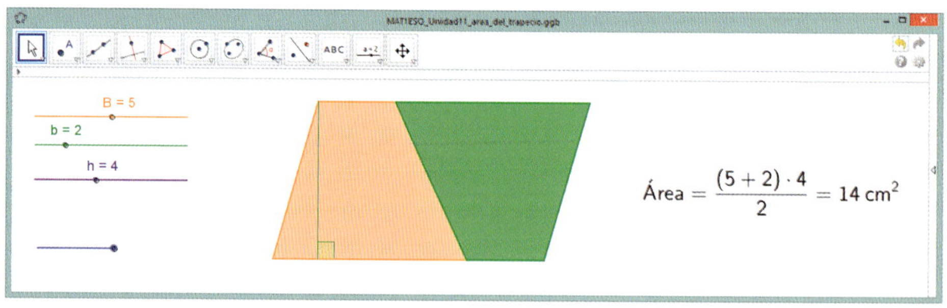

Lenguaje matemático

- Área del romboide:

$$A = b \cdot h$$

- Área del rombo:

$$A = \frac{D \cdot d}{2}$$

- Área del trapecio:

$$A = \frac{(B + b) \cdot h}{2}$$

- El **área de un romboide** es igual al producto de su base por su altura.
- El **área de un rombo** es igual al producto de su diagonal mayor por su diagonal menor dividido por dos.
- El **área de un trapecio** es igual a la suma de sus bases multiplicada por su altura y dividida por dos.

33 Halla el área de los siguientes cuadriláteros.

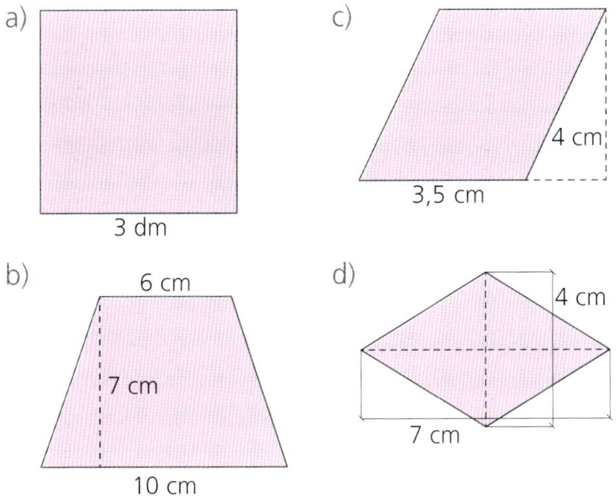

34 Calcula el área de estos cuadriláteros.

a) Un cuadrado de 4,5 cm de lado.

b) Un rectángulo de 3,2 dm de altura y 7,8 dm de base.

c) Un romboide de 7,2 hm de base y una altura de 6,9 hm.

d) Un rombo cuyas diagonales mayor y menor miden, respectivamente, 5 km y 4,2 km.

e) Un trapecio con una base menor de 4,3 mm, una base mayor de 5,3 mm y una altura de 0,9 mm.

35 Representa tres rectángulos diferentes con 36 cm^2 de área.

36 Dibuja en tu cuaderno un rectángulo, un romboide y un rombo que tengan 12 cm^2 de área.

37 Rubén quiere pintar una pared. Las medidas son 12,5 m de largo y 2,72 m de alto, pero hay un ventanal cuadrado de 2 m de lado. Si por cada litro de pintura puede pintar 10 m^2, ¿cuántos litros de pintura tiene que comprar para pintar toda la pared?

38 Toma las medidas necesarias y halla el área de estas figuras.

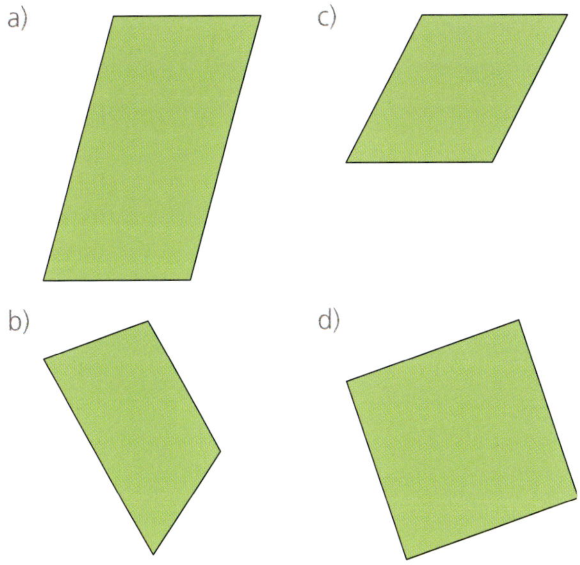

39 Calcula el área de estos cuadriláteros.

a) Un rectángulo de 4,7 dm de base y 0,9 m de altura.

b) Un romboide de 0,03 hm de base y 17 m de altura.

c) Un rombo cuya diagonal mayor mide 0,4 m y cuya diagonal menor es de 350 mm.

d) Un trapecio con una base mayor de 36 cm, una base menor de 2,1 dm y una altura de 0,12 m.

40 Calcula el lado de un cuadrado cuya área es de 144 cm^2.

41 Un romboide tiene 4,2 dm de altura, ¿cuál es su base si su superficie mide 29,4 dm^2?

42 La diagonal mayor de un rombo mide 3,2 dm. Halla la otra diagonal sabiendo que su área es de 480 cm^2.

DESAFÍO

43 Escribe la expresión algebraica del área de los siguientes trapecios.

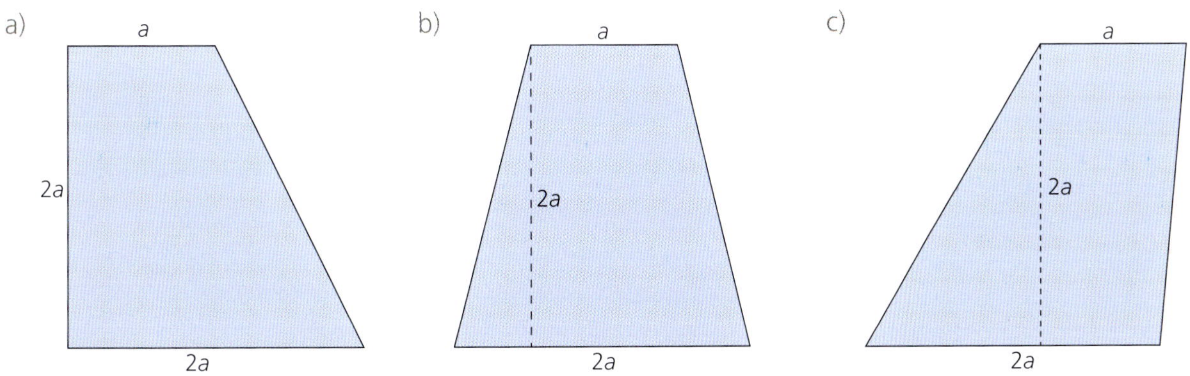

Aprenderás a…

- Calcular el área de un triángulo.

6. ÁREA DE TRIÁNGULOS

Eva y sus amigos están preparando banderines para adornar las calles durante las fiestas de su pueblo.

Eva ha observado que, a pesar de que todos los banderines tienen forma triangular y poseen la misma altura y la misma base, son, sin embargo, triángulos diferentes.

Se pregunta entonces cuál tendrá mayor superficie. Para averiguarlo, los coloca sobre una cuadrícula de 1 cm de lado.

Para calcular el área de cada uno, pone otro banderín de las mismas dimensiones para formar cuadrados o romboides, cuya área ya sabe calcular.

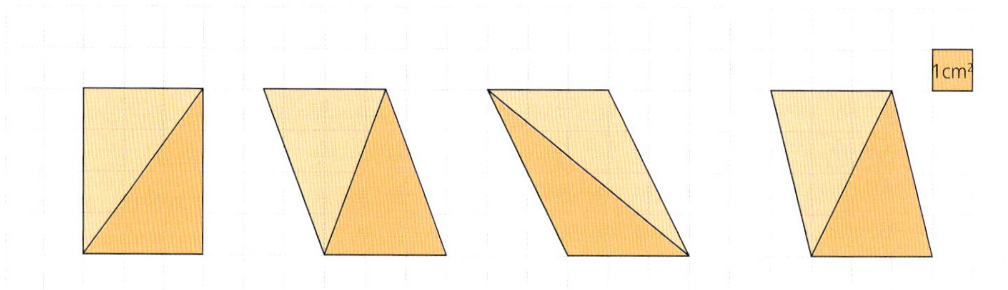

El área de todos los cuadriláteros es la misma:

$$4 \cdot 3 = 12 \text{ cm}^2$$

Como cada cuadrilátero contiene dos triángulos iguales, el área de un triángulo es la mitad que la de los cuadriláteros.

El **área de un triángulo** es el resultado de multiplicar su base por su altura y dividirlo por dos.

Lenguaje matemático

Área del triángulo:

$$A = \frac{b \cdot h}{2}$$

EJERCICIO RESUELTO

▶ Calcula el área de un triángulo isósceles cuyos lados miden 34 cm, 34 cm y 32 cm, respectivamente.

Solución

La altura divide al triángulo en dos triángulos rectángulos.

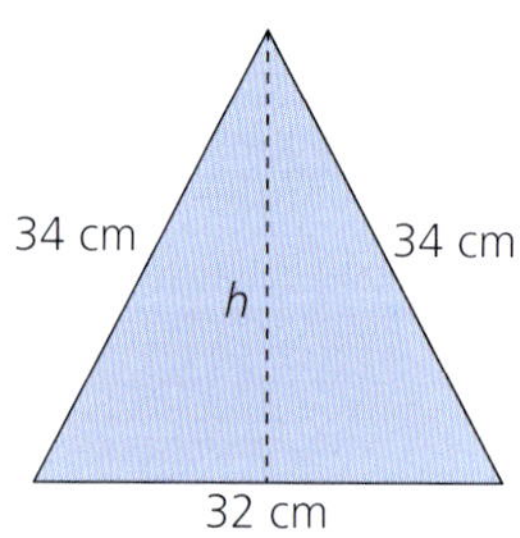

Aplicamos el teorema de Pitágoras en uno de los triángulos rectángulos.

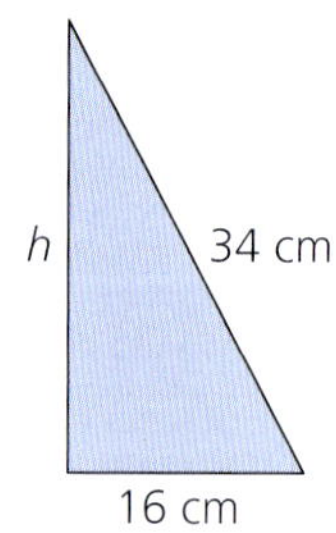

$h^2 + 16^2 = 34^2$

$h^2 + 256 = 1\,156$

$h^2 = 1\,156 - 256$

$h^2 = 900$

$h = 30$ cm

La altura del triángulo isósceles mide 30 cm y su área es de: $A = \dfrac{32 \cdot 30}{2} = 480 \text{ cm}^2$

44 ¿Cuánto mide la superficie de cada uno de los siguientes triángulos?

a)

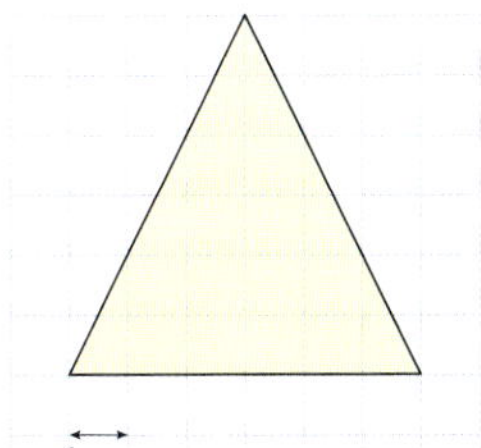

b)

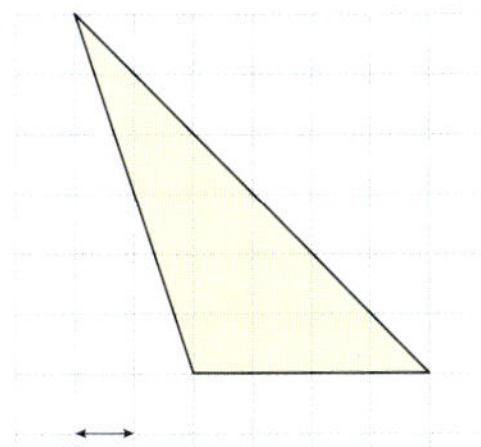

c)

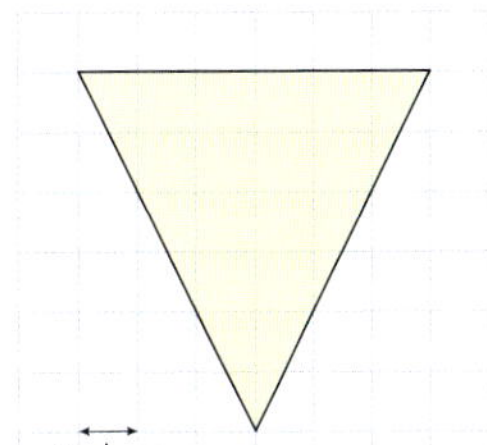

45 Halla el área de estos triángulos.

a) Triángulo de 5,3 cm de base y 6,2 cm de altura.

b) Triángulo de 8,2 mm de base y 0,21 cm de altura.

c) Triángulo de 0,27 m de base y 527 mm de altura.

46 Dibuja tres triángulos diferentes con un área de 18 cm^2.

47 Toma las medidas necesarias y halla el área de estos triángulos.

a)

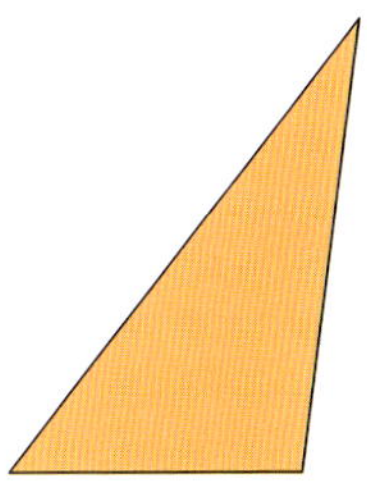

b)

c)

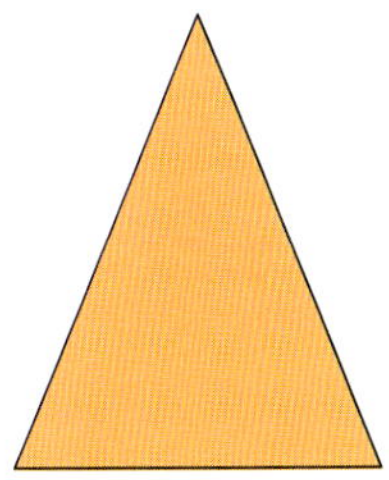

48 Calcula el área de los siguientes triángulos rectángulos.

a)

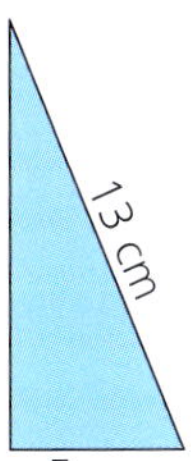

b)

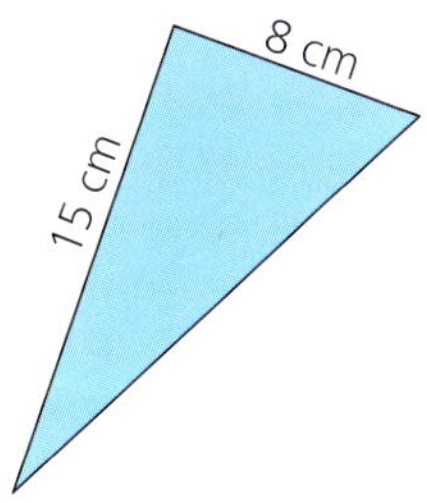

c)

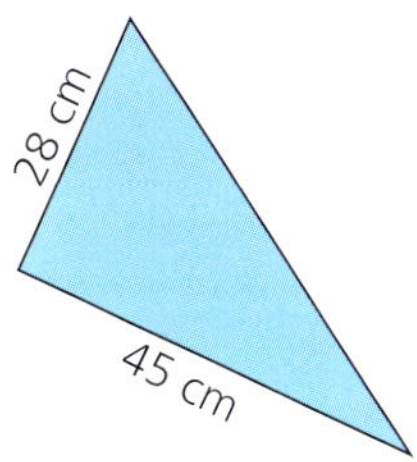

49 Calcula el área de los siguientes triángulos.

a) Triángulo isósceles cuyos lados iguales miden 17 hm y cuyo lado desigual es de 30 hm.

b) Triángulo isósceles cuyos lados iguales miden 1 dm y cuyo lado desigual es de 6 cm.

50 Copia y completa la tabla conocidas las áreas de distintos triángulos.

Base	Altura	Área
2,5 cm	×	4,5 cm^2
×	12,5 cm	30 cm^2

Lenguaje matemático

Herón de Alejandría vivió hacia el siglo III a. de C. y es recordado por calcular el área de un triángulo conocidos los tres lados.

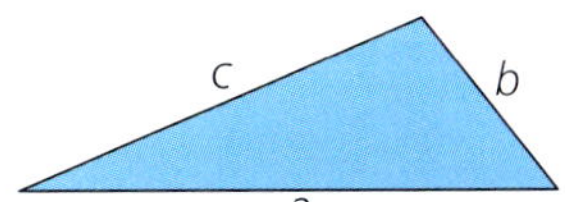

$$A = \sqrt{p\,(p-a)\,(p-b)\,(p-c)}$$

donde $p = \dfrac{a+b+c}{2}$

Esta fórmula recibe el nombre de **fórmula de Herón.**

DESAFÍO

51 El triángulo mayor tiene un área de 3 328 cm^2, y cada triángulo naranja lo hemos construido uniendo los puntos medios de los lados de cada triángulo sobre el que está inscrito. ¿Cuál es la altura del triángulo naranja marcado con línea discontinua?

Aprenderás a…

- Calcular el área de un polígono regular.

7. ÁREA DE POLÍGONOS REGULARES

En el parque de un pueblo van a instalar un templete para que la banda de música pueda dar conciertos.

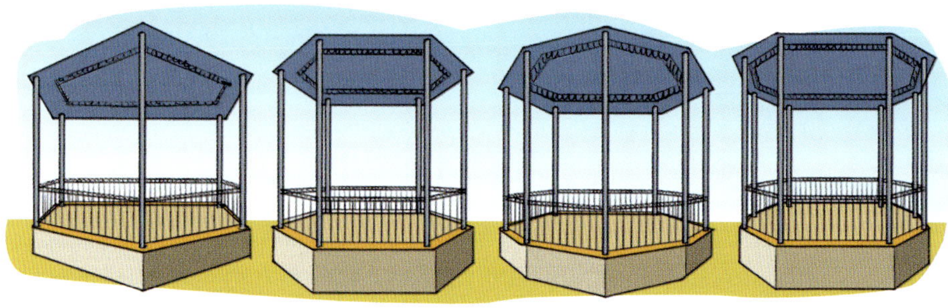

Los técnicos del Ayuntamiento han elaborado varios proyectos distintos basados en polígonos regulares cuyos lados miden 3 m. Solo disponen de un espacio de 40 m^2 y quieren elegir el templete que tenga mayor superficie.

Para decidir qué base tendrá el templete, podemos descomponer cada polígono regular en tantos triángulos iguales como lados tenga.

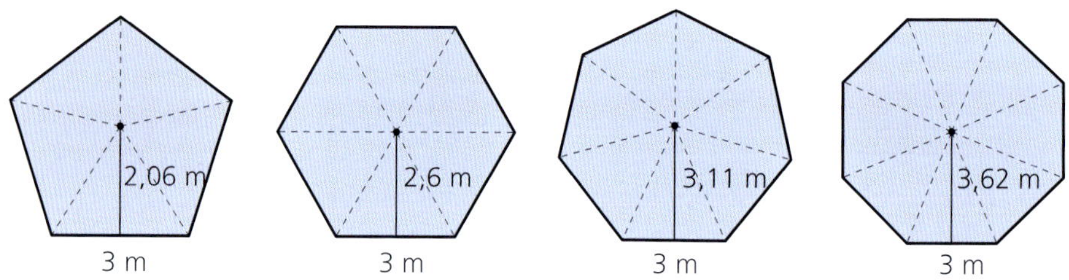

La base de cada triángulo coincide con el lado del polígono, y la altura, con su apotema.

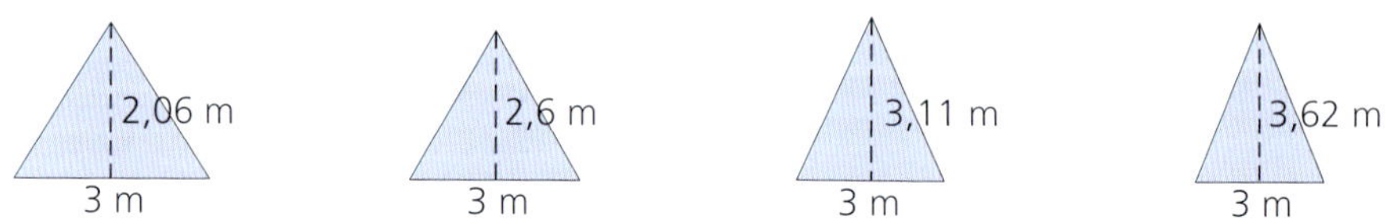

Calculamos el área de uno de estos triángulos y la multiplicamos por el número de lados del polígono.

$$A_T = \frac{3 \cdot 2{,}06}{2} = 3{,}09 \text{ m}^2 \rightarrow \text{Área del pentágono}: A = 5 \cdot 3{,}09 = 15{,}45 \text{ m}^2$$

$$A_T = \frac{3 \cdot 2{,}6}{2} = 3{,}9 \text{ m}^2 \rightarrow \text{Área del hexágono}: A = 6 \cdot 3{,}9 = 23{,}4 \text{ m}^2$$

$$A_T = \frac{3 \cdot 3{,}11}{2} = 4{,}665 \text{ m}^2 \rightarrow \text{Área del heptágono}: A = 7 \cdot 4{,}665 = 32{,}655 \text{ m}^2$$

$$A_T = \frac{3 \cdot 3{,}62}{2} = 5{,}43 \text{ m}^2 \rightarrow \text{Área del octógono}: A = 8 \cdot 5{,}43 = 43{,}44 \text{ m}^2$$

Al comparar las áreas obtenidas, deciden instalarlo en forma de heptágono, ya que no disponen de superficie suficiente para levantarlo en forma de octógono.

El **área de un polígono regular** es igual a su lado por su apotema dividido por dos y multiplicado por su número de lados.

Presta atención

Como en un polígono regular el perímetro es igual al número de lados por la longitud del lado, la fórmula de su área también es:

$$A = \frac{l \cdot a}{2} \cdot n = \frac{l \cdot n \cdot a}{2} = \frac{P \cdot a}{2}$$

donde P es el perímetro, y a, la apotema.

52 ¿Cuánto mide la superficie de cada uno de estos polígonos regulares?

a)

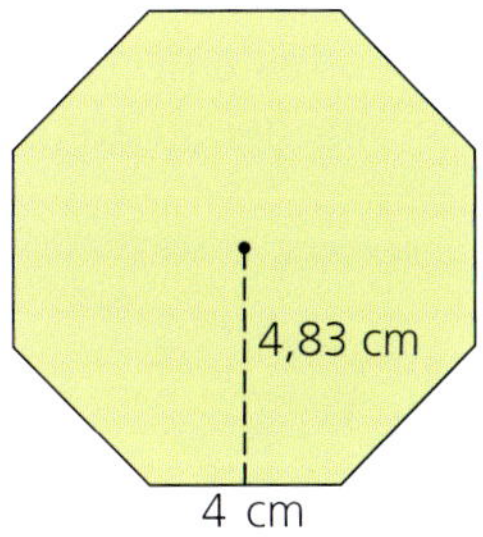

b)

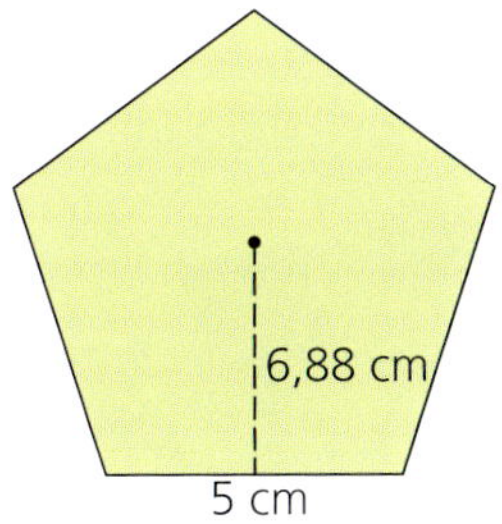

c)

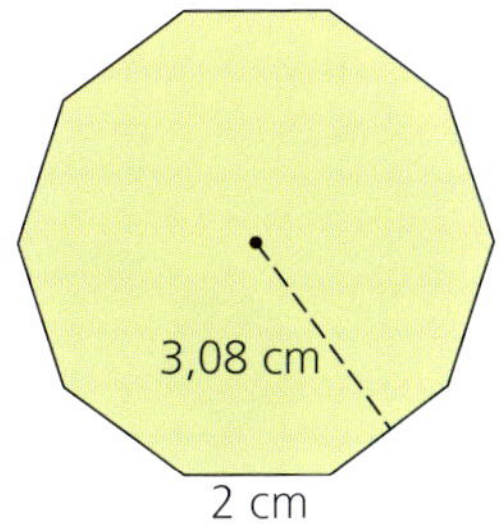

53 Calcula el área de estos polígonos regulares:

a) Pentágono de 3 cm de lado y 2,06 cm de apotema.

b) Heptágono de 2 dm de lado y 2,08 dm de apotema.

c) Dodecágono de 1 m de lado y 1,87 m de apotema.

54 Halla el área de la zona sombreada en los siguientes polígonos.

a)

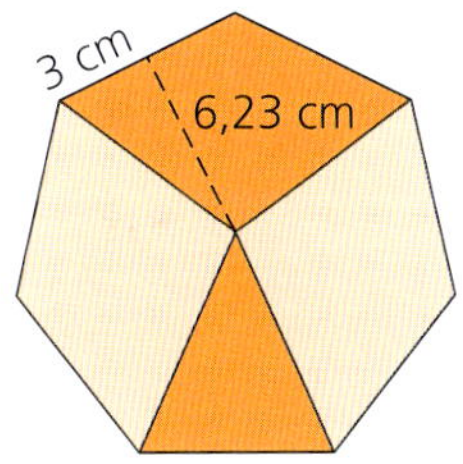

b)

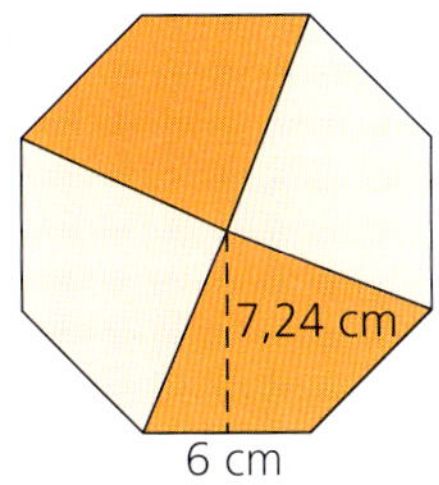

55 Averigua el número de lados que tiene un polígono regular de 6 cm de lado, 4,13 cm de apotema y 61,94 cm^2 de área.

56 Un polígono regular tiene un área de 0,693 dm^2. Si su lado mide 3 cm, y su apotema, 46,2 mm, ¿cuántos lados tiene el polígono?

57 Calcula el área de los siguientes hexágonos regulares.

a)

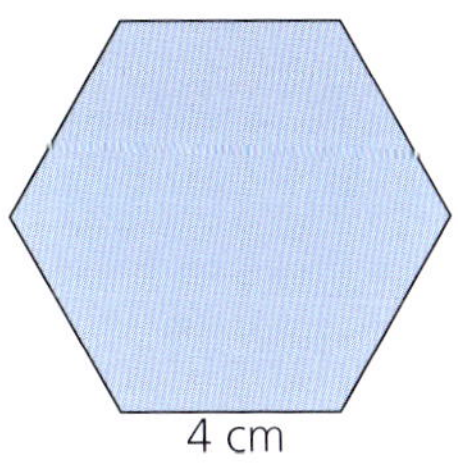

c)

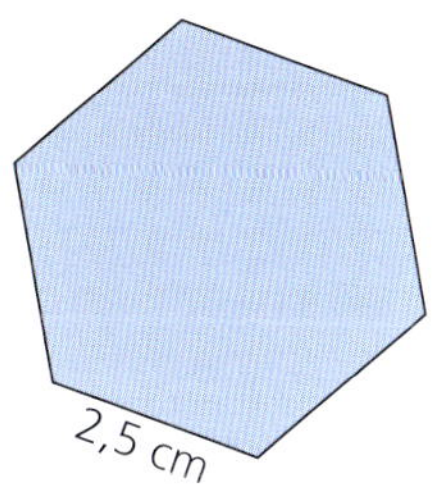

b)

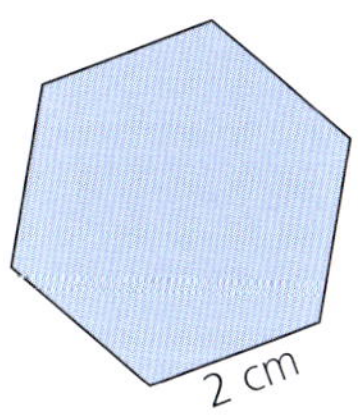

d)

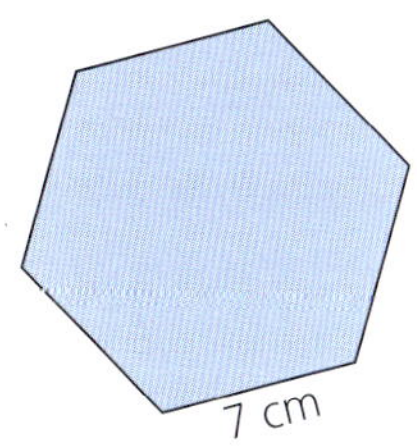

Presta atención

- El hexágono es el único polígono regular en el que la medida del lado del polígono coincide con el radio de la circunferencia circunscrita.

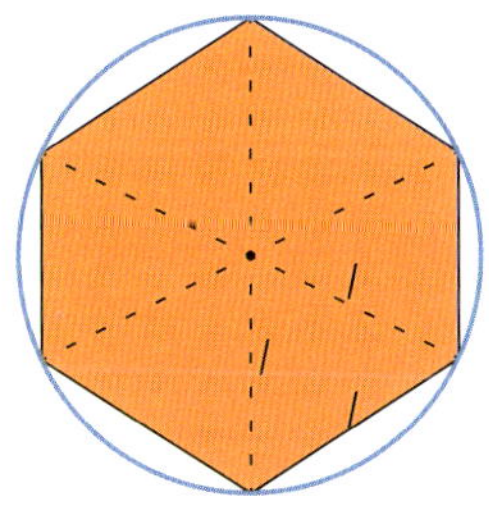

- Utiliza la calculadora para hallar la raíz cuadrada de los números que necesites.

DESAFÍO

58 Calcula el área de un heptágono de 3 cm de lado si el radio de la circunferencia circunscrita mide 3,46 cm.

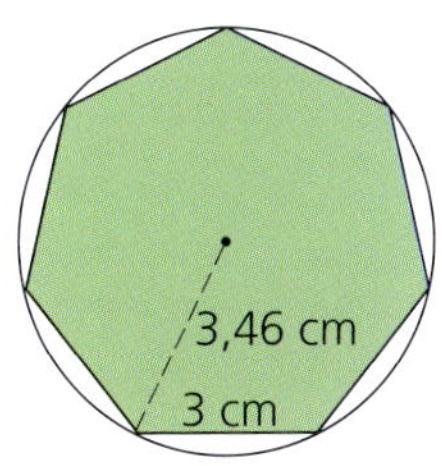

Aprenderás a...

- Calcular el área de una figura plana compuesta descomponiéndola en figuras cuyas áreas sabes calcular.

8. ÁREA DE FIGURAS PLANAS COMPUESTAS

Álvaro necesita conocer la superficie de su parcela, pero esta no tiene forma de polígono regular y no conoce ninguna fórmula para obtener su área.

Para calcular el área, descomponemos la pieza en otras figuras con áreas que sí sabemos calcular y luego las sumamos.

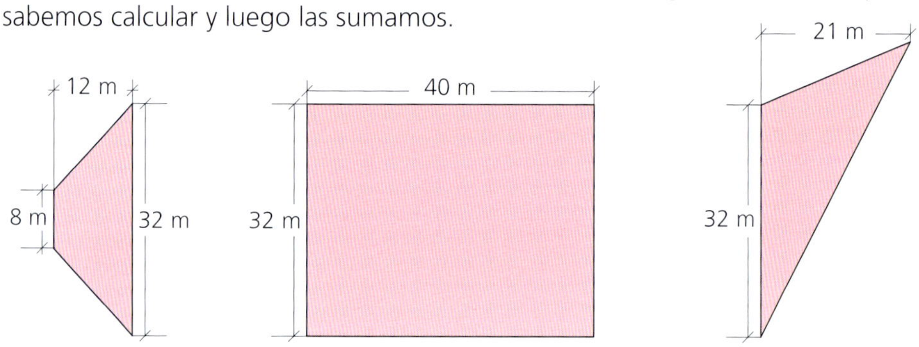

$$A_1 = \frac{(8+32)\cdot 12}{2} = 240 \text{ m}^2 \qquad A_2 = 32\cdot 40 = 1\,280 \text{ m}^2 \qquad A_3 = \frac{32\cdot 21}{2} = 336 \text{ m}^2$$

$$A = A_1 + A_2 + A_3 = 240 + 1\,280 + 336 = 1\,856 \text{ m}^2$$

El área de una figura plana compuesta se puede calcular descomponiendo la figura en otras cuyas áreas sean conocidas.

En algunos casos podemos descomponer un polígono en triángulos para calcular su área. Decimos que estamos calculando el área por **triangulación.**

EJERCICIO RESUELTO

▶ Calcula el área del siguiente polígono.

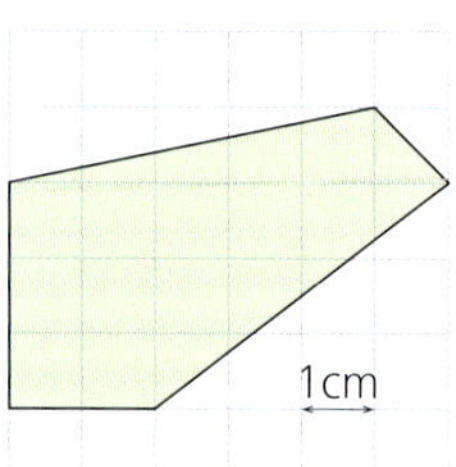

Solución

Descomponemos el polígono en triángulos.

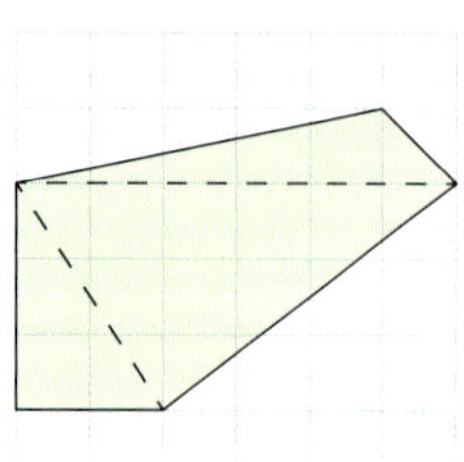

Medimos la base y la altura de cada triángulo.

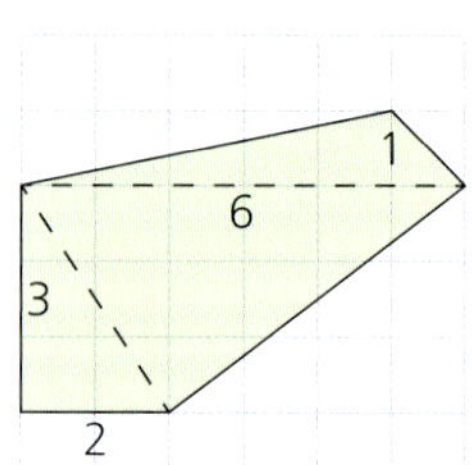

El área del polígono es la suma de las áreas de los tres triángulos:

$$A = T_1 + T_2 + T_3 = \frac{6\cdot 1}{2} + \frac{6\cdot 3}{2} + \frac{3\cdot 2}{2} = 3 + 9 + 3 = 15 \text{ cm}^2$$

El área del polígono es de 15 cm^2.

59 Halla el área de las siguientes figuras planas.

a)

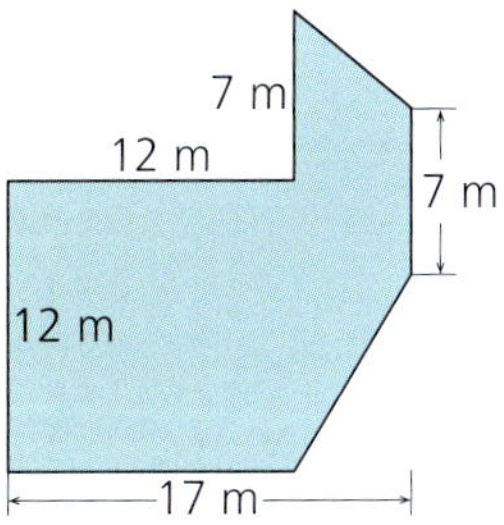

b)

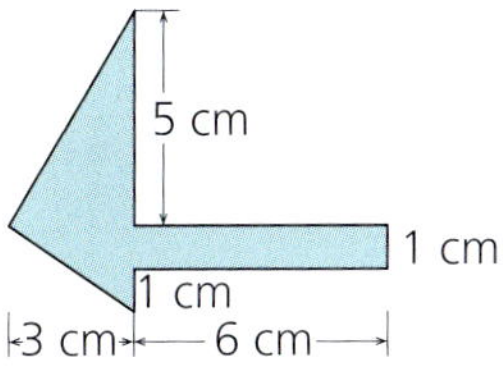

c)

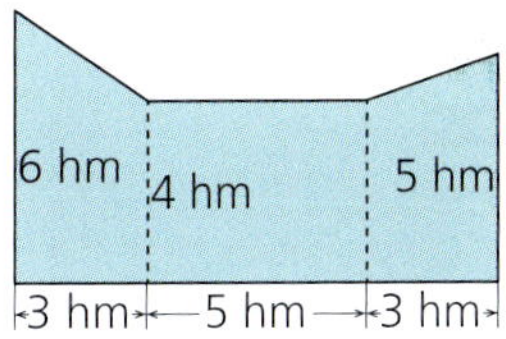

60 Calcula el área de estas figuras.

a)

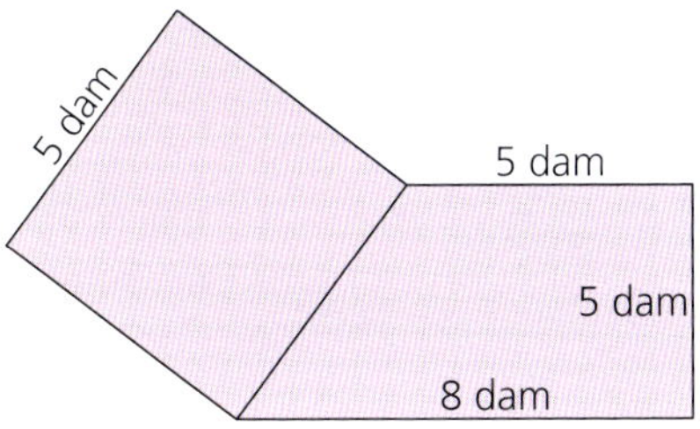

b)

61 Descompón las siguientes figuras para obtener su área.

a)

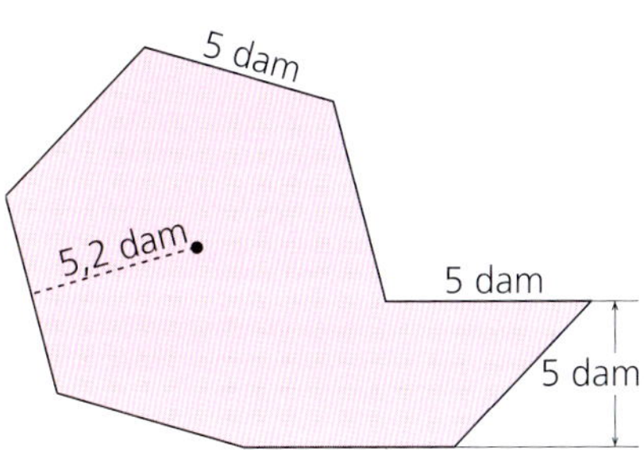

b)

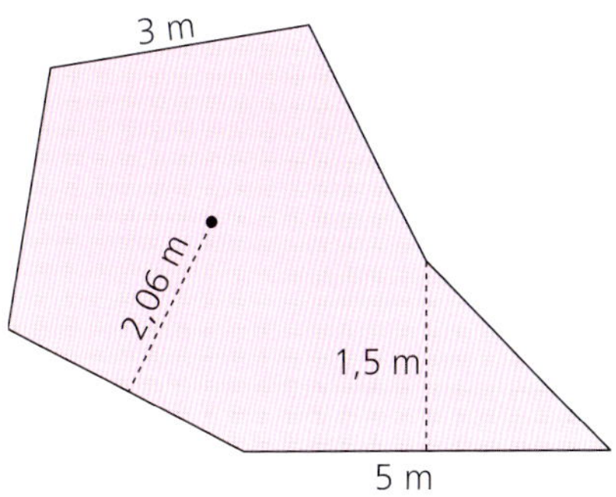

62 Utiliza algún instrumento de medida para calcular el área de los siguientes polígonos por triangulación.

a)

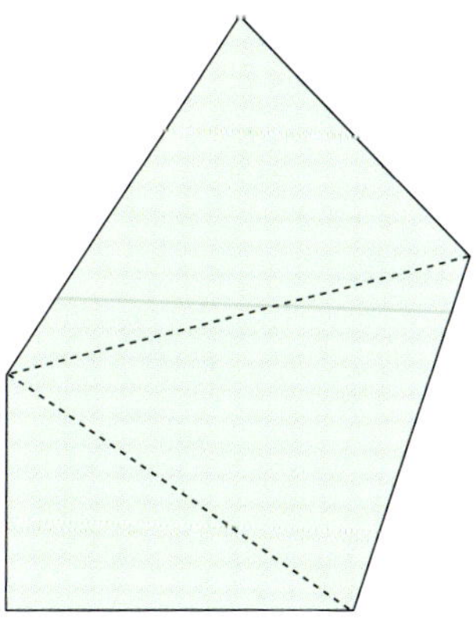

b)

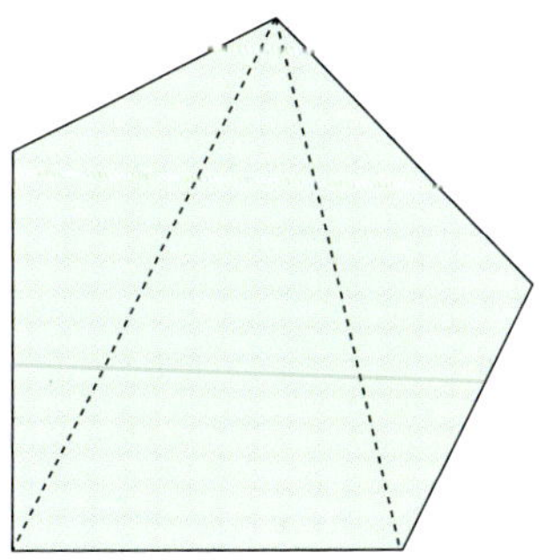

DESAFÍO

63 Los pentominós son figuras formadas por 5 cuadrados, unidos lado a lado de todas las formas posibles. En total se pueden construir estos 12 pentominós.

Si los construimos uniendo cuadrados de 1 cm de lado, cada pentominó tendrá un área de 5 cm^2. Utiliza los 12 pentominós para formar rectángulos cuya superficie mida 60 cm^2.

¿La solución es única?

¿Cómo se cuenta el número de asistentes a una manifestación?

Según la legislación, se considera **manifestación** cuando los asistentes son más de 20 personas. A partir de ese número mínimo, los criterios de medición pueden ser diversos. Los más comunes suelen tener en cuenta **índices de densidad de manifestantes por metro cuadrado** o de la velocidad de paso de estos. Puede calcularse a partir de una ampliación de fotos aéreas o panorámicas generales (por ejemplo, tomadas por helicópteros de la policía) ampliadas a una escala manejable para dicho cálculo.

El criterio de medición por metros cuadrados supone la delimitación sobre un plano de la superficie ocupada por los concentrados. En una manifestación, **se mide la distancia de la cabecera hasta el final o cola del recorrido.** Para calcular el «área útil» en donde cabe la masa de personas, hay que descontar los metros cuadrados ocupados por vehículos, árboles, distancias entre grupos de manifestantes, etc. Cuando la zona cuadriculada es muy densa, se estima un **máximo de 4 personas por metro cuadrado** (tapón de cabecera, concentraciones en espacios pequeños, paradas del cortejo). En otras zonas se cuentan de 1 a 2 personas por metro cuadrado [...]

Fuente: muyinteresante.es

Lucas ha leído esta información y, utilizando esta noticia, quiere calcular cuánta gente había en el recinto ferial en las últimas fiestas de su pueblo.

Para hacer el recuento, ha realizado un dibujo a escala y ha establecido con colores las zonas con las distintas densidades de personas. La zona central es la que tiene mayor densidad, y Lucas supone que las densidades, por zonas, son iguales que las que indica la noticia.

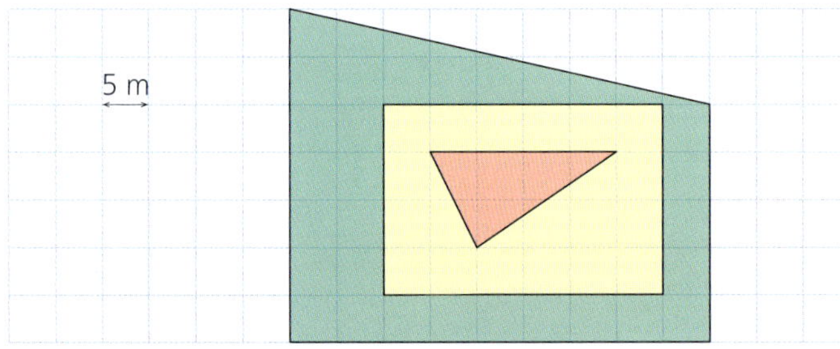

Analiza la pregunta

Para calcular cuánta gente había en el recinto hay que obtener la superficie, en metros cuadrados, de cada zona y multiplicarla por su densidad respectiva.

Busca los datos

- Zona rosa: triángulo de 20 m de base y 10 m de altura.

  *Cuando la zona cuadriculada es muy densa, se estima un **máximo de 4 personas por metro cuadrado.***

- Zona amarilla: rectángulo cuyos lados miden 30 m y 20 m, respectivamente, menos la zona rosa.
- Zona verde: trapecio rectángulo cuyas bases miden 25 m y 35 m y que tiene una altura de 45 m, menos la zona rosa y la zona amarilla.

  En otras zonas se cuentan de 1 a 2 personas por metro cuadrado…

Utiliza las matemáticas

Calculamos el área de cada una de las zonas y el número de personas por metro cuadrado concentradas en ellas.

- Rosa: $A = \dfrac{20 \cdot 10}{2} = 100 \rightarrow 100 \cdot 4 = 400$
- Amarilla: $A = 30 \cdot 20 - 100 = 500 \rightarrow 500 \cdot 2 = 1\,000$
- Verde: $A = \dfrac{(25 + 35) \cdot 45}{2} - 600 = 750 \rightarrow 750 \cdot 1 = 750$

En la plaza hay: $400 + 1\,000 + 750 = 2\,150$ personas

64 Estefanía quiere ir al centro de la ciudad en coche y allí buscar aparcamiento.

Las medidas son obsoletas puesto que los coches modernos son cada vez más anchos.

La normativa de la ciudad, que no ha cambiado en los últimos 30 años, permite que las plazas midan 2,20 m de anchura, 30 cm menos que el estándar recomendado.

Según se desprende de un estudio realizado recientemente por el Real Automóvil Club de Catalunya (RACC), las **plazas de aparcamiento** de la ciudad son las **más estrechas de toda Europa,** por lo que recomiendan al consistorio modificar la ordenanza municipal que regula los aparcamientos y adaptarlos así al tamaño actual de los vehículos. La normativa urbanística de la ciudad exige que las plazas de *parking* tengan una medida de 2,20 m de anchura por 4,50 m de longitud, medidas que están muy por debajo de la media europea, donde la mayoría de aparcamientos miden entre 20 y 30 cm más de ancho y unos 30 cm más de largo.

Fuente: lavanguardia.com

Después de leer esta información, Estefanía se acerca a su coche y comprueba que mide 420 cm de largo y 218 cm de ancho.

a) ¿Podrá abrir sin problemas las puertas?

b) ¿Qué superficie ocupa el coche de Estefanía?

c) ¿Cuál es la superficie de una plaza de aparcamiento estándar?

d) Estefanía consulta por Internet un *parking* que oferta plazas de 12 m^2. Al llegar, comprueba que tampoco ofrecen suficiente amplitud para aparcar cómodamente: solo le sobran 11 cm a cada lado. ¿Cuáles son las dimensiones de la plaza?

65 Tras ver los resúmenes de los partidos de la última jornada de liga, Raúl cree que los campos de fútbol no tienen las mismas dimensiones.

El campo de juego es un rectángulo de dimensiones entre los límites que se indican a continuación:

Dimensiones	Longitud (m)	Ancho (m)
Máximo	120	90
Mínimo	90	45

La longitud de las líneas de banda deberá ser superior a la longitud de las líneas de meta.

Para competiciones internacionales, el tamaño del campo deberá estar entre las siguientes dimensiones:

Dimensiones	Longitud (m)	Ancho (m)
Máximo	110	75
Mínimo	100	64

En terrenos de juego donde se vayan a celebrar partidos de alto nivel deportivo se recomienda que las dimensiones del mismo sean 105 m × 68 m. Estas dimensiones son obligatorias en partidos de competiciones finales de la Copa Mundial de la FIFA y de competiciones finales de confederaciones que se celebren en cualquier parte del mundo.

Fuente: csd.gob.es

El campo donde juega Raúl tiene unas medidas de 105 m de largo por 60 m de ancho.

a) ¿Es posible jugar una competición internacional en ese campo?

b) Al campo le van a añadir una superficie de arena alrededor de 1,80 m de ancho para mejorar la seguridad. ¿Cuántos metros cuadrados de arena van a utilizar?

c) El ayuntamiento planea que el campo esté situado en el centro de un parque con forma de hexágono regular de 105 m de lado. ¿Cuántos metros cuadrados de parque se van a construir?

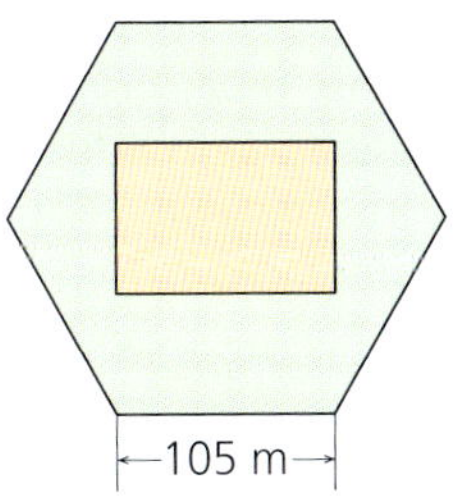

66 A veces nos interesa calcular el número de asistentes a conciertos o festivales al aire libre. La orquesta filarmónica de Nueva York logró reunir a 800 000 personas en Central Park. **ANALIZA**

Investiga otros conciertos multitudinarios y analiza cómo se ha calculado el número de asistentes.

¿QUÉ tienes que saber?

Ten en cuenta

Teorema de Pitágoras. En un triángulo rectángulo, el cuadrado de la hipotenusa es igual a la suma de los cuadrados de sus catetos.

$$a^2 = b^2 + c^2$$

Teorema de Pitágoras

Halla el lado desconocido en los siguientes triángulos rectángulos.

a)

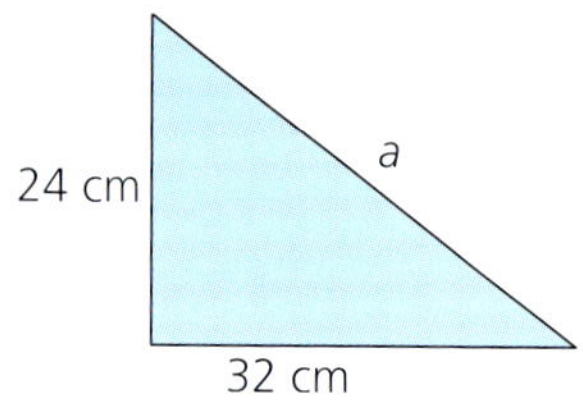

b)

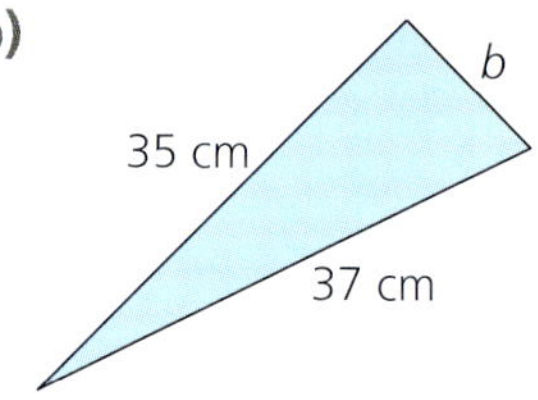

a) $a^2 = 24^2 + 32^2 \rightarrow a^2 = 576 + 1\,024 \rightarrow a^2 = 1\,600 \rightarrow a = \sqrt{1\,600} = 40$ cm

b) $37^2 = 35^2 + b^2 \rightarrow 1\,369 = 1\,225 + b^2 \rightarrow b^2 = 144 \rightarrow b = \sqrt{144} = 12$ cm

Ten en cuenta

- Rectángulo: $A = b \cdot h$
- Cuadrado: $A = l^2$
- Rombo: $A = \dfrac{D \cdot d}{2}$
- Romboide: $A = b \cdot h$
- Trapecio: $A = \dfrac{(B + b) \cdot h}{2}$
- Triángulo: $A = \dfrac{b \cdot h}{2}$
- Polígono regular: $A = \dfrac{P \cdot a}{2}$

Área de figuras planas conocidas

Calcula el área de estas figuras planas.

a)

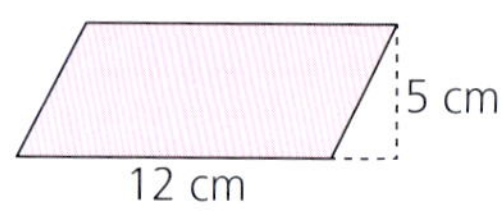

b)

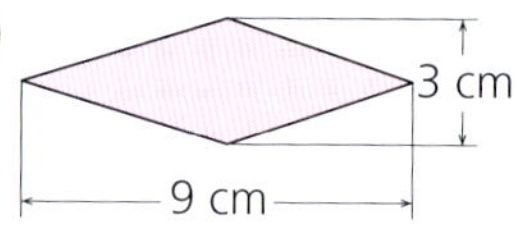

c)

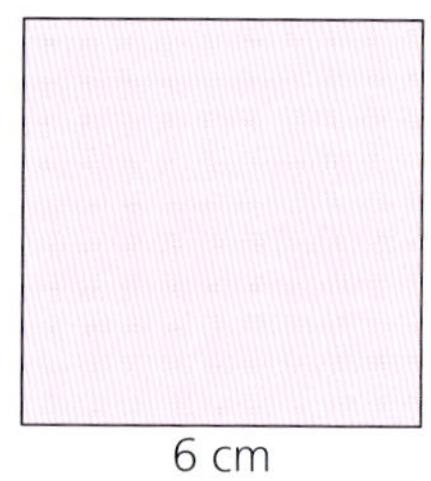

a) Área de un romboide: $A = 12 \cdot 5 = 60$ cm^2

b) Área de un rombo: $A = \dfrac{9 \cdot 3}{2} = 13{,}5$ cm^2

c) Área de un cuadrado: $A = 6^2 = 36$ cm^2

Ten en cuenta

El **área de una figura plana compuesta** se puede calcular descomponiendo la figura en otras cuyas áreas sean conocidas.

Área de figuras planas compuestas

Calcula el área de la siguiente figura plana.

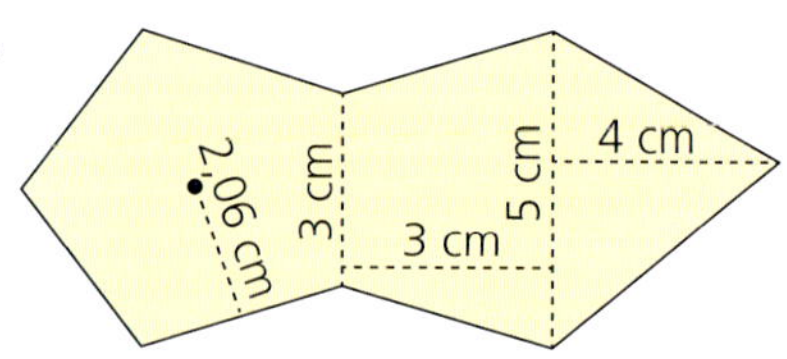

Descomponemos la figura inicial en figuras cuyas áreas sabemos calcular.

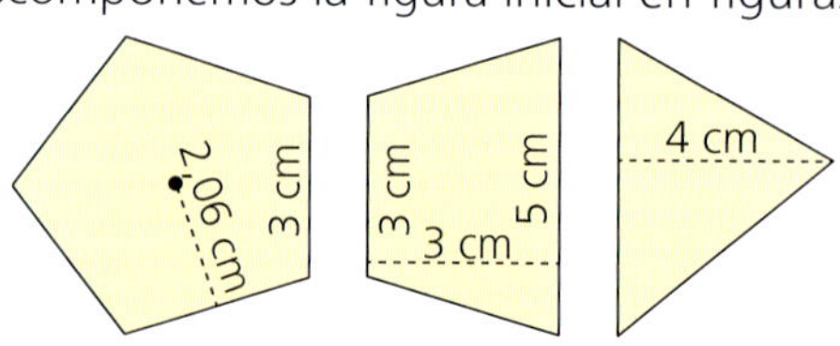

$$A = \frac{(5 \cdot 3) \cdot 2{,}06}{2} + \frac{(5 + 3) \cdot 3}{2} + \frac{5 \cdot 4}{2} = 15{,}45 + 12 + 10 = 38{,}95 \text{ cm}^2$$

Unidades de longitud y superficie

67 Expresa las siguientes longitudes en la unidad indicada.

a) 3,45 km en dm

b) 345,67 m en hm

c) 45 607 mm en dam

d) 0,036 hm en cm

68 Realiza las siguientes operaciones con longitudes.

a) 0,23 km + 330 m + 35 009 cm

b) 25,27 m + 40,52 hm + 34 km

c) 8,03 dam + 0,928 km + 547 cm

d) 0,003 km + 21 m + 35 dm

69 Calcula.

a) 32,57 hm − 975 dm

b) 7 809 dm − 4,301 dam

c) 0,1 km − 2 378 cm

70 Expresa estas medidas de superficie en la unidad indicada.

a) 62 hm^2 en km^2

b) 2 034 cm^2 en dam^2

c) 43,035 dam^2 en cm^2

d) 43 500 629 mm^2 en m^2

71 Realiza las siguientes operaciones y expresa el resultado en la unidad indicada.

a) 0,467 hm^2 + 357,1 dam^2 en m^2

b) 675 dam^2 − 0,43 hm^2 en dam^2

c) 43 057 cm^2 − 3,57 m^2 en cm^2

d) 8,0045 m^2 + 34 056 mm^2 en m^2

72 Enrique ha hecho una fila con monedas de 10, 20 y 50 céntimos. Los diámetros de las monedas son los que figuran en la tabla.

10 CENT	20 CENT	50 CENT
1,975 cm	22,25 mm	0,238 dm

¿Cuántos metros tiene una fila con 12 monedas de 10 céntimos, 5 de 20 céntimos y 32 de 50 céntimos?

73 Un agricultor tiene una finca de 45 hm^2 y decide dejar sin sembrar este año 32 500 m^2. ¿Cuántos decámetros cuadrados ha plantado?

74 Elena tiene que pintar un muro con una superficie de 4,2 dam^2. Si ha comprado 35 L y en las especificaciones de la pintura dice que con 1 L puede pintar 12 m^2, ¿tiene suficiente con la pintura comprada?

Teorema de Pitágoras

75 Las siguientes medidas corresponden a los lados de los catetos de un triángulo rectángulo. Calcula la medida de la hipotenusa.

a) 6 cm y 8 cm

b) 36 cm y 48 cm

c) 14 cm y 48 cm

d) 0,6 cm y 0,8 cm

e) 3,6 cm y 4,8 cm

f) 1,4 cm y 4,8 cm

76 Calcula la medida del lado que falta en los siguientes triángulos.

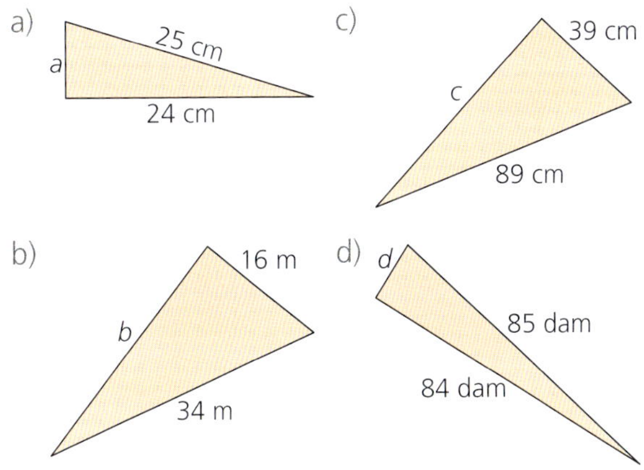

77 Fernando se encuentra en un punto determinado de un bosque y empieza a caminar 1,5 km en línea recta. En ese momento se para, gira 90° y vuelve a emprender la marcha en línea recta otros 2 km. ¿Cuántos kilómetros se habría ahorrado si hubiera ido directamente en línea recta desde el punto en el que inició el recorrido hasta el punto final?

78 ¿A qué altura se encuentra la cometa?

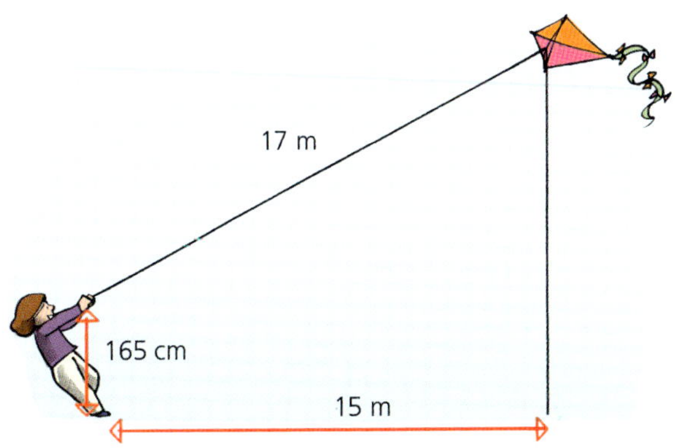

79 Carolina tiene tres listones de madera que miden, respectivamente, 0,9 m, 1,2 m y 1,6 m y asegura que va a formar un triángulo rectángulo con ellos. ¿Crees que va a poder construirlo o tendrá que cortar algún listón? Si no es posible, indica qué listón tiene que cortar y cuánto tiene que cortarlo.

Perímetro y superficie de figuras planas

80 Halla el perímetro y el área de las figuras.

a)

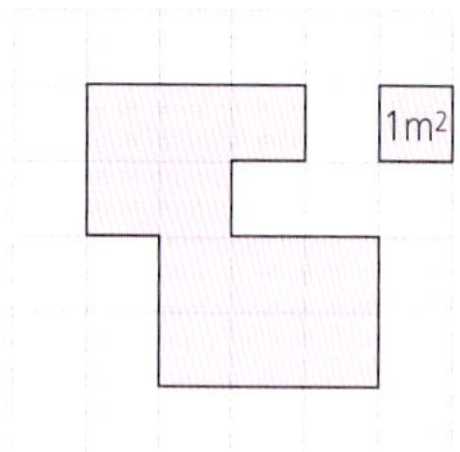

c)

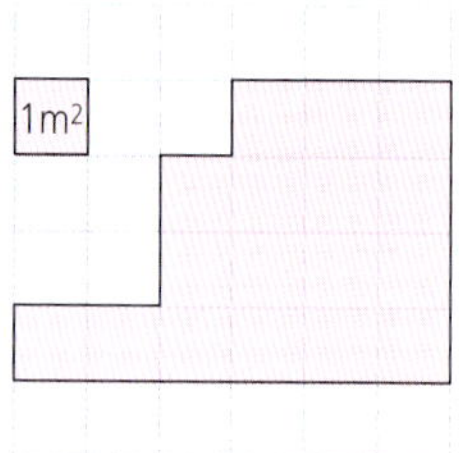

b)

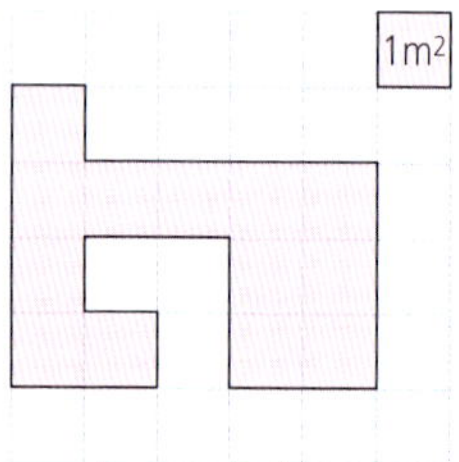

d)

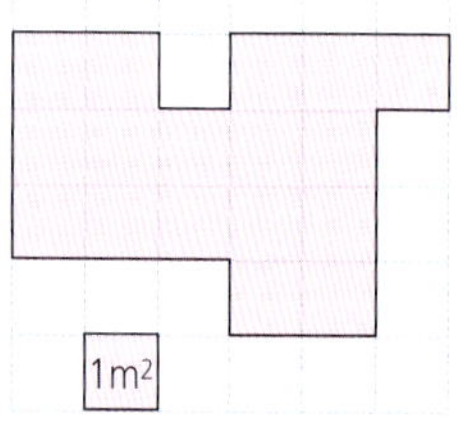

81 Estima el área de estas figuras.

a)

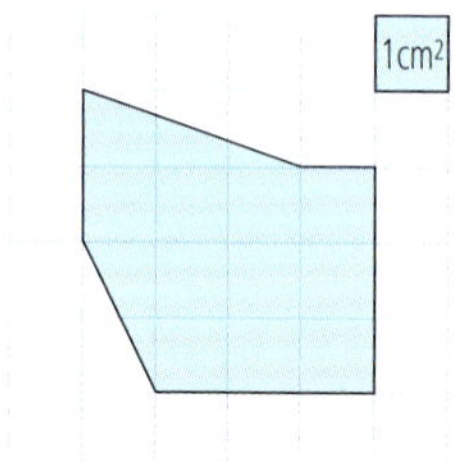

c)

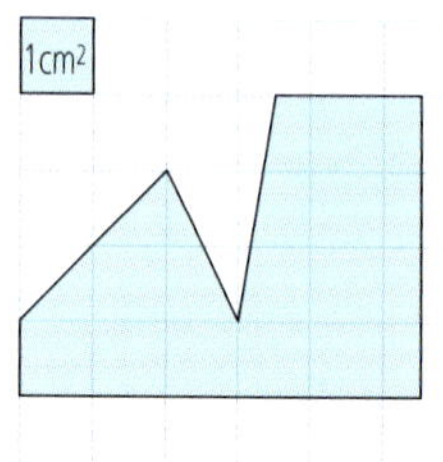

b)

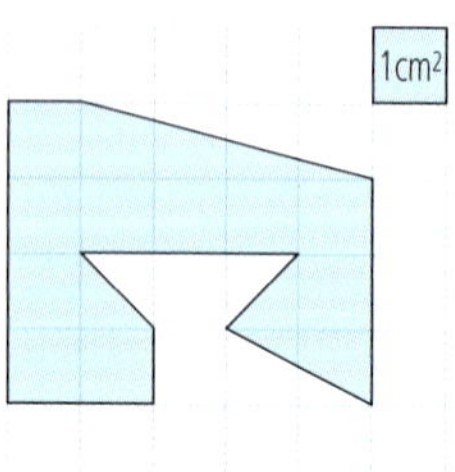

d)

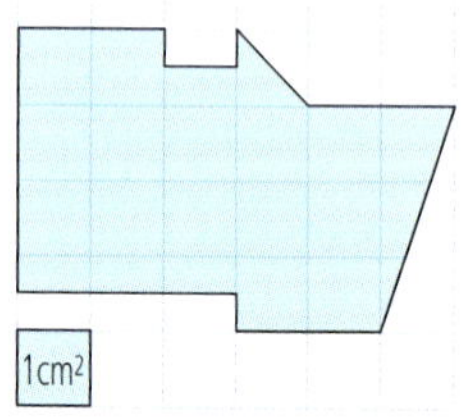

Área de triángulos, cuadriláteros y polígonos regulares

82 Halla el área de los siguientes cuadriláteros.

a)

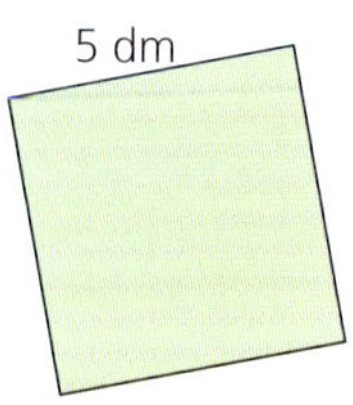

c)

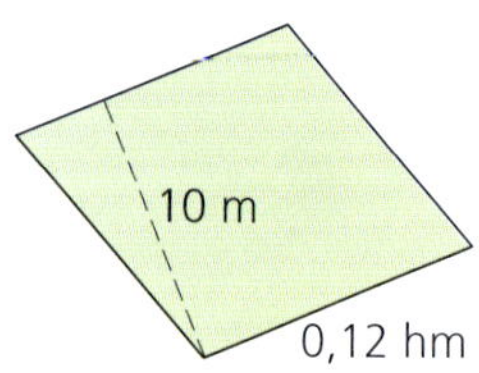

b)

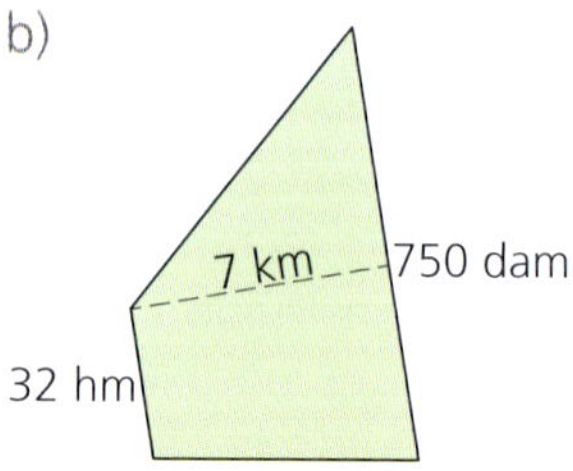

d)

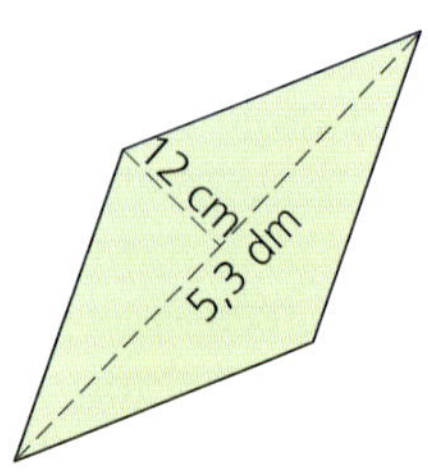

83 Obtén el área de estos triángulos.

a)

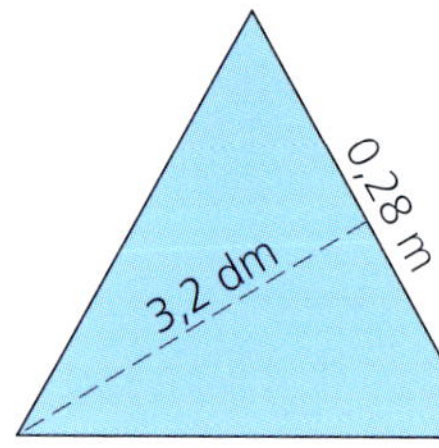

c)

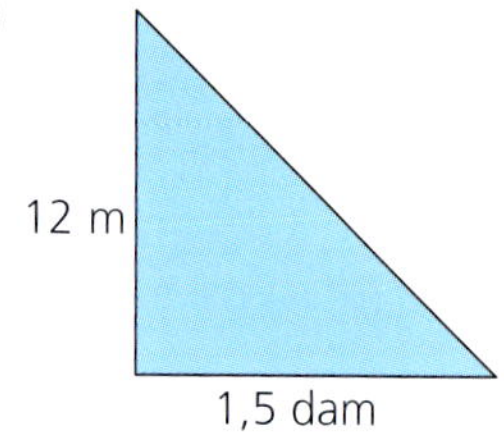

b)

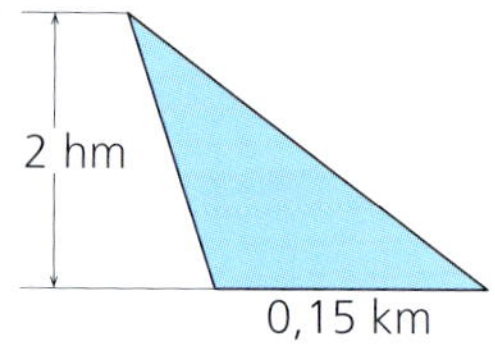

d)

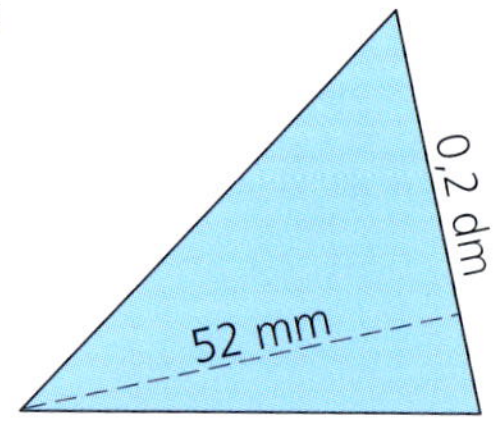

84 Calcula el área de los polígonos regulares propuestos.

a) Octógono de 4 cm de lado y 4,83 cm de apotema.

b) Pentágono de 2,5 m de lado y 172 cm de apotema.

c) Heptágono de 3 dm de lado y 31,1 cm de apotema.

d) Decágono de 6 cm de lado y 92 mm de apotema.

85 Halla el área de estos polígonos, que están representados sobre una cuadrícula de 1 cm de lado.

a)

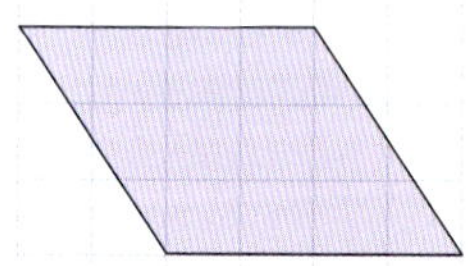

c)

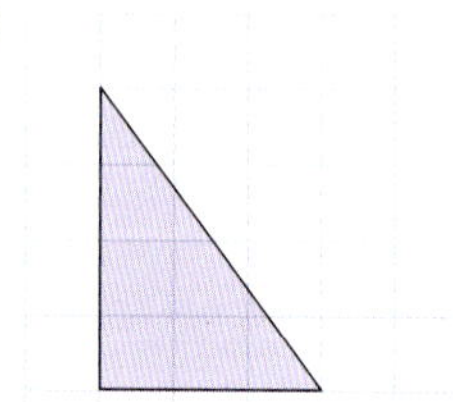

b)

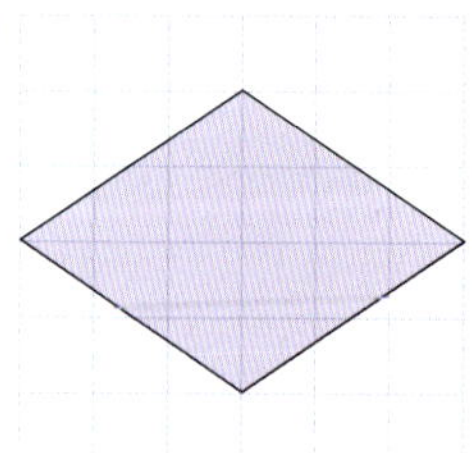

d)

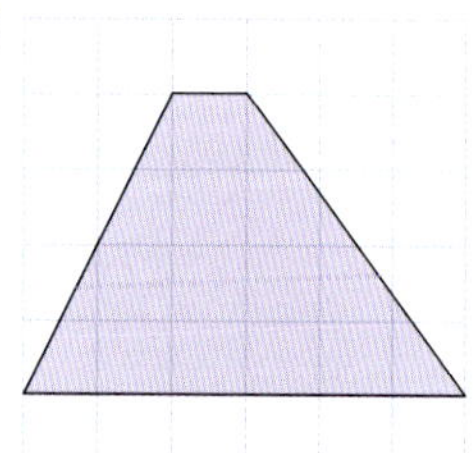

86 Una empresa que se dedica a fabricar cometas ha diseñado un último modelo que tiene forma de rombo con una diagonal mayor de 92 cm y una diagonal menor de 48,5 cm. ¿Cuánto mide su superficie?

87 La finca de José mide 20 m de ancho por 12,5 m de largo. Si puede plantar 2 árboles por cada 5 m² de superficie, ¿cuántos árboles podrá plantar José en su finca?

88 ¿Cuánto costará vallar un terreno cuadrado de 3,2 hm de lado a razón de 2,50 € el metro de valla?

89 Pilar tiene que pintar un muro del que le han dicho que tiene una superficie de 42,5 m^2. Si acaba de medir la longitud y es de 12,5 m, ¿cuál es la altura del muro?

90 Una cuadrilla de pintores ha cobrado 68,25 € por pintar una pared de 4,2 m de largo y 3,25 m de alto. ¿Cuánto ha costado el metro cuadrado?

91 Calcula el perímetro y el área de las siguientes figuras inscritas en una circunferencia de 6 cm de radio.

a)
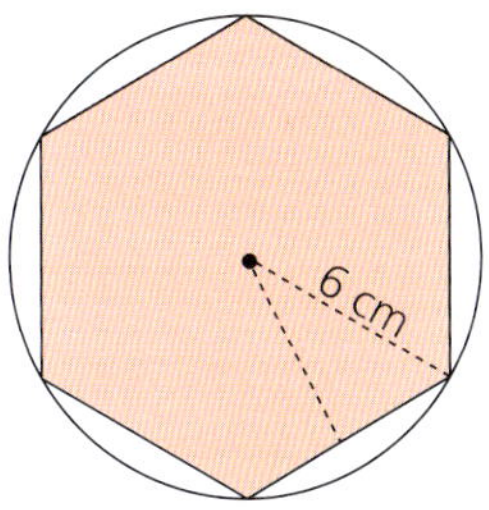

b)
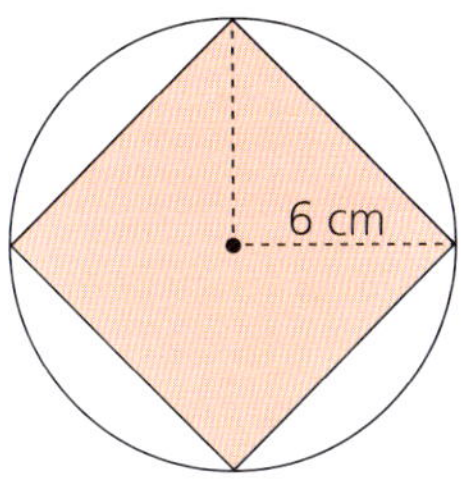

92 Halla el área de un trapecio isósceles que tiene una base mayor de 24 cm y una base menor de 12 cm y cuyos lados iguales miden 10 cm.

93 Una empresa quiere encargar pegatinas con su logo para publicitarse. El precio de la pegatina es proporcional a su superficie. La empresa tiene la opción de encargar una pegatina con forma de triángulo equilátero de 5 cm de lado o de hexágono regular de 2 cm de lado. ¿Cuál es la opción más barata?

94 Calcula el área y el perímetro de las siguientes figuras planas.

a)
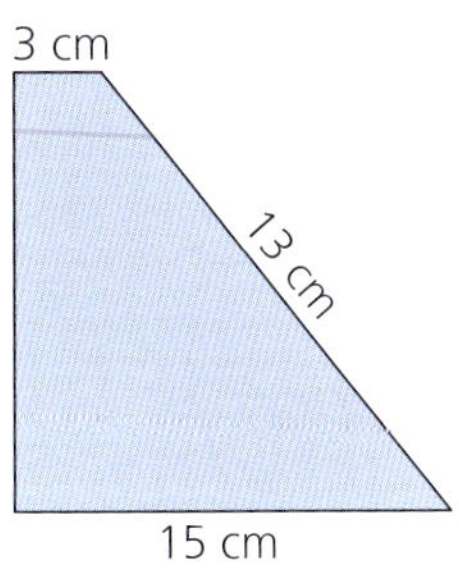

b)
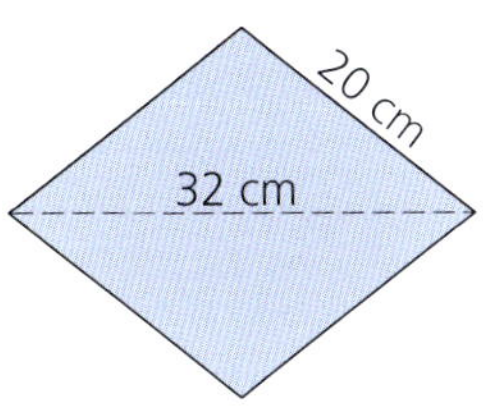

c)
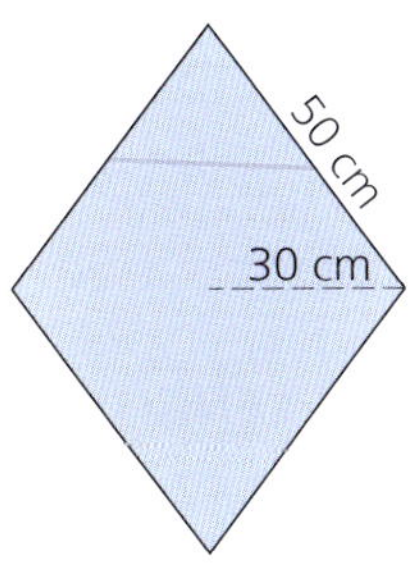

d)
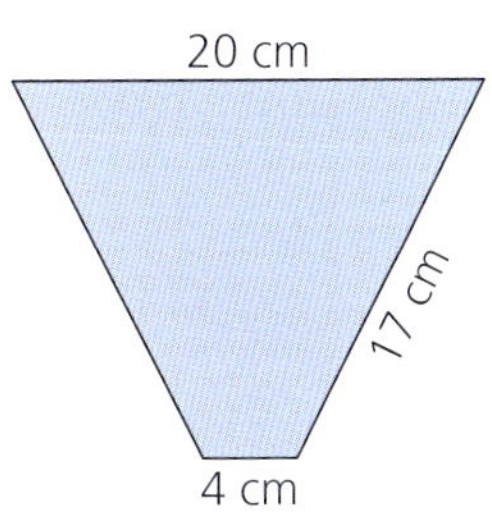

95 El área de un cuadrado es de 3600 cm^2. Calcula el área del hexágono regular que tiene el mismo perímetro que este cuadrado.

Área de figuras planas compuestas

96 Halla una descomposición de estas figuras planas y calcula su área.

a)
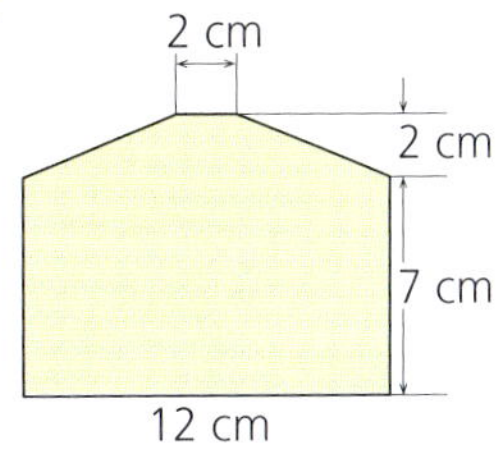

b)
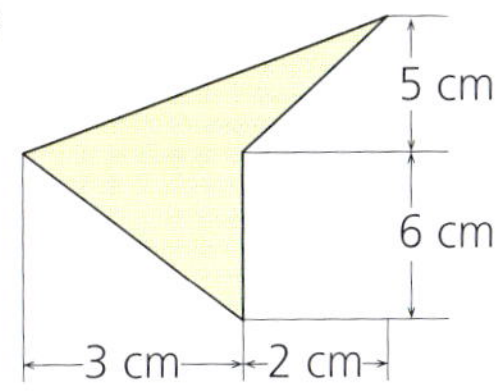

c)
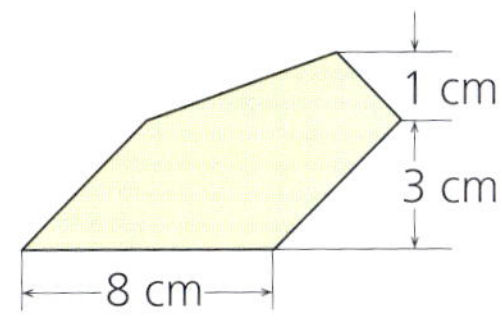

d)
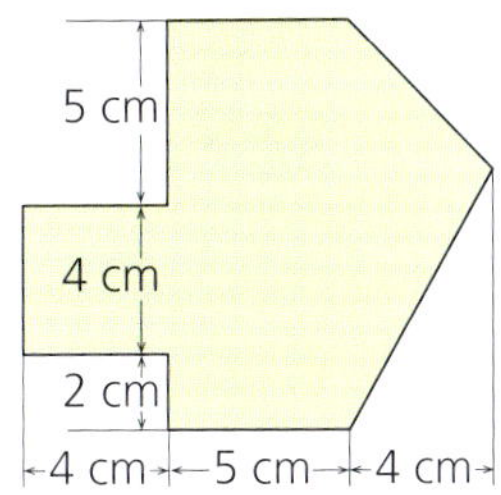

97 Calcula el área de estas figuras.

a)
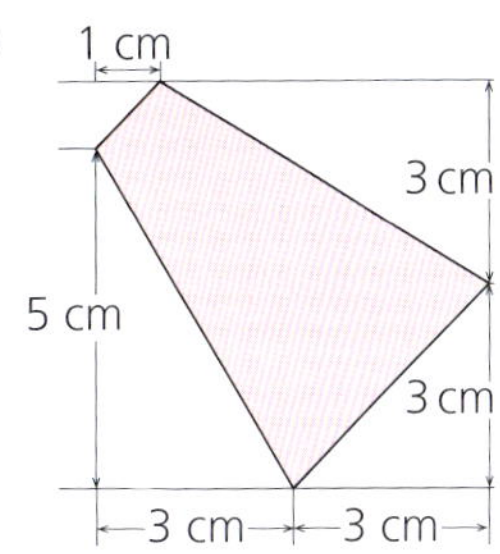

b)
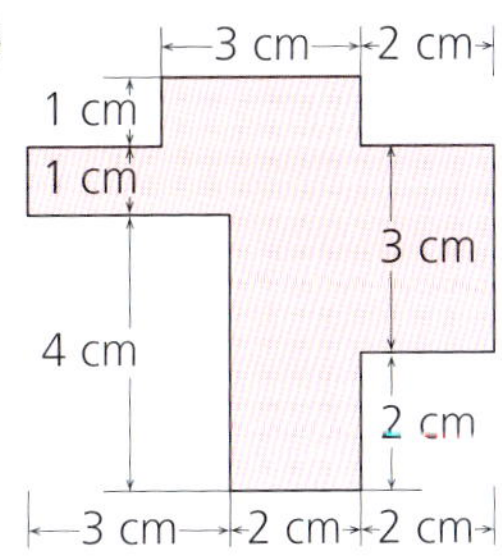

c)
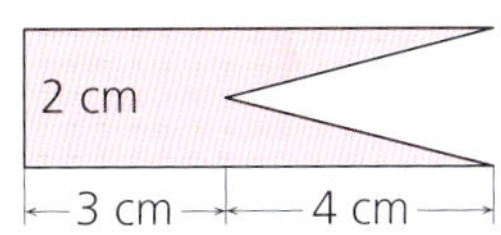

d)
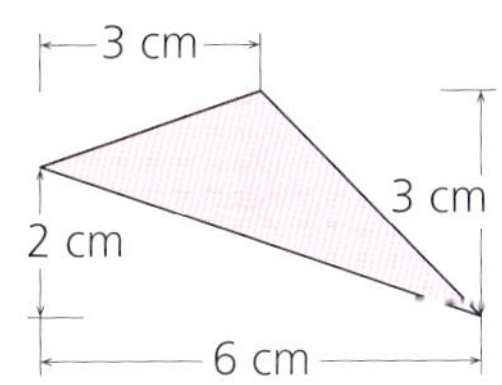

98 Averigua el área de la parte coloreada.

a)
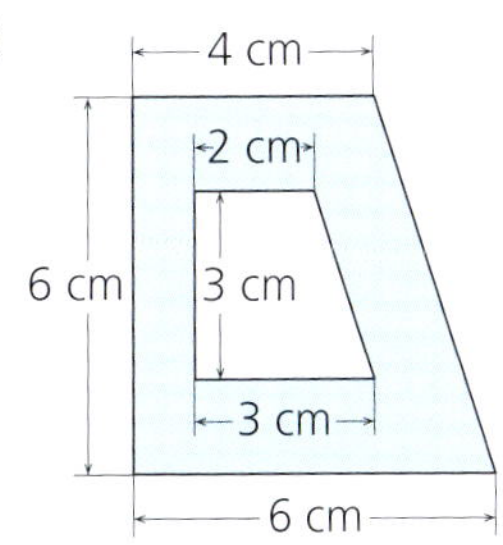

b)
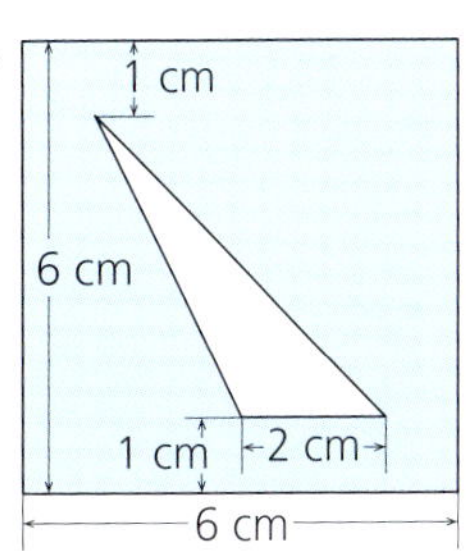

c)
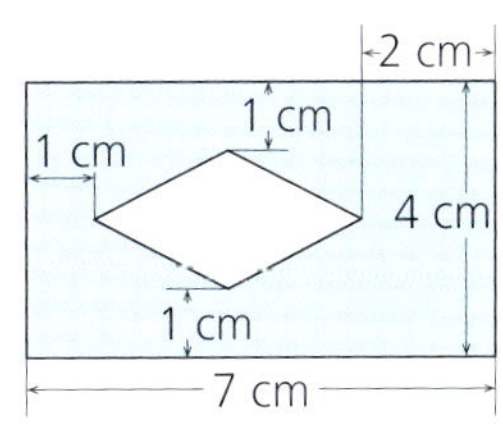

d)
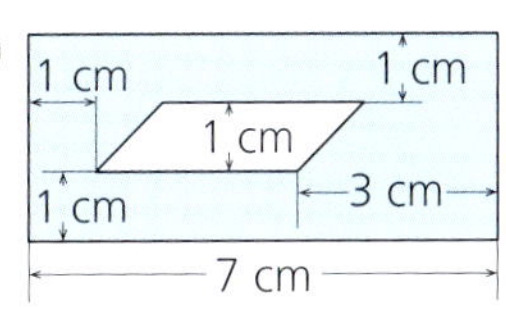

11

MATEMÁTICAS VIVAS

Si has visto un panal de abejas, habrás observado que las celdas que fabrican para depositar la miel tienen forma similar a un hexágono regular.

COMPRENDE

1 El dibujo muestra el esquema de una celda de un panal de abejas. Responde a las preguntas teniendo en cuenta que cada celda tiene las dimensiones indicadas.

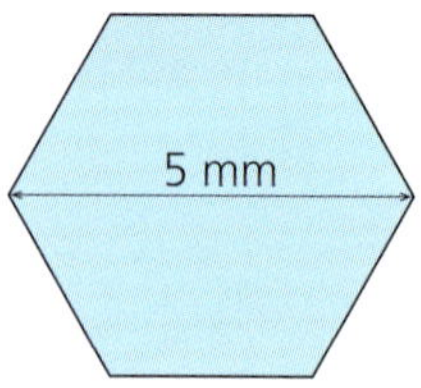

a. ¿Cuál es el radio de la circunferencia circunscrita en la celda?

b. ¿Cuánto mide el lado de esta celda?

c. Calcula su perímetro.

PIENSA Y RAZONA

2 Para calcular la superficie de la celda, necesitamos conocer la apotema del hexágono regular que la forma. ¿Cuánto mide la apotema de este hexágono?

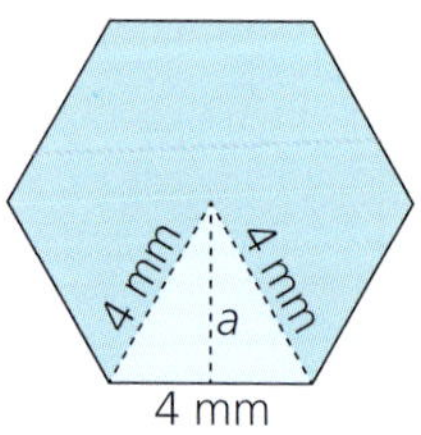

RESUELVE

RELACIONA

3 Las tres únicas formas de llenar un plano con polígonos regulares sin que quede espacio es con triángulos, cuadrados y hexágonos.

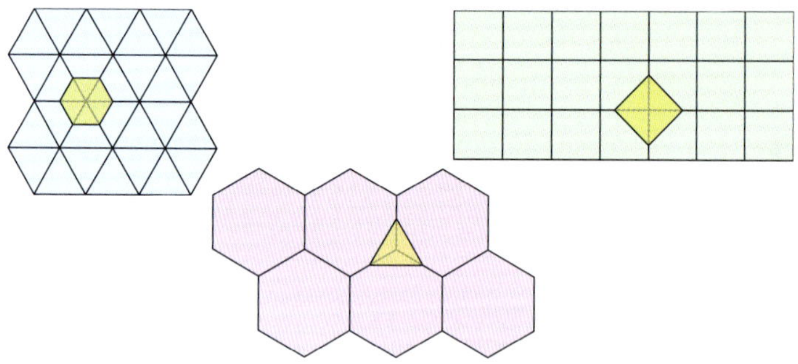

ARGUMENTA

a. ¿Por qué solo existen estas tres posibilidades?

b. Calcula el perímetro de un polígono regular de 3, 4 y 6 lados, cada uno de los cuales mide 2 cm.

UTILIZA EL LENGUAJE MATEMÁTICO

c. Calcula el área de los siguientes polígonos regulares indicando la fórmula del área de un polígono regular.

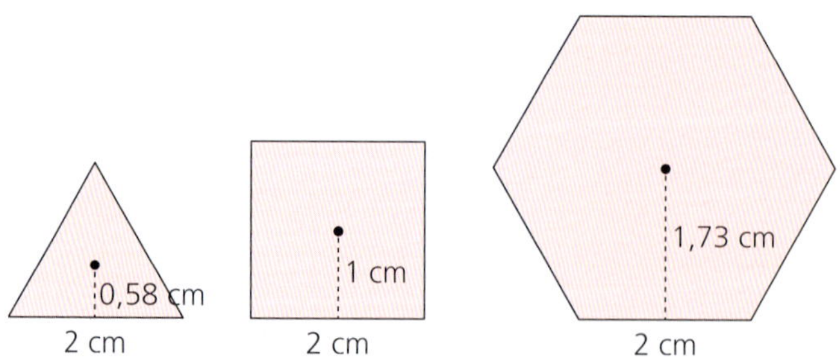

REFLEXIONA

4 Hace mucho tiempo, en el siglo III d. C. Pappus de Alejandría se preguntó por qué las abejas habrían utilizado este polígono y no otro para crear sus celdas. También Charles Darwin lo cita en su famoso libro *El origen de la especies.*

Si fijamos un perímetro, por ejemplo de 12 cm, podemos construir un hexágono regular con la siguiente superficie:

Por ser un hexágono regular, la medida del lado es 12 : 6 = 2 cm.

Para calcular su superficie, necesitamos calcular la medida de la apotema.

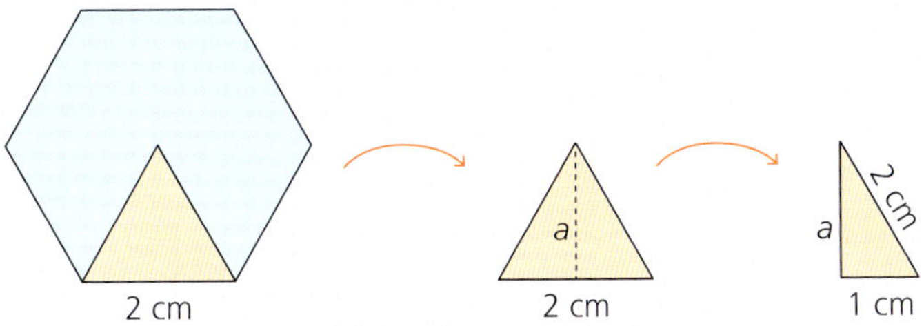

$$a^2 + 1^2 = 2^2 \rightarrow a^2 + 1 = 4 \rightarrow a^2 = 4 - 1$$
$$\rightarrow a^2 = 3 \rightarrow a^2 = \sqrt{3} = 1{,}73\,\text{cm}$$

Luego, el área del hexágono es: $A = \dfrac{12 \cdot 1{,}73}{2} = 10{,}38\ \text{cm}^2$

REPRESENTA

a. Dibuja un triángulo isósceles con un perímetro de 12 cm y cuyo lado desigual mida 2 cm, y calcula su área.

b. Dibuja un cuadrado de 12 cm de perímetro y calcula su área.

PIENSA Y RAZONA

c. ¿Por qué crees que las abejas han elegido los hexágonos como base para formar sus celdas?

5 Las dimensiones de las celdas de las abejas no son exactamente iguales; para medir el tamaño de una celda, se toma la distancia entre los centros de 10 celdas y después se divide por 10.

Los panales que construyen las abejas europeas comunes suelen tener una distancia de entre 5,2 cm y 5,6 cm por cada 10 celdas.

a. ¿Entre qué dos valores se encuentra el área de las celdas de las abejas europeas comunes? **ARGUMENTA**

b. ¿Cuántas celdas de un tamaño de 5,6 mm caben en un cuadrado de 1 m^2 de superficie?

RESUELVE

AVANZA — Área del desarrollo plano de un poliedro

Un **poliedro** es un cuerpo geométrico limitado por cuatro o más polígonos. Si cortamos un poliedro por una de sus **aristas** y lo extendemos sobre un plano, obtenemos su desarrollo plano.

¿Cuál es el área del desarrollo plano de un cubo de 5 cm de arista?

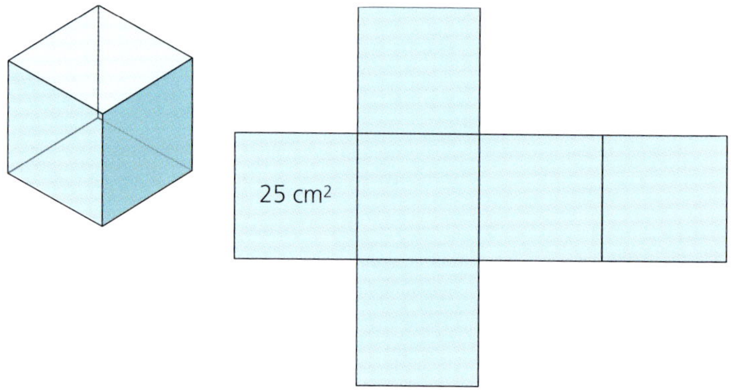

Área de una cara:
$A_c = 5^2 = 25\ \text{cm}^2$

Área del desarrollo plano:
$A_d = 6 \cdot 25 = 150\ \text{cm}^2$

A1. Calcula el área del desarrollo plano de este cuerpo geométrico.

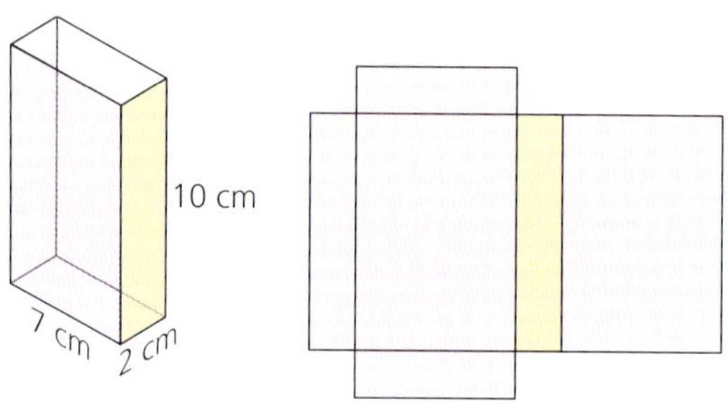

A2. Calcula la superficie necesaria para construir estos poliedros.

a)

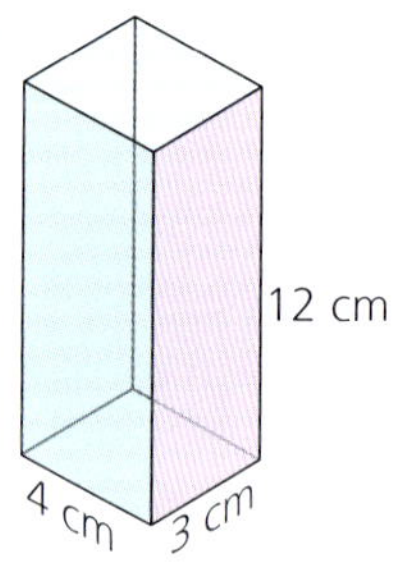

b)

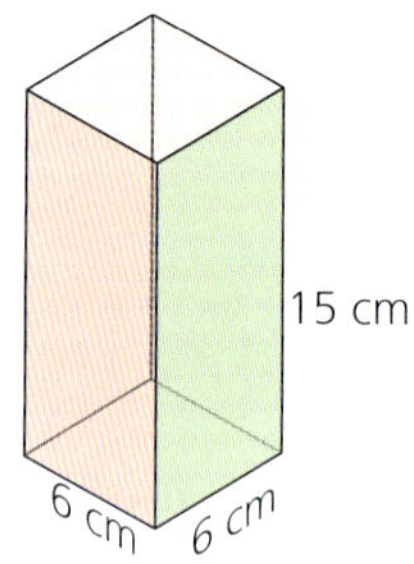

PERCEPCIÓN VISUAL — Superficies casi iguales

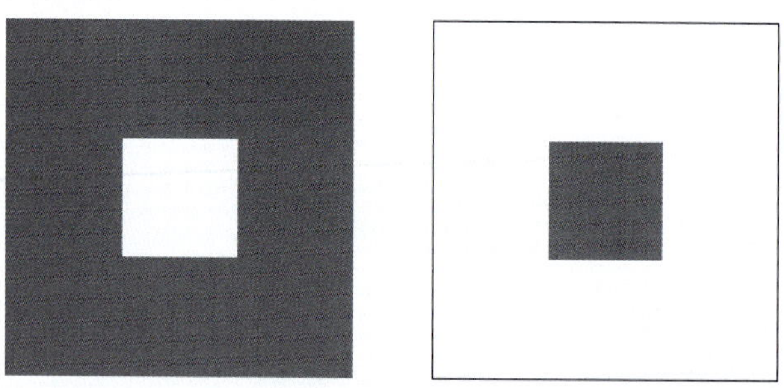

Observa estos dos cuadrados representados sobre distinto fondo. ¿Cuál tiene mayor superficie?

Al medirlos, comprobamos que ambos tienen la misma superficie. Y es que una figura de color claro dibujada sobre un fondo oscuro parece más grande que la misma figura de color oscuro dibujada sobre un fondo claro, a pesar de tener ambas la misma superficie.

PV1. A veces, la perspectiva nos induce a error a la hora de cuantificar superficies. El psicólogo Roger Shepard ideó esta ilusión óptica basada en el empleo de distintas perspectivas.

Comprueba si las dos mesas de la figura tienen la misma superficie.

12 CIRCUNFERENCIAS Y CÍRCULOS

Existen numerosos objetos con forma circular: botones, anillos, relojes, señales de tráfico...

Pero también hay circunferencias y círculos escondidos, como si no se atrevieran a mostrar la belleza de su forma. Por ejemplo, cuando subimos o bajamos por una escalera de caracol y miramos hacia arriba o hacia abajo, intuimos circunferencias o círculos en diferentes tramos de la escalera. ¿Eres capaz de distinguir estas formas en la imagen?

IDEAS PREVIAS

- Líneas poligonales y líneas curvas.
- Distancia entre dos puntos, y entre un punto y una recta.
- Operaciones con números decimales.

REPASA LO QUE SABES

1. ¿Cuáles de estas figuras son polígonos? Explica por qué.

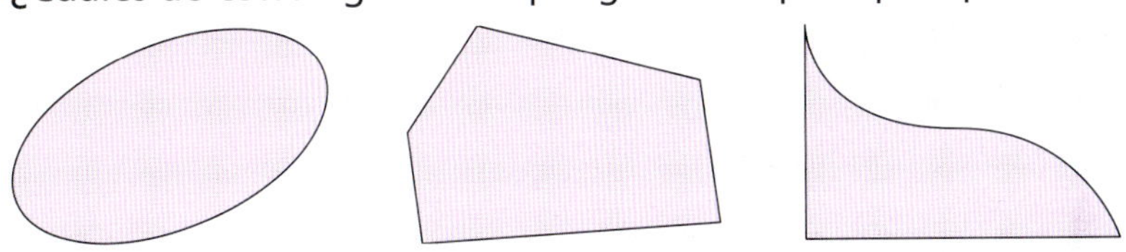

2. Utiliza una regla y una escuadra para medir la distancia entre el punto y la recta en cada caso. Explica cómo lo has hecho.

a)

b)

3. Resuelve estas expresiones con números decimales.

a) $\frac{4{,}2 \cdot 3{,}5}{3}$

b) $2{,}71 \cdot 15^2$

c) $4 \cdot 5{,}71 \cdot 4{,}5^2$

d) $\frac{4 \cdot 5{,}3^2}{18}$

MATEMÁTICAS EN EL DÍA A DÍA

El 14 de marzo se celebra el Día mundial de Pi, por su escritura anglosajona de la fecha 3/14. El número pi relaciona la longitud de una circunferencia con la longitud de su diámetro.

ma1e46

Aprenderás a…

- Diferenciar circunferencias y círculos.
- Identificar los elementos principales de la circunferencia y el círculo.

1. CIRCUNFERENCIA Y CÍRCULO

Observa estas figuras.

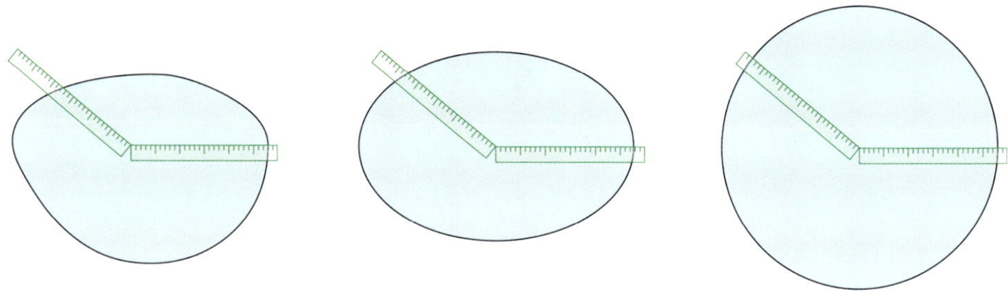

Se trata de líneas curvas cerradas y planas, pero solo en una de ellas se cumple que la distancia de todos sus puntos a un punto fijo es siempre la misma.

Una **circunferencia** es una línea cerrada y plana, cuyos puntos están situados a la misma distancia de otro punto llamado centro de la circunferencia.

Los **elementos** de una circunferencia son:

Centro: punto que se encuentra a la misma distancia de cualquier punto de la circunferencia.

Radio: segmento que une cualquier punto de la circunferencia con el centro.

Diámetro: cuerda que pasa por el centro.

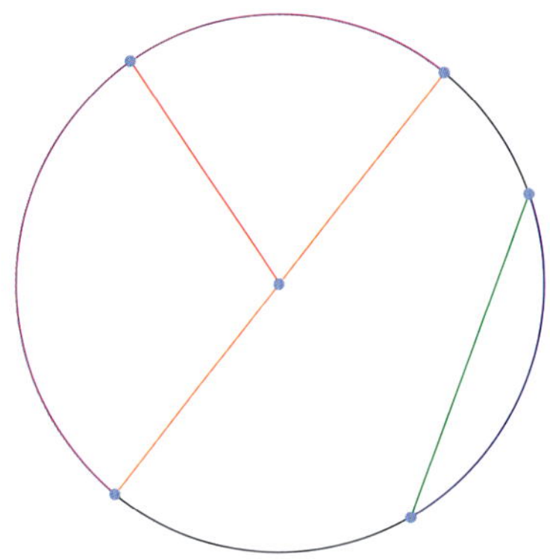

Cuerda: segmento que une dos puntos de la circunferencia.

Arco: parte de la circunferencia comprendida entre dos de sus puntos. Cuando los dos puntos son los extremos de un diámetro, el arco es una **semicircunferencia.**

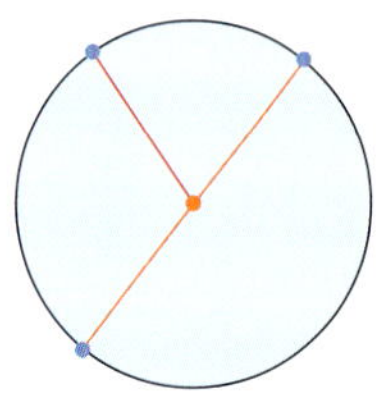

Si observas con atención esta figura, puedes ver que está formada por la circunferencia y su interior. Es un **círculo**.

El centro, el radio y el diámetro de un círculo coinciden con los de la circunferencia.

Un **círculo** es una figura plana formada por una circunferencia y todos los puntos interiores a ella.

En un círculo encontramos las siguientes figuras geométricas:

Semicírculo	Segmento circular	Sector circular
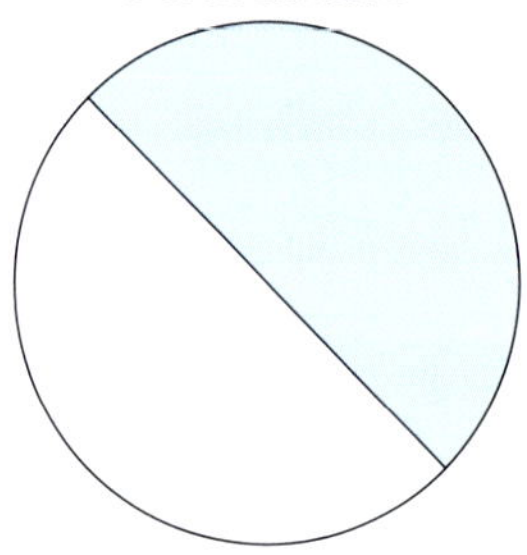	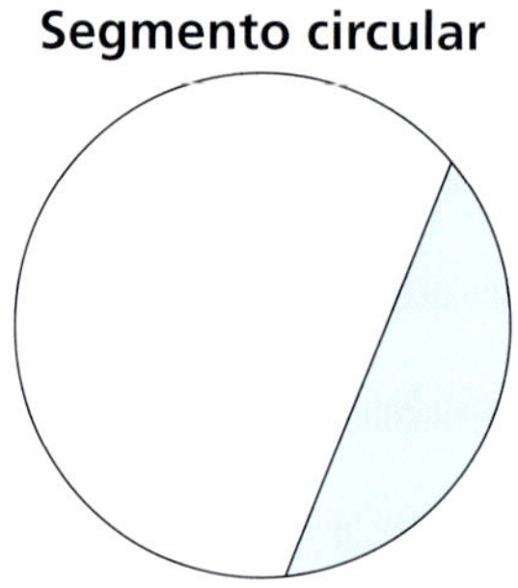	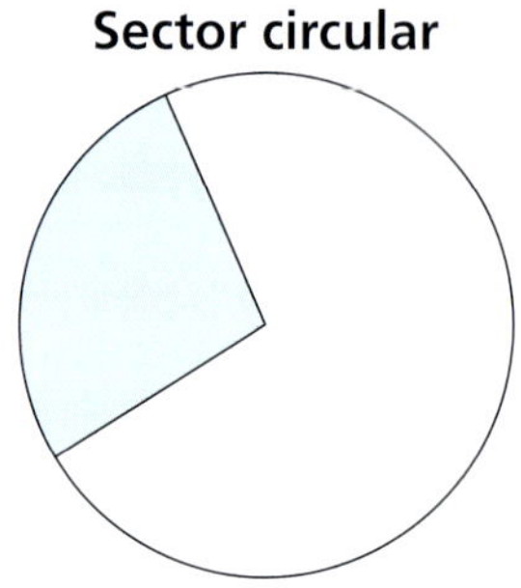
Región del círculo limitada por un diámetro.	Región del círculo limitada por una cuerda y su arco.	Región del círculo limitada por dos radios.

Presta atención

Para dibujar una circunferencia, situamos la aguja del compás sobre un punto y, con la abertura deseada, lo giramos.

La abertura que hemos dado al compás define el radio de la circunferencia.

Presta atención

En un círculo o circunferencia, el diámetro mide el doble que el radio.

1 Dibuja en tu cuaderno una circunferencia de 3 cm de radio. Marca su centro, un radio y un diámetro.

2 Indica el nombre de los elementos dibujados en rojo en cada circunferencia.

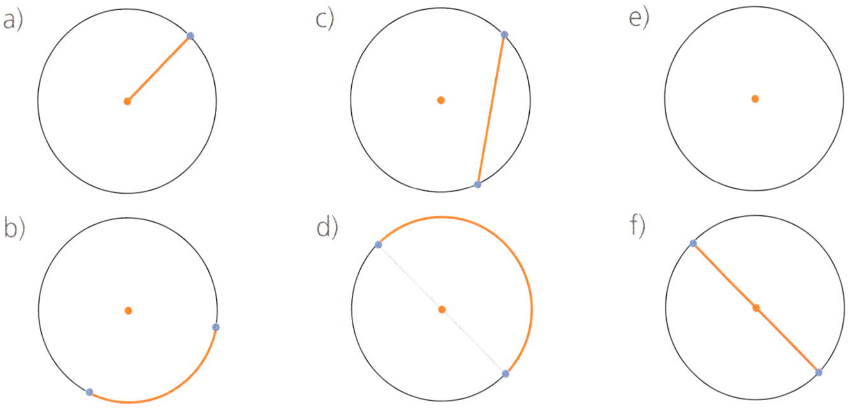

3 Observa los segmentos que se han dibujado en esta circunferencia. ¿Cómo se llaman?

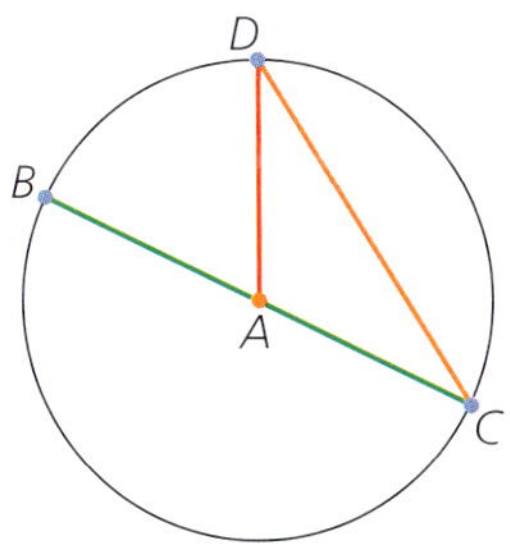

4 Dibuja en tu cuaderno un círculo de 2,5 cm de radio. Señala en él un semicírculo y un sector circular de 45° de amplitud.

5 Indica el nombre de los elementos que aparecen en estos círculos.

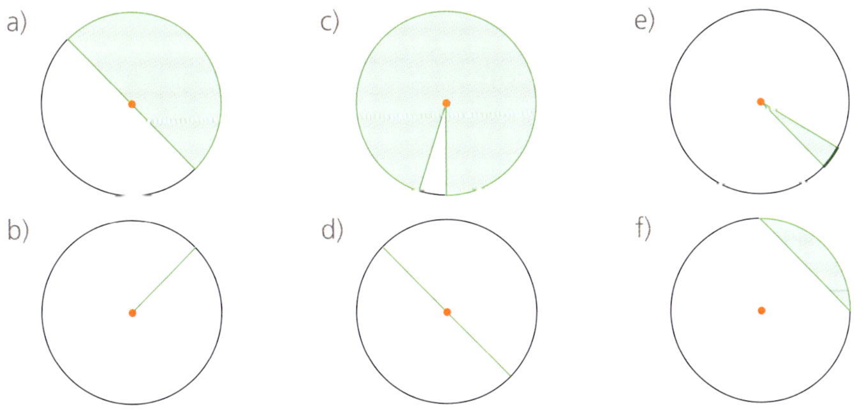

En tu vida diaria

Para trazar circunferencias sobre el terreno, se utiliza una cuerda que se hace girar en torno a un punto fijo.
Esta forma de construir una circunferencia se denomina método del jardinero.

Investiga

6 Si has viajado por una zona de cultivos quizás hayas visto algunas plantaciones de forma circular. Investiga sobre las ventajas de este tipo de plantación frente a las tradicionales de formas poligonales.

Aprenderás a…

- Identificar y construir ángulos centrales e inscritos en la circunferencia.
- Relacionar la medida de los ángulos centrales e inscritos con la del arco que abarcan.

2. ÁNGULOS EN LA CIRCUNFERENCIA

Según la posición que ocupe un ángulo en una circunferencia, recibe un nombre diferente.

Ángulo central

Estos ángulos tienen su vértice en el centro de la circunferencia y la cortan en dos puntos que determinan un arco.

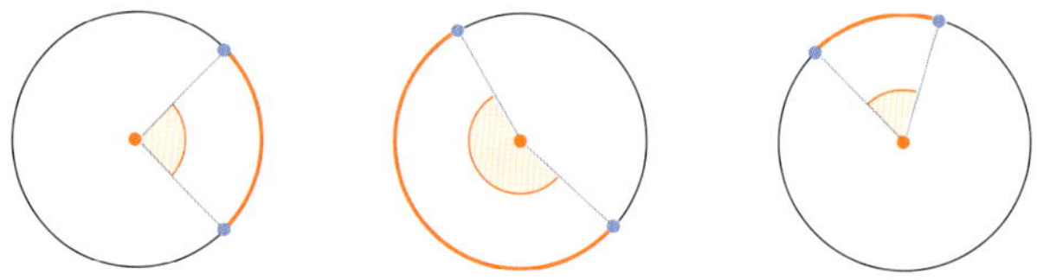

En una circunferencia, un **ángulo central** es aquel que tiene su vértice en el centro de la circunferencia y cuyos lados están determinados por dos radios.

Ángulo inscrito

Estos ángulos tienen su vértice sobre la circunferencia y la cortan en dos puntos que determinan un arco.

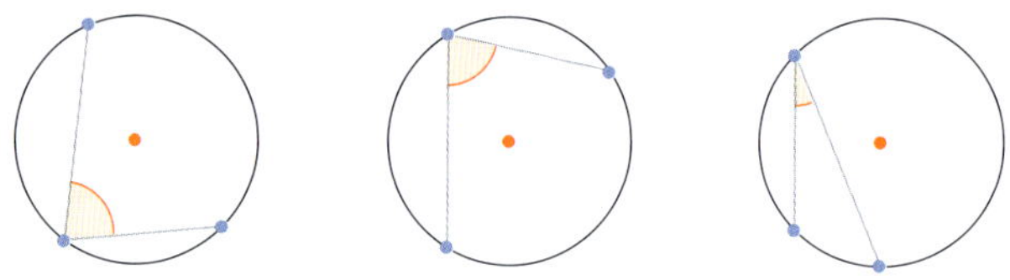

En una circunferencia, un **ángulo inscrito** es aquel que tiene su vértice en un punto cualquiera de la circunferencia y cuyos lados son dos cuerdas de la misma.

Presta atención

- La medida de un arco es la de su ángulo central.

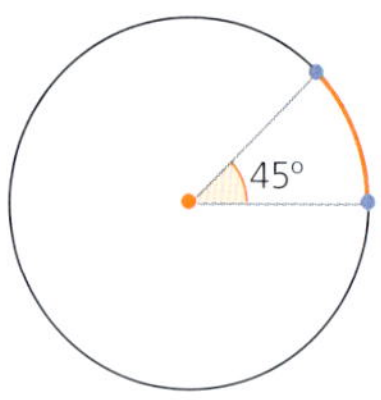

- Todo ángulo inscrito tiene un ángulo central correspondiente. Ambos ángulos comparten el mismo arco de circunferencia.

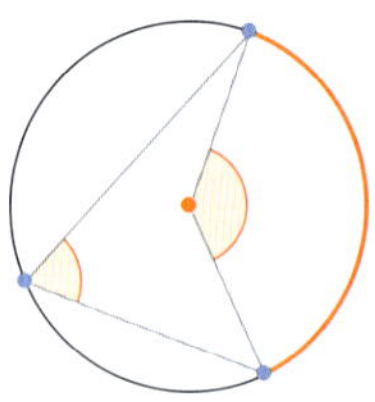

Medida de un ángulo inscrito

1. Dibujamos un ángulo inscrito que pase por el centro de la circunferencia.

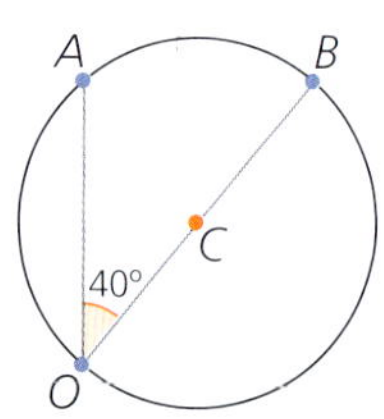

2. Unimos *C* con *A*. El triángulo es isósceles porque *CO* y *CA* son radios de la circunferencia.

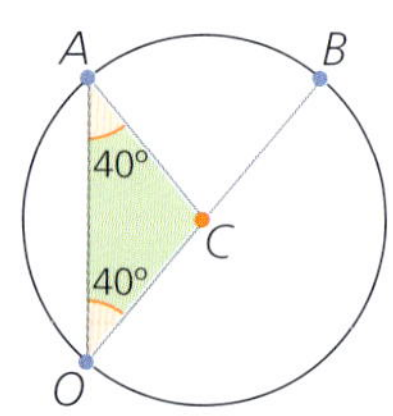

3. El ángulo central $\widehat{ACB}$ mide $180 - 100 = 80°$, el doble que el ángulo inscrito.

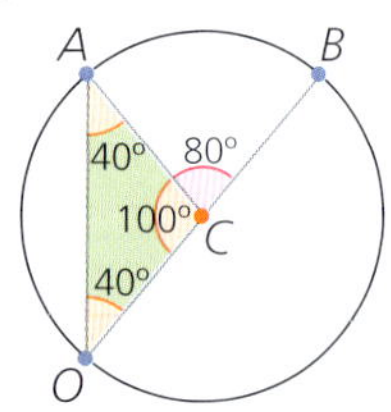

Si un lado del ángulo inscrito no pasa por el centro de la circunferencia, podemos dividirlo en dos ángulos con un lado común que pase por el centro.

Cada ángulo inscrito mide la mitad que su ángulo central correspondiente.

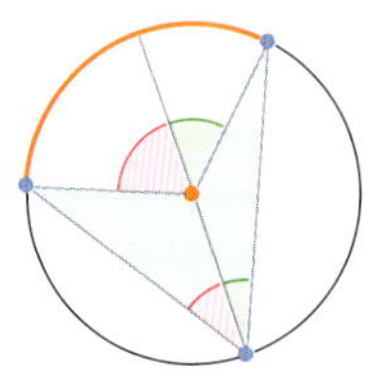

La medida de cualquier ángulo inscrito es igual a la mitad de la medida de su arco, es decir, a la mitad de la amplitud del ángulo central correspondiente.

Presta atención

Si varios ángulos inscritos diferentes abarcan el mismo arco de circunferencia, todos ellos tienen la misma amplitud.

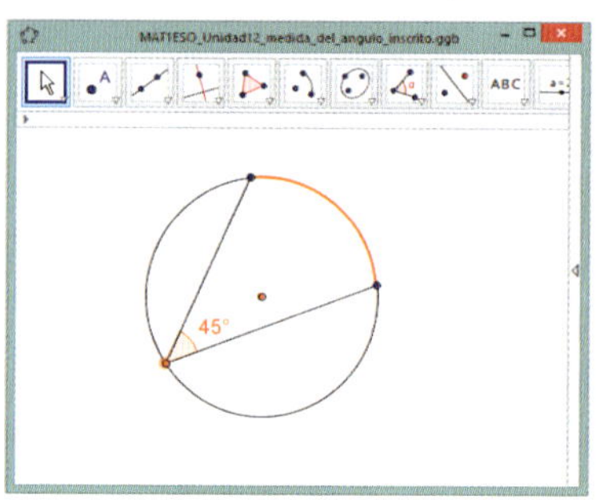

ma1e47

7 Fíjate en el vértice de estos ángulos. Según su posición en la circunferencia, ¿cómo se denomina cada ángulo?

a) 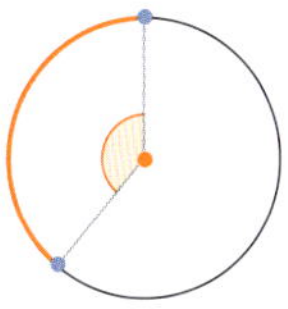

b) 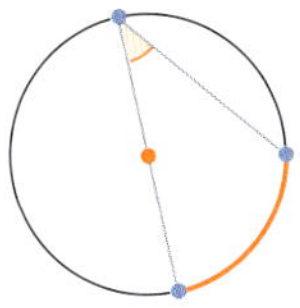

c) 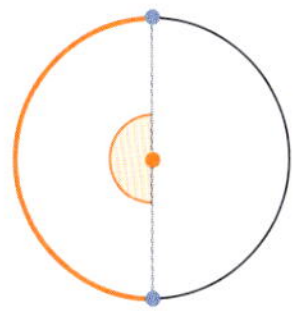

d) 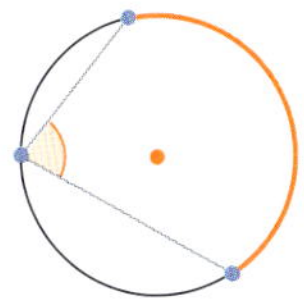

8 Dibuja en tu cuaderno una circunferencia de 3 cm de radio y traza en ella estos ángulos.

a) Un ángulo central de 30° de amplitud.

b) Un ángulo inscrito con una amplitud de 30°.

c) Un ángulo central de 270° de amplitud.

d) Un ángulo inscrito que tenga una amplitud de 45° y un lado que pase por el centro de la circunferencia.

9 Calcula la amplitud del ángulo desconocido.

a) 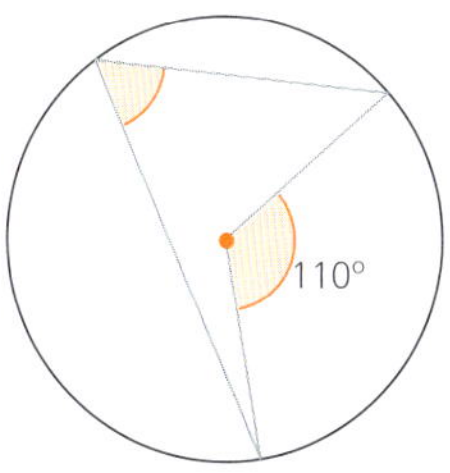

c) 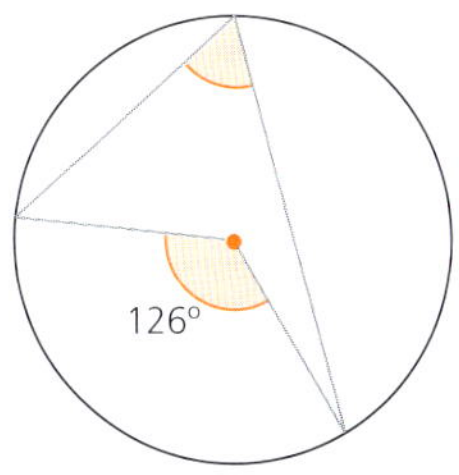

b) 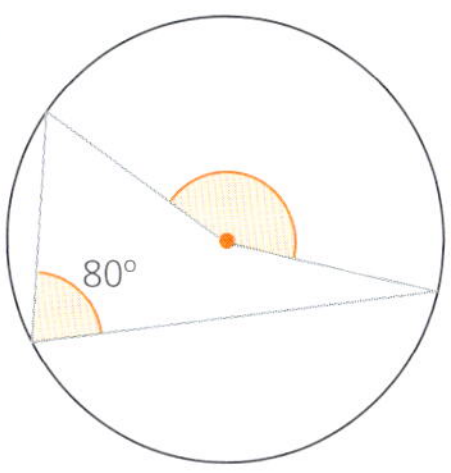

d) 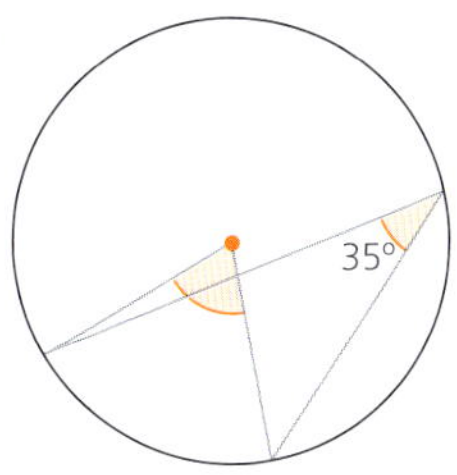

10 Traza una circunferencia en tu cuaderno y un ángulo central con una amplitud de 90°. Dibuja el ángulo inscrito correspondiente y calcula su amplitud sin utilizar el transportador.

11 Dibuja en tu cuaderno una circunferencia. Traza sobre ella un ángulo inscrito con una amplitud de 90° y su ángulo central correspondiente. ¿Cuánto mide el ángulo central? Calcúlalo sin utilizar el transportador.

12 ¿Cuánto miden los ángulos del triángulo que aparecen en esta figura? Explica con tus palabras cómo lo has calculado.

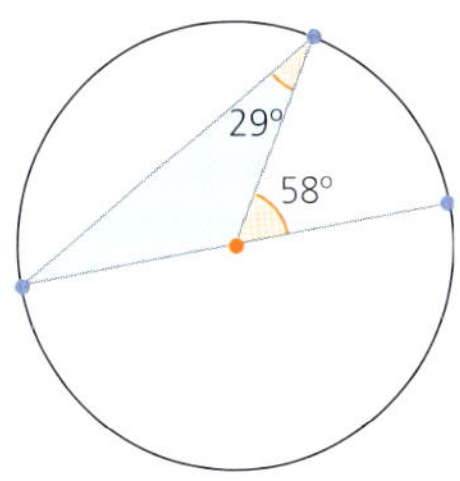

DESAFÍO

13 Si las dos cuerdas azules del dibujo son paralelas, los cuatro ángulos marcados tienen la misma amplitud. Justifícalo.

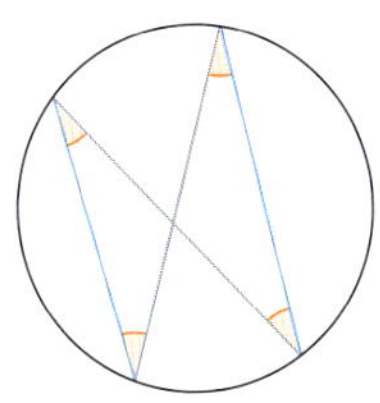

Aprenderás a…

- Identificar las posiciones relativas de un punto, una recta y una circunferencia respecto de una circunferencia.

3. POSICIONES RELATIVAS

Emma traza una circunferencia y le pide luego a un amigo que dibuje un punto, una recta y otra circunferencia donde quiera.

- **Circunferencia y punto:** existen tres posibilidades en relación con la posición de la circunferencia con respecto al punto.

Punto **exterior** a la circunferencia

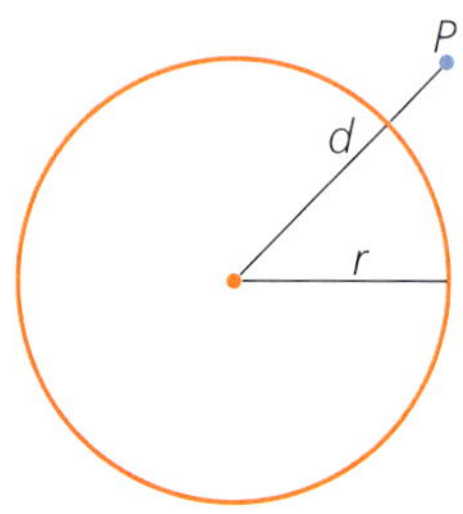

La distancia del punto al centro es mayor que la longitud del radio.

Punto **sobre** la circunferencia

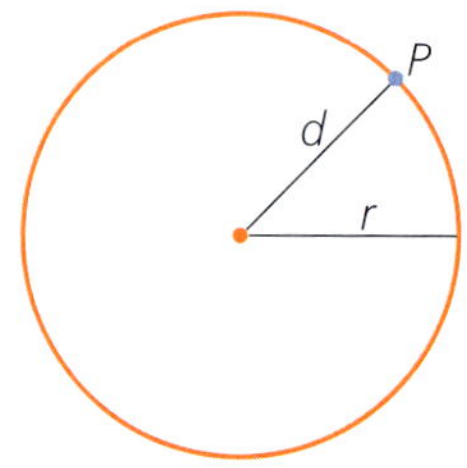

La distancia del punto al centro es igual que la longitud del radio.

Punto **interior** a la circunferencia

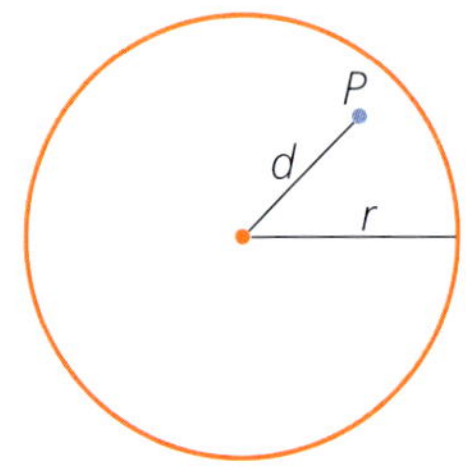

La distancia del punto al centro es menor que la longitud del radio.

- **Circunferencia y recta:** existen tres posibilidades en relación con la posición de la circunferencia con respecto a la recta.

Recta **exterior** a la circunferencia

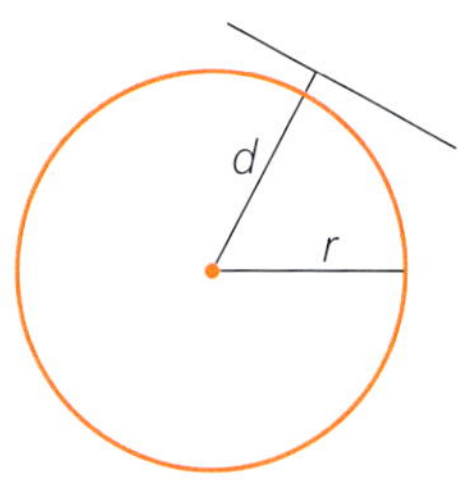

La distancia de la recta al centro es mayor que la longitud del radio.

Recta **tangente** a la circunferencia

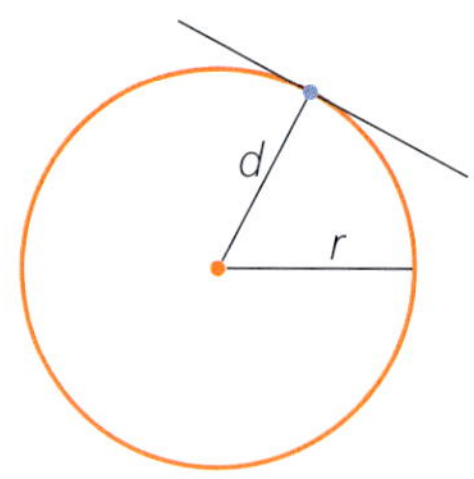

La distancia de la recta al centro es igual que la longitud del radio.

Recta **secante** a la circunferencia

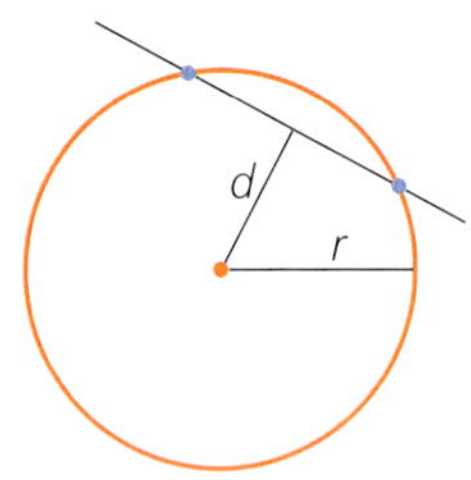

La distancia de la recta al centro es menor que la longitud del radio.

- **Circunferencia y circunferencia:** existen tres posibilidades en relación con los puntos de corte de las dos circunferencias.

Dos puntos de corte

Secantes

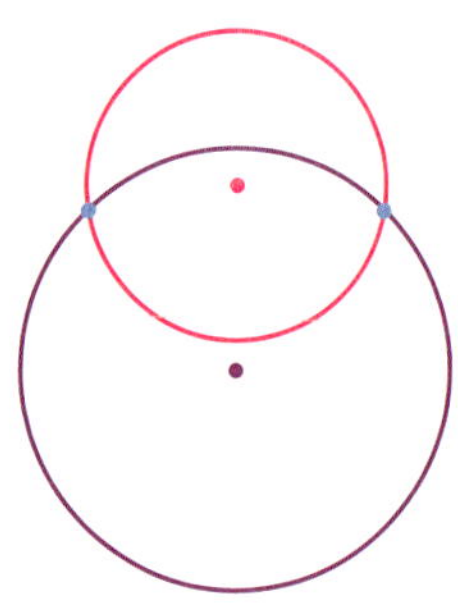

Un punto de corte

Tangentes interiores

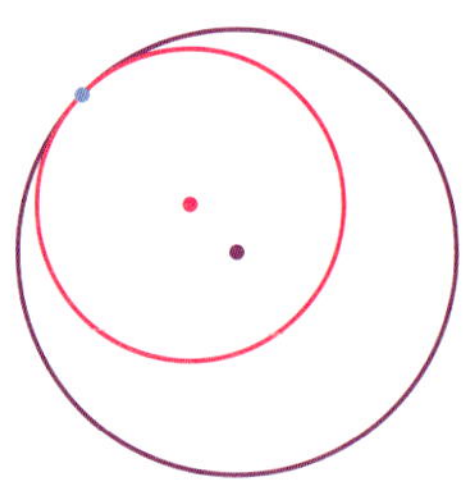

Tangentes exteriores

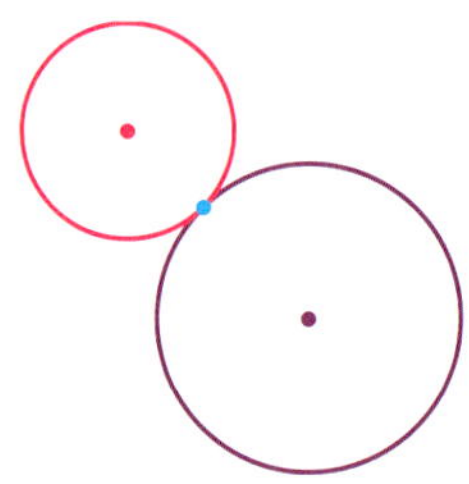

Ningún punto de corte

Interiores

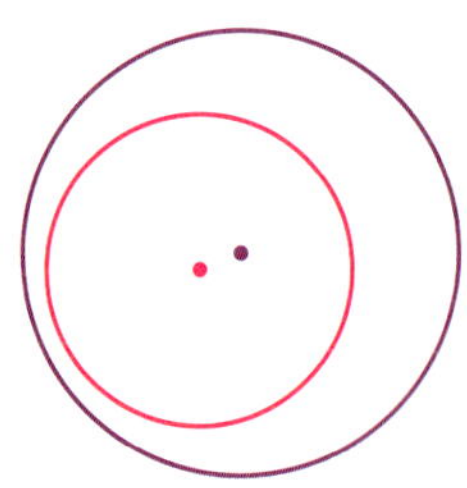

Exteriores

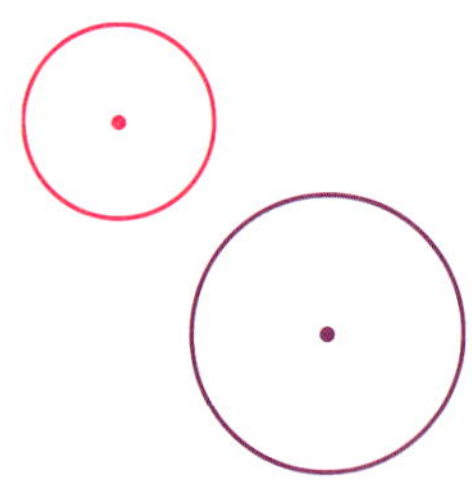

Presta atención

La distancia de un punto a una recta se mide sobre la perpendicular a la recta que pasa por el punto.

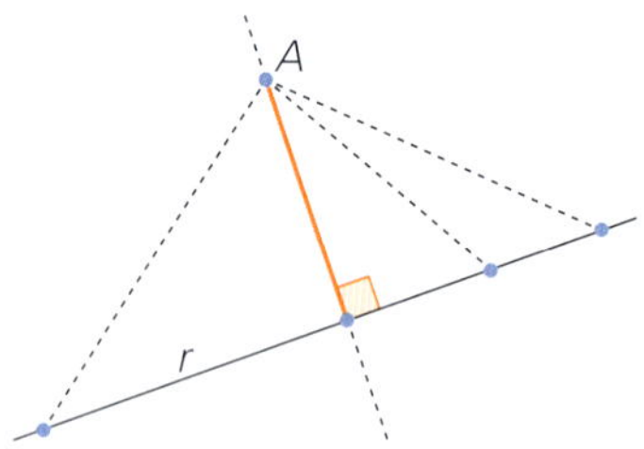

Lenguaje matemático

Una recta es **tangente** a una circunferencia si ambas se cortan en un solo punto.

14 Indica si los siguientes puntos son interiores, exteriores o están sobre la circunferencia.

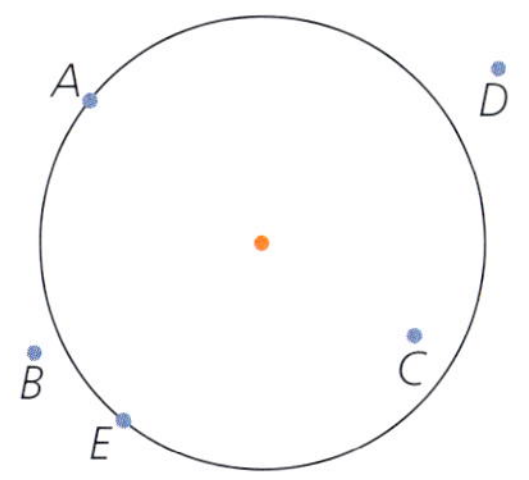

15 Traza en tu cuaderno una circunferencia de 3 cm de radio y dibuja:

a) Dos puntos interiores a la circunferencia.

b) Dos puntos sobre la circunferencia.

c) Dos puntos exteriores a la circunferencia.

16 Indica la posición relativa de cada recta con respecto a la circunferencia.

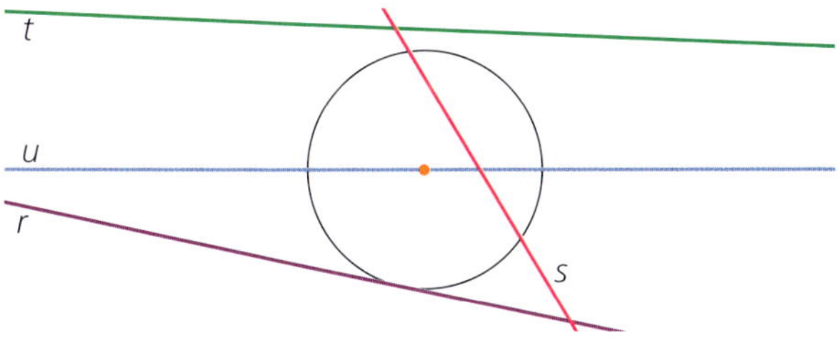

17 Dibuja una circunferencia de 2 cm de radio en tu cuaderno y traza:

a) Una recta exterior a la circunferencia.

b) Una recta secante a la circunferencia.

c) Una recta tangente a la circunferencia.

18 Traza dos rectas azules y secantes en tu cuaderno.

a) Dibuja una circunferencia secante a las dos rectas azules.

b) Traza una recta que pase por el centro de la circunferencia y por el punto de corte de las dos rectas azules. ¿Qué nombre tiene esta recta con respecto al ángulo que forman las rectas azules?

c) ¿Puedes dibujar otra circunferencia tangente a las dos rectas azules que no pase por la recta que has trazado en el apartado anterior? Muéstralo.

19 En el siguiente dibujo aparecen tres circunferencias. Indica la posición relativa de cada par de ellas.

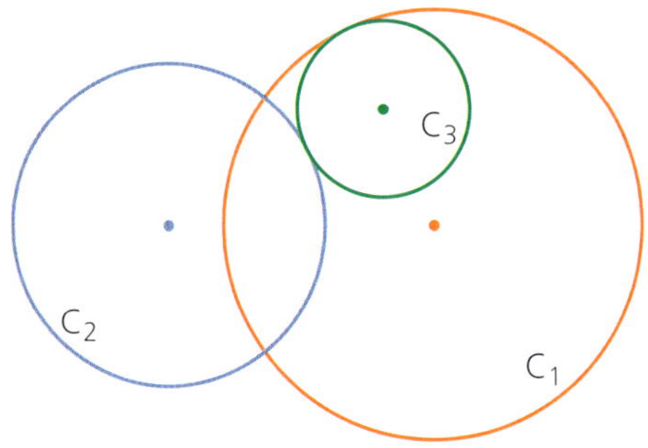

20 Dibuja en tu cuaderno tres circunferencias en cada caso.

a) Son tangentes interiores dos a dos.

b) Son tangentes exteriores dos a dos.

c) Son secantes dos a dos.

d) Son interiores dos a dos.

21 Dibuja en tu cuaderno dos circunferencias de 3 cm y 4 cm de radio, respectivamente. Calcula la distancia entre los centros en los siguientes casos.

a) Las circunferencias son tangentes exteriores.

b) Las circunferencias son tangentes interiores.

22 En el siguiente dibujo aparecen varios puntos, rectas y circunferencias. Estudia las siguientes posiciones relativas.

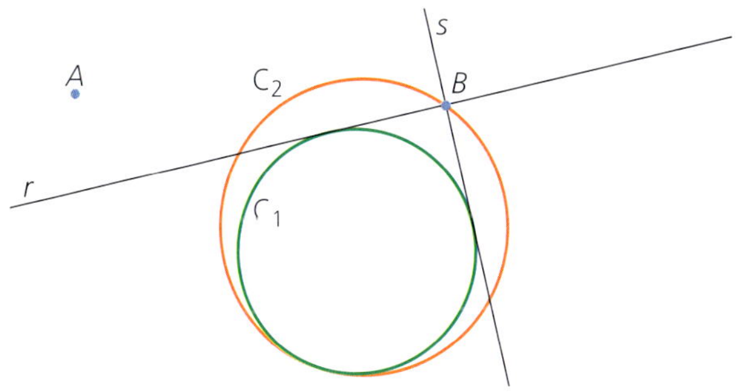

a) El punto *A* y la circunferencia C_1.

b) El punto *B* y la circunferencia C_2.

c) La recta *r* y la circunferencia C_1.

d) La recta *r* y la circunferencia C_2.

e) La circunferencia C_1 y la circunferencia C_2.

Investiga

23 El *problema de Apolonio,* llamado así en honor al geómetra griego Apolonio de Pérgamo, consiste en encontrar las circunferencias tangentes a otras tres dadas.

a) Investiga el número de soluciones que existen a este problema.

b) Observa el dibujo y escribe la posición relativa entre cada circunferencia y la solución dada.

Aprenderás a…

- Conocer la relación que existe entre la longitud de una circunferencia y su diámetro.
- Calcular la longitud de una circunferencia.

4. LONGITUD DE UNA CIRCUNFERENCIA

Bruno dibuja dos circunferencias en una lámina con ayuda de un compás. Los radios de las circunferencias miden 4 cm y 6 cm, respectivamente.

Como quiere medir la longitud de las dos circunferencias, utiliza una cuerda para bordearlas.

Al estirar las cuerdas, observa que la longitud de cada circunferencia mide algo más de 3 veces su diámetro.

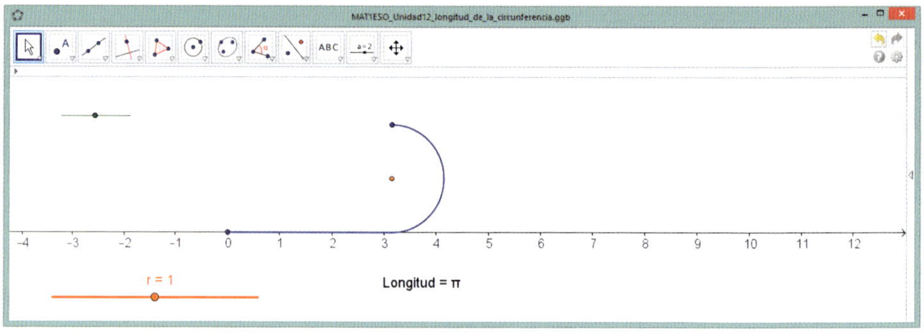

ma1e48

Al observar esta relación, Bruno divide la longitud obtenida de la circunferencia entre el diámetro. En ambos casos obtiene el mismo cociente: un número que aproximado a las centésimas es 3,14.

- Circunferencia de 4 cm de radio.

  Longitud = 25,1 cm

  Diámetro = 8 cm

  25,1 : 8 = 3,137…

- Circunferencia de 6 cm de radio.

  Longitud = 37,7 cm

  Diámetro = 12 cm

  37,7 : 12 = 3,141…

Presta atención

El valor real de π es un número con infinitos decimales cuya aproximación a las centésimas es 3,14.

El cociente entre la longitud de una circunferencia y su diámetro se mantiene constante y es **aproximadamente 3,14.**

Este número recibe el nombre de **pi** y se designa por medio de la letra griega π.

Con el número π podemos calcular la longitud de cualquier circunferencia si conocemos su diámetro o su radio.

- Circunferencia de 4 cm de radio.

  Longitud = 2 · 4 · 3,14 = 8 · 3,14 = 25,12 cm

- Circunferencia de 6 cm de radio.

  Longitud = 2 · 6 · 3,14 = 12 · 3,14 = 37,68 cm

La **longitud de una circunferencia** es igual al diámetro multiplicado por el número π.

$$L = d \cdot \pi = 2 \cdot r \cdot \pi = 2 \cdot \pi \cdot r$$

24 Calcula la longitud de las siguientes circunferencias.

a) Circunferencia de 5 cm de radio.

b) Circunferencia de 22 cm de diámetro.

c) Circunferencia de 12 cm de diámetro.

d) Circunferencia de 4,5 cm de radio.

25 Mide para calcular la longitud de estas circunferencias.

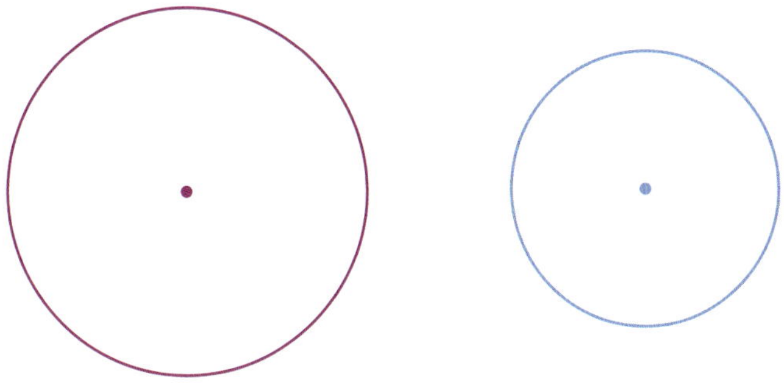

26 Un ayuntamiento quiere vallar un jardín circular que mide 3,25 m de radio. ¿Cuántos metros de valla se deben utilizar?

27 La rueda de un coche tiene 30 cm de radio. ¿Cuántos kilómetros habrá recorrido cuando la rueda haya dado 100 vueltas?

28 Calcula la longitud de una circunferencia inscrita en un cuadrado cuyo lado mide 8 cm.

29 El resultado de medir con una cuerda la longitud de una circunferencia ha sido de 22 cm. ¿Cuánto mide su diámetro?

30 Halla el número de vueltas que tiene que dar la circunferencia más pequeña para completar una vuelta sobre la circunferencia más grande.

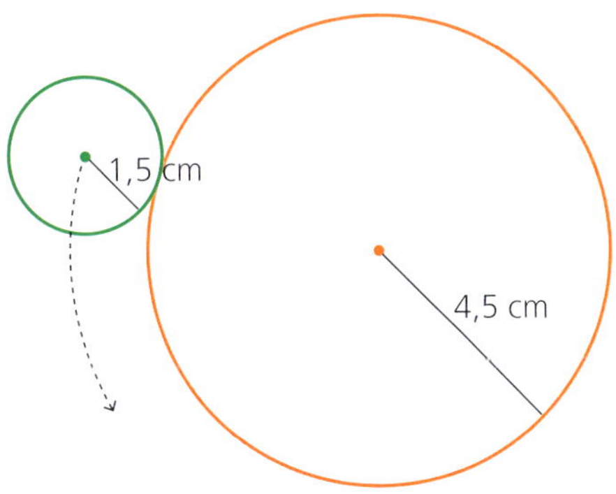

Presta atención

Una circunferencia está inscrita en un polígono si cada lado del polígono toca a la circunferencia en un solo punto.

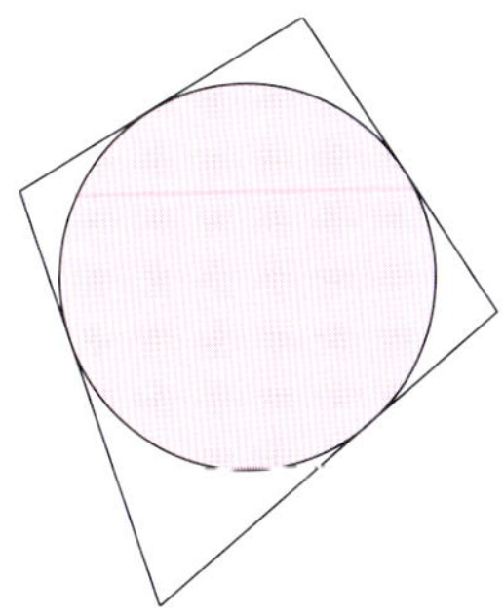

Investiga

31 La relación que existe entre la longitud de una circunferencia y su diámetro es una de las grandes constantes universales conocidas por el ser humano desde la Antigüedad.

En el *papiro de Rhind*, que data de alrededor de 1650 a. C., ya se daba un valor de este número: 3,15.

Investiga cómo han ido evolucionando las diferentes aproximaciones del número pi a lo largo de la historia.

Aprenderás a…

- Calcular el área de un círculo.

5. ÁREA DE UN CÍRCULO

¿Cómo podemos calcular el área de un círculo?

❶ Dibujamos un polígono inscrito en la circunferencia, por ejemplo un hexágono regular que divide el círculo en 6 sectores circulares iguales.

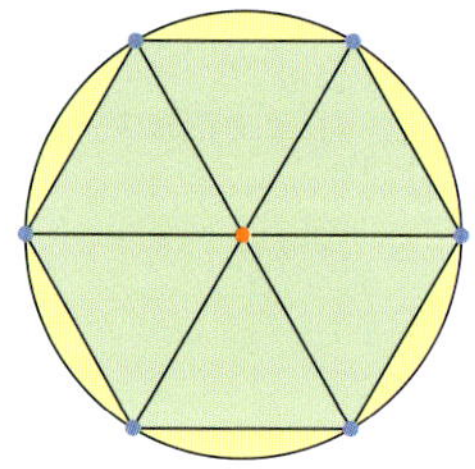

❷ Cortamos los 6 sectores circulares y los colocamos sobre una línea recta. Esta línea tiene una longitud igual a la longitud de la circunferencia, es decir, $2 \cdot \pi \cdot r$.

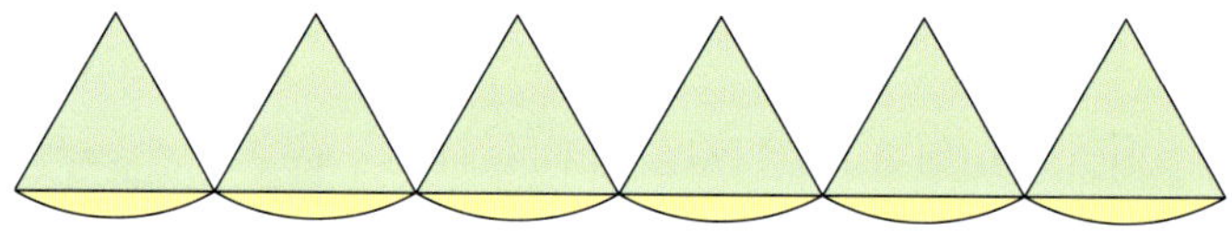

❸ Colocamos los sectores de modo que rellenen los huecos para formar una especie de rectángulo.

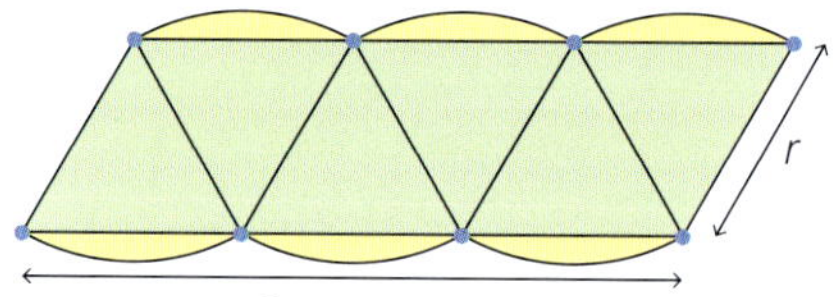

$$\frac{2 \cdot r \cdot \pi}{2} = \pi \cdot r$$

$$\text{Área del rectángulo} = \text{base} \cdot \text{altura} = \pi \cdot r \cdot r = \pi \cdot r^2$$

Observamos que, a medida que vamos dividiendo el círculo en muchos más sectores circulares, cada uno de ellos se aproxima a un triángulo cuya altura es el radio del círculo.

Podemos aproximar el área del círculo mediante un rectángulo que tenga $\pi \cdot r$ de base y cuya altura sea r.

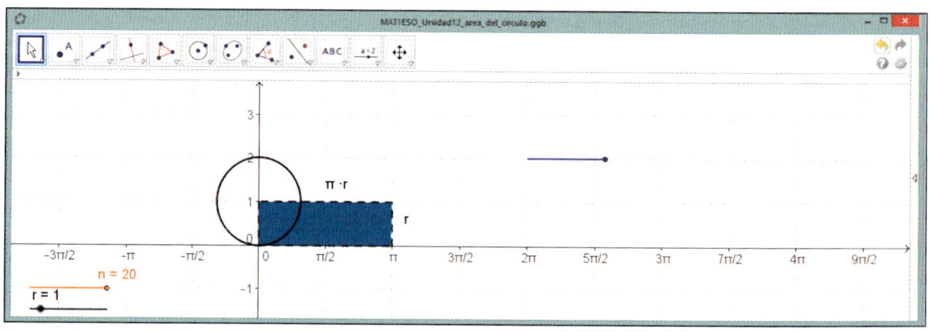

ma1e49

$$\text{Área del rectángulo} = \text{base} \cdot \text{altura} = \pi \cdot r \cdot r = \pi \cdot r^2$$

El **área de un círculo** es la longitud de la circunferencia por el radio dividido entre 2.

$$A = \frac{L \cdot r}{2} = \frac{2 \cdot \neq \cdot r \cdot r}{2} = \neq \cdot r^2$$

32 Dibuja en tu cuaderno estos círculos y calcula el área de cada uno de ellos.

a) Círculo de 7 cm de radio.
b) Círculo de 10 cm de diámetro.
c) Círculo de 7 cm de diámetro.
d) Círculo de 3,2 cm de radio.

33 Mide para calcular el área de estos círculos.

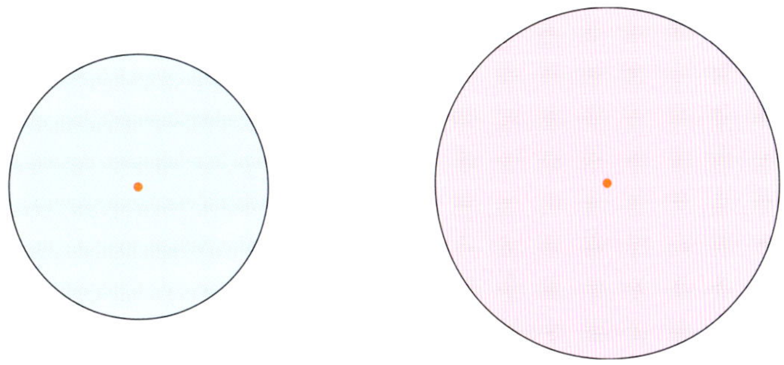

34 En el pueblo de Lidia se va a remodelar la plaza principal. Esta es circular y tiene un radio de 6,5 m. ¿Cuántos metros cuadrados de baldosas se tienen que comprar para cubrir toda la plaza?

35 Una corona circular es la zona delimitada por dos circunferencias concéntricas. Calcula el área de estas coronas circulares.

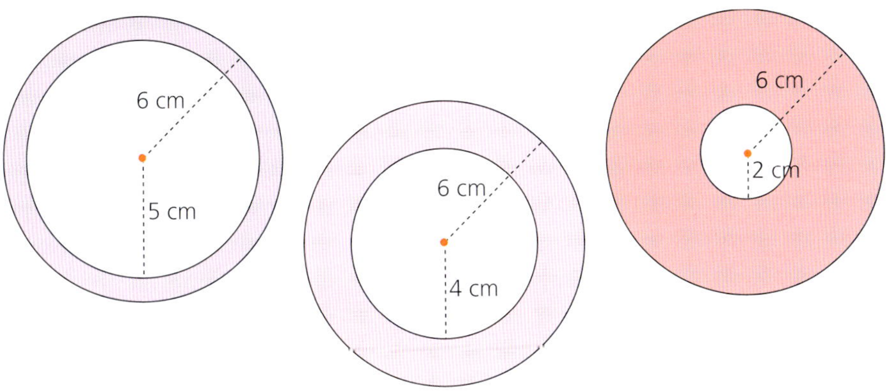

36 Alrededor de una fuente se quiere plantar un camino de césped de 2 m de ancho. Si la fuente tiene un diámetro de 12 m, ¿cuántos metros cuadrados de césped se tienen que plantar?

37 Calcula el área de un semicírculo cuyo diámetro mide 24 cm.

38 El área de un círculo es de 78,5 cm^2. ¿Cuál es su diámetro?

39 Calcula el área de un círculo circunscrito en un cuadrado de 12 cm de lado.

Lenguaje matemático

Dos circunferencias son **concéntricas** si tienen el mismo centro.

Presta atención

Un círculo está circunscrito en un polígono si cada vértice del polígono toca a la circunferencia.

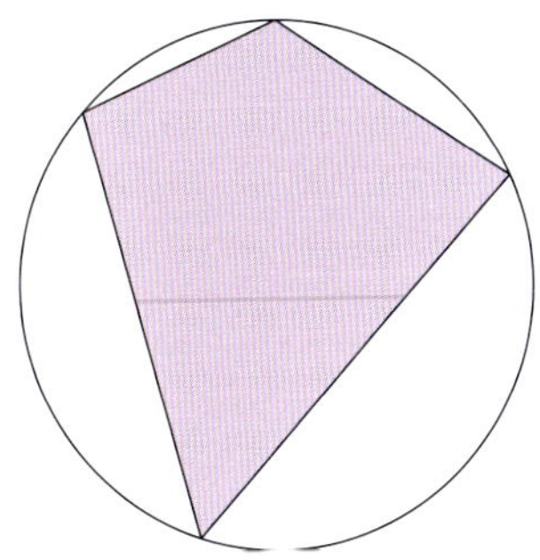

DESAFÍO

40 Para calcular el área de un círculo, necesitamos poder medir su radio o su diámetro. Para ello, es preciso conocer el centro del círculo.

Utiliza algún objeto para dibujar un círculo en tu cuaderno y localiza su centro empleando herramientas de dibujo.

Aprenderás a…

- Calcular la longitud de un arco de circunferencia.
- Calcular el área de un sector circular.
- Calcular el área y la longitud de figuras circulares.

6. LONGITUD Y ÁREA DE FIGURAS CIRCULARES

Patricia quiere saber qué distancia ha recorrido en un tiovivo desde que ve a Miguel hasta que puede ver a Juan.

Para ello, calcula la **longitud del arco de circunferencia** que tiene 175° de amplitud y cuyo radio mide 6 m.

La amplitud del arco y su longitud son directamente proporcionales.

Así, planteamos una proporción para calcular la longitud del arco.

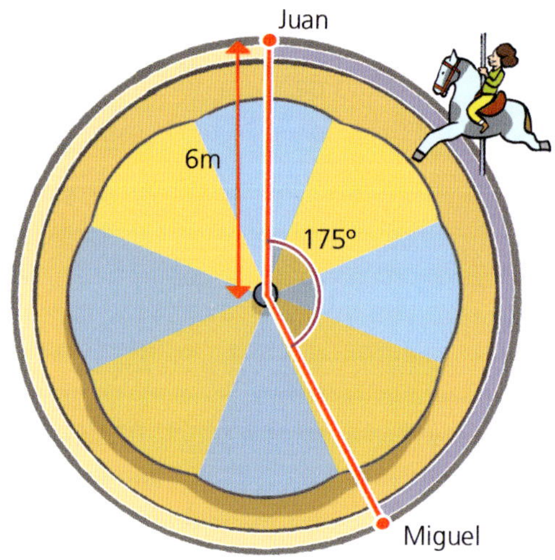

	Amplitud (°)	Longitud (m)
Circunferencia	360	2 · 3,14 · 6
Arco	175	*L*

$$\frac{360}{175} = \frac{2 \cdot 3{,}14 \cdot 6}{L} \rightarrow L = \frac{175 \cdot 2 \cdot 3{,}14 \cdot 6}{360} = 18{,}32 \text{ m}$$

La **longitud de un arco de circunferencia** de radio *r* y amplitud *n*° es:

$$L = \frac{n^\circ \cdot 2 \cdot \neq \cdot r}{360^\circ}$$

¿Cómo podemos calcular el **área de un sector circular** que tiene 25° de amplitud y 15 m de radio?

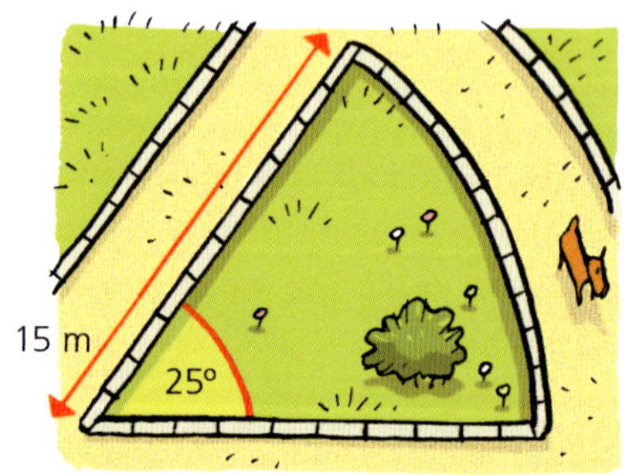

La amplitud del sector circular y su área son directamente proporcionales.

Planteamos, pues, una proporción para calcular el área del sector.

	Amplitud (°)	Área (m^2)
Círculo	360	$3{,}14 \cdot 15^2$
Sector	25	*A*

$$\frac{360}{25} = \frac{3{,}14 \cdot 15^2}{A} \rightarrow A = \frac{25 \cdot 3{,}14 \cdot 15^2}{360} = 49{,}06 \text{ m}^2$$

El **área de un sector circular** de radio *r* y amplitud *n*° es:

$$A = \frac{n^\circ \cdot \neq \cdot r^2}{360^\circ}$$

41 Calcula la longitud de los siguientes arcos de circunferencia.

a) Arco de 60° de amplitud y 10 cm de radio.
b) Arco de 300° de amplitud y 4 cm de radio.
c) Arco de 120° de amplitud y 6 cm de radio.
d) Arco de 15° de amplitud y 12 cm de radio.

42 Utiliza la regla y el transportador de ángulos para calcular la longitud de este arco de circunferencia.

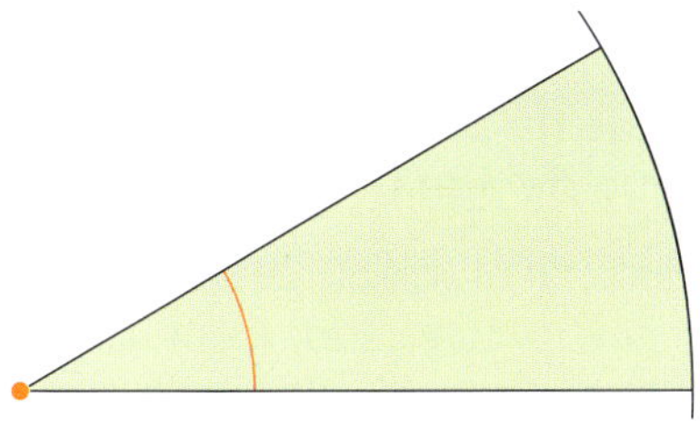

43 ¿Cuánto mide el siguiente arco de circunferencia?

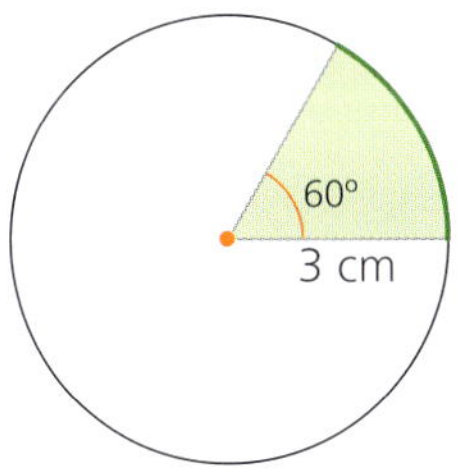

44 ¿Cuál es el área de los sectores circulares propuestos?

a) Sector de 45° de amplitud y 15 cm de radio.
b) Sector de 100° de amplitud y 10 cm de radio.
c) Sector de 180° de amplitud y 7 cm de radio.
d) Sector de 135° de amplitud y 5 cm de radio.

45 Un trapecio circular es la zona delimitada por dos circunferencias concéntricas y dos radios. Calcula el área del siguiente trapecio circular.

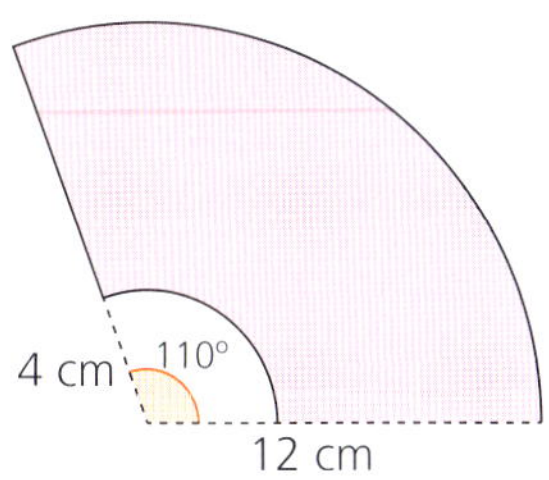

EJERCICIO RESUELTO

Calcula el área y el perímetro de esta figura.

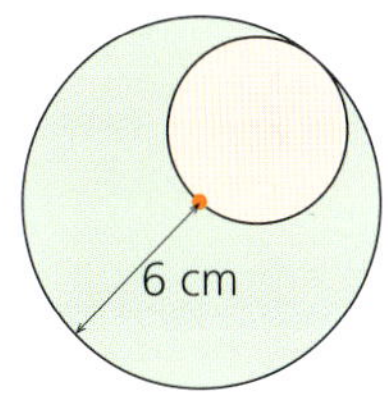

Solución

Descomponemos la figura en dos círculos, uno de 6 cm de radio y otro de 6 cm de diámetro.

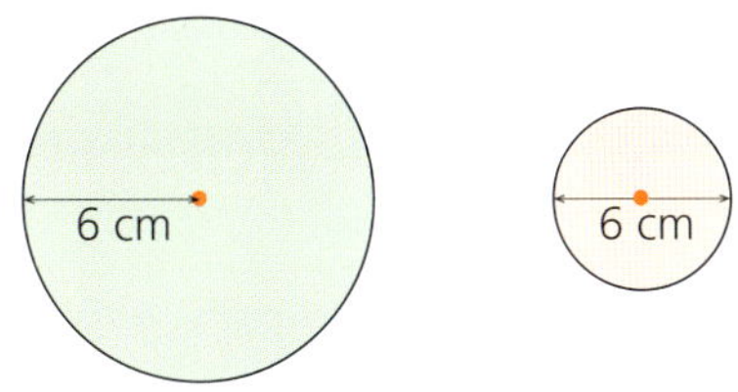

Para calcular el área de la figura, hallamos el área del círculo grande y restamos el área del círculo pequeño.

$$A = 3{,}14 \cdot 6^2 - 3{,}14 \cdot 3^2 = 84{,}78\ \text{cm}^2$$

A continuación, calculamos el perímetro, determinando la longitud de círculo grande y sumando la longitud del círculo pequeño.

$$L = 2 \cdot 3{,}14 \cdot 6 + 2 \cdot 3{,}14 \cdot 3 = 56{,}52\ \text{cm}$$

46 Calcula el área y la longitud de estas figuras.

a)
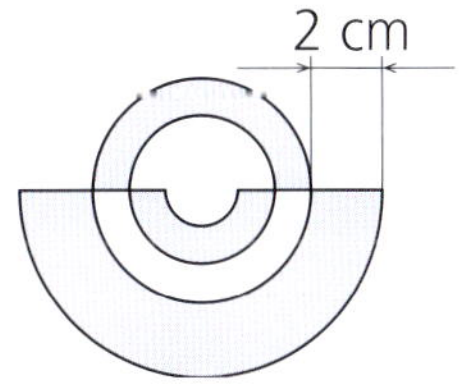

c)
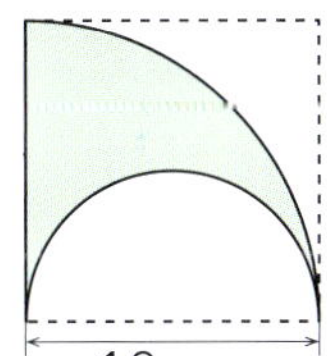

b)
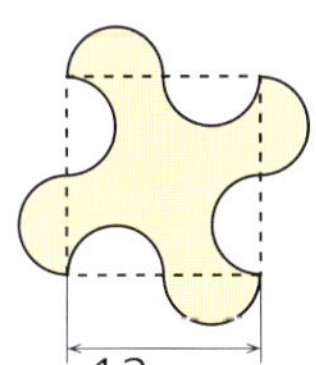

d)
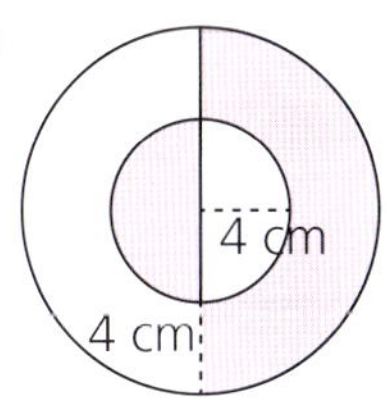

DESAFÍO

47 Calcula el área sombreada. Ten en cuenta que el diámetro de cada circunferencia mide 4 cm.

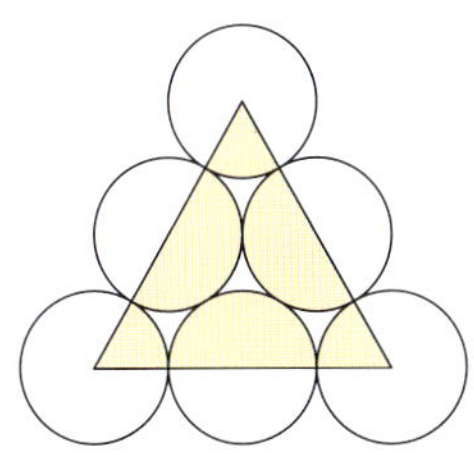

El misterio de la laguna que desapareció en Bosnia

Los vecinos de Sanica, una remota localidad del departamento de Kljuc, en Bosnia, tratan de buscar explicaciones a la misteriosa desaparición de una laguna de 20 m de diámetro y unos 8 m de profundidad.

En el lugar en el que estaba la laguna, rica en peces, hay ahora un enorme agujero de 50 m de diámetro y 30 m de profundidad, que va creciendo.

Según los habitantes de la zona, el fenómeno sucedió de un día para otro.

Los peces empezaron a saltar y el agua desapareció, tragándose incluso a algunos árboles cercanos.

Los científicos aseguran que se trata de un fenómeno natural debido a que la zona donde ocurrió es cárstica, con formaciones producidas por la acción erosiva o disolvente del agua y que el fenómeno pudo producirse por las corrientes de agua subterránea.

Otra teoría más popular —y que los expertos rechazan— es que un pez podría haber accionado una de las bombas alemanas de la Segunda Guerra Mundial que una anciana arrojó al lago.

Fuente: bbc.com

Míriam ha leído esta información y le parece increíble que la laguna haya podido desvanecerse.

Piensa que la superficie de tierra que ha desaparecido alrededor de la laguna es mucho mayor que la superficie que ocupa la propia laguna.

¿Es cierto que ha desaparecido mucha más superficie de tierra que de agua?

Analiza la pregunta

¿Es cierto que ha desaparecido mucha más superficie de tierra que de agua?

Hay que elegir una unidad de medida de superficie, por ejemplo el metro cuadrado; identificar qué figura plana forman el agua y la parte de tierra desaparecidas y calcular la superficie de ambas.

Busca los datos

Agua: [...] *desaparición de una laguna de 20 m de diámetro.*

Tierra: *En el lugar en el que estaba la laguna [...] hay ahora un enorme agujero de 50 m de diámetro.*

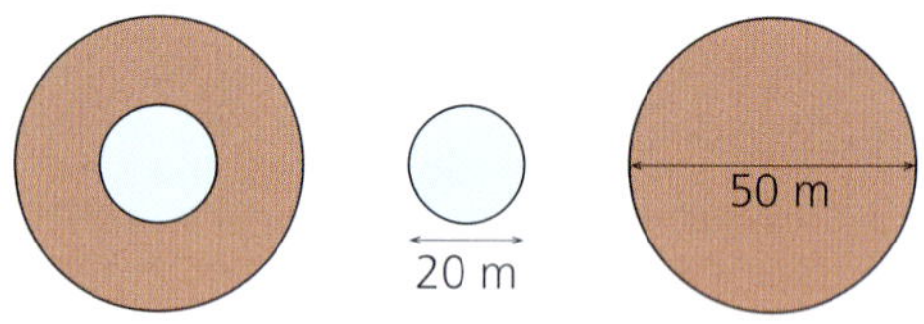

Agua: círculo de radio 10 m.

Tierra: corona circular de 25 m y 10 m de radio, respectivamente.

Utiliza las matemáticas

- Agua:

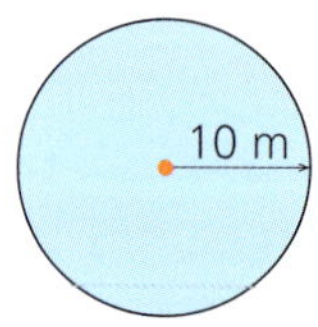

$$A = 3{,}14 \cdot 10^2 = 628\ \text{m}^2$$

- Tierra:

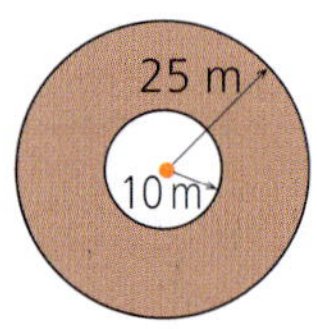

$$A = 3{,}14 \cdot 25^2 - 3{,}14 \cdot 10^2 = 1\,648{,}6\ \text{m}^2$$

Por consiguiente, ha desaparecido mucha más tierra que agua (más del doble).

48 Marcos es un enamorado de la *pizza* y ha leído este artículo.

El secreto de la verdadera *pizza*

Conoce cómo ha de cocinarse este plato y qué ingredientes tiene que llevar para que sea delicioso.

Puede que la *pizza* se haya convertido en la comida más exportada y globalizada del mundo. Fueron los primeros inmigrantes italianos en Estados Unidos, Venezuela y Argentina de principios y mediados del siglo XX los que, **con mucha morriña,** no podían pensar en una vida sin la base de su alimentación. Y fue así como la *pizza* llegó a todo el mundo, por la nostalgia, por la sencillez de cocinarla y la facilidad de consumirla. Gusta a todos.

[…]

Conocer las cantidades precisas es tan básico como tener un buen brazo para amasar la base. […] Un chef de un restaurante madrileño […], establece **las siguientes dosis** para cuatro *pizzas* de 30 cm de diámetro: 20 g de sal, 1 kg de harina, 25 g de levadura de panadería, 600 ml de agua y seis cucharadas de aceite de oliva virgen extra.

Fuente: abc.es

a) ¿Qué superficie tienen las cuatro *pizzas* de la noticia?

b) Marcos quiere realizar una sola *pizza* y se pregunta qué tamaño debe tener para poder mantener las mismas dosis que aconseja el artículo. Ayúdale a calcularlo.

49 Lee la siguiente noticia y responde.

Vitoria entra en el Guinness con una tortilla de patata descomunal

El récord se ha batido con una sartén de 5 m de diámetro, 840 kg de huevos, 1 600 kg de patatas, 30 kg de cebollas, 10 kg de sal y 150 L de aceite de oliva.

Habrá que esperar unos meses para que los jueces del Guinness certifiquen esta hazaña gastronómica que ya este sábado saborearán más de 10 000 personas.

Fuente: elperiodico.com

a) ¿Cuántos metros recorres si rodeas la sartén?

b) Si Marta y Yamil se comieron uno de los trozos de tortilla, ¿qué superficie, en centímetros cuadrados, le tocó a cada uno?

50 Mario trabajó en las emergencias de este siniestro.

Un agujero de 60 metros se traga tres edificios en Guatemala

El gobierno de Guatemala ha colgado en su página de Flickr esta impresionante imagen en la que se aprecia el agujero circular y de sesenta metros de profundidad que **se abrió repentinamente en un barrio de la capital del país,** apenas unas horas después del paso de la tormenta tropical Agatha.

El agujero, de unos 30 m de diámetro, **se tragó literalmente tres casas y arrastró a las profundidades al menos a dos personas.** Una tercera ha desaparecido y los evacuados se cuentan por centenares en la zona.

Fuente: abc.es

El equipo de emergencia decidió acordonar el agujero dejando 2 m de margen al borde del agujero. ¿Cuántos metros de valla necesitó?

51 Cambia solo una de las expresiones subrayadas y completa estas oraciones en tu cuaderno, para que sean correctas. **ANALIZA**

a) <u>El área</u> de <u>una circunferencia</u> de radio … es … <u>centímetros</u>.

b) <u>La longitud</u> de <u>un círculo</u> de radio … es … <u>centímetros</u>.

c) <u>La longitud</u> de <u>un círculo</u> de radio … es … <u>centímetros cuadrados</u>.

12 ¿QUÉ tienes que saber?

Ángulos centrales y ángulos inscritos

Ten en cuenta

- **Ángulo central:** tiene su vértice en el centro de la circunferencia.
- **Ángulo inscrito:** tiene su vértice en un punto cualquiera de la circunferencia y los lados son dos cuerdas.
- La medida de cualquier ángulo inscrito es la mitad de la amplitud del ángulo central correspondiente.

Halla la medida de los ángulos desconocidos en estas circunferencias.

a)

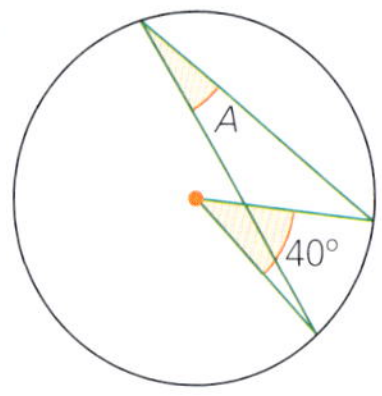

b)

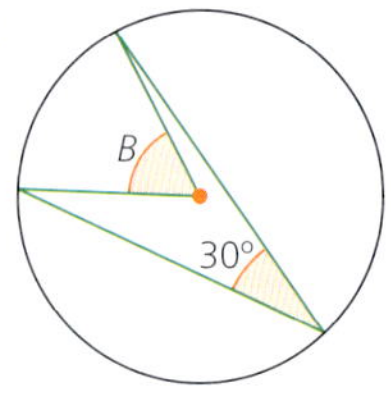

a) $\hat{A} = \dfrac{40}{2} = 20°$

b) $\hat{B} = 2 \cdot 30 = 60°$

Posiciones relativas

Ten en cuenta

- **Circunferencia y punto:** punto exterior a la circunferencia, situado sobre ella o interior.
- **Circunferencia y recta:** exterior, tangente o secante a la circunferencia.
- **Circunferencia y circunferencia:** secantes, tangentes interiores o exteriores, o interiores o exteriores.

Identifica la posición relativa de los siguientes elementos geométricos.

a)

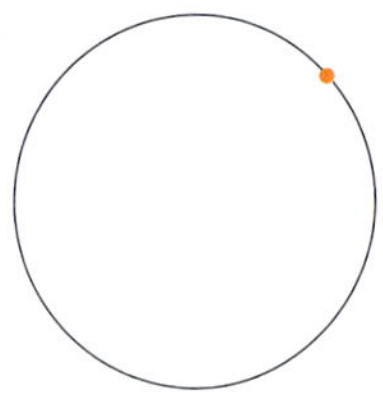

b)

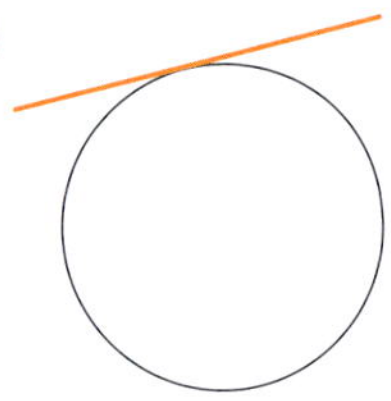

c)

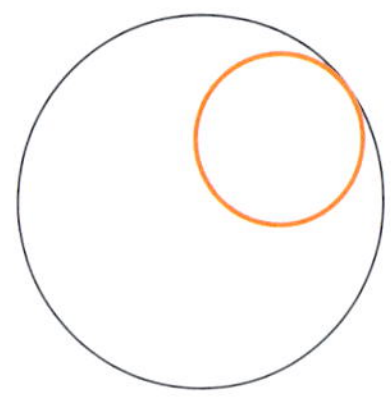

a) El punto está sobre la circunferencia.

b) La recta es tangente a la circunferencia.

c) Las dos circunferencias son tangentes interiores.

Longitud de una circunferencia y área de un círculo

Ten en cuenta

- **Longitud de una circunferencia**

$$L = d \cdot \pi = 2 \cdot \pi \cdot r$$

- **Área de un círculo**

$$A = \pi \cdot r^2$$

Calcula la longitud de una circunferencia de 4,7 cm de radio y el área de un círculo de 12,4 cm de diámetro.

- Longitud de la circunferencia:

$L = 2 \cdot 3{,}14 \cdot 4{,}3 = 25{,}52$ cm

- Área del círculo:

$$A = 3{,}14 \cdot \left(\frac{12{,}4}{2}\right)^2 = 3{,}14 \cdot 6{,}2^2 = 120{,}70 \text{ cm}^2$$

Longitud de un arco y área de un sector

Ten en cuenta

- **Longitud de un arco**

$$L = \frac{n° \cdot 2 \cdot \neq \cdot r}{360°}$$

- **Área de un sector**

$$A = \frac{n° \cdot \neq \cdot r^2}{360°}$$

Calcula la longitud de un arco que tiene una amplitud de 80° y un radio de 2 cm. Halla luego el área de un sector de 10° de amplitud y 5 cm de radio.

- Longitud del arco:

$$L = \frac{80 \cdot 2 \cdot 3{,}14 \cdot 2}{360} = 2{,}79 \text{ cm}$$

- Área del sector:

$$A = \frac{10 \cdot 3{,}14 \cdot 5^2}{360} = 2{,}18 \text{ cm}^2$$

Circunferencia y círculo

52 ¿Cuánto mide el radio de un círculo que tiene un diámetro de 7 cm?

53 ¿Cuál es la mayor distancia entre dos de los puntos de una circunferencia de 4,2 cm de radio?

54 Una circunferencia tiene 5,8 cm de diámetro. ¿Cuál es la distancia de cualquiera de sus puntos al centro?

55 Indica el nombre de los elementos destacados en azul en estas figuras.

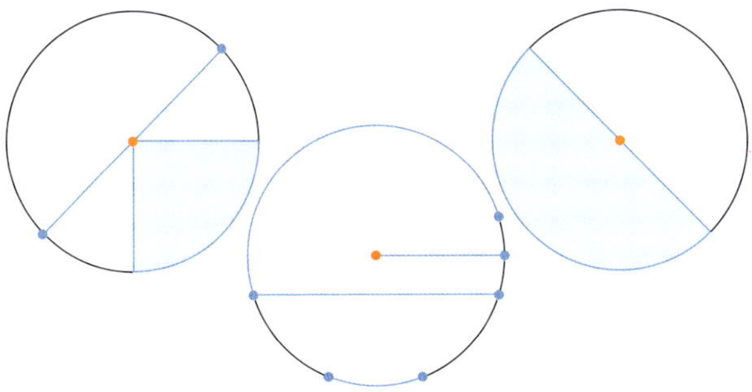

56 Dibuja en tu cuaderno un segmento circular cuya cuerda sea un diámetro. ¿Qué nombre recibe esta figura?

Ángulos en una circunferencia

57 En tu cuaderno, traza una circunferencia de 3 cm de radio y dibuja en ella los siguientes ángulos.

a) Un ángulo central de 60° de amplitud.

b) Un ángulo inscrito de 45° de amplitud.

c) Un ángulo inscrito de 30° de amplitud.

d) Un ángulo central de 70° de amplitud.

58 Dibuja en una circunferencia los ángulos inscritos que abarcan arcos con las siguientes amplitudes.

a) 40° b) 120°

59 Copia y completa esta tabla en tu cuaderno.

Arco	Ángulo central	Ángulo inscrito
53°	×	×
×	21°	×
×	×	52°

60 Si un ángulo central de una circunferencia tiene una amplitud de 45°, ¿cuál será la amplitud del ángulo inscrito correspondiente? Explica por qué.

61 Determina el valor de un ángulo central de una circunferencia y del ángulo inscrito correspondiente. Realiza un dibujo de cada uno.

62 Halla la amplitud del ángulo desconocido.

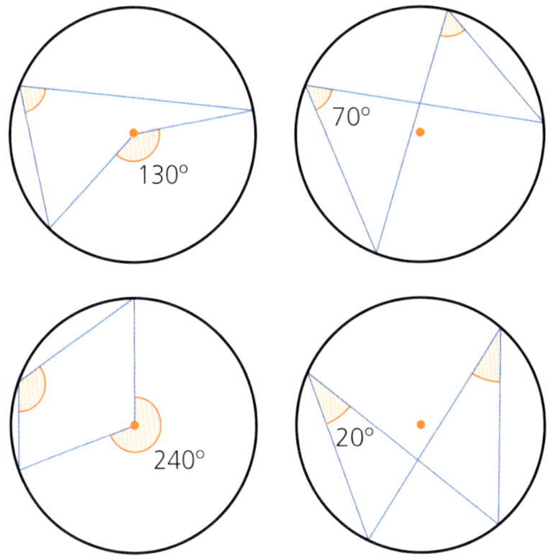

63 Calcula el valor del ángulo inscrito desconocido.

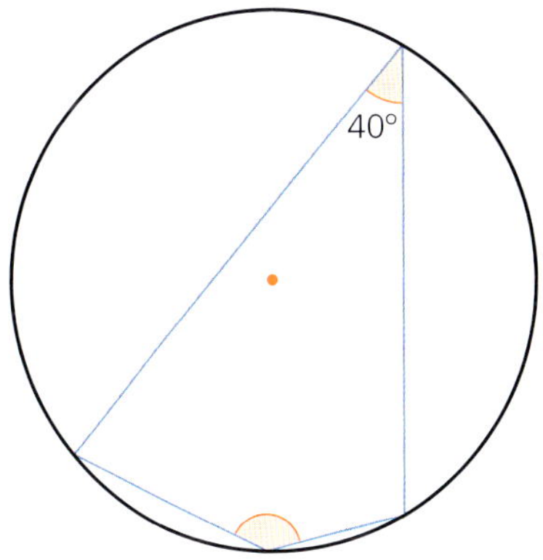

64 En un hexágono regular, ¿cuánto mide el ángulo que forman dos diagonales de vértices consecutivos?

65 Alberto, María y Javier están en una plaza circular con 10 columnas en su perímetro. Cada uno se coloca en una de las columnas de la plaza como muestra la figura.

¿Qué ángulo forma la visual de Alberto a Javier y la visual de Alberto a María?

Posiciones relativas

66 Copia y completa estas frases para que sean verdaderas.

a) En una circunferencia de 3 cm de radio, un punto que está a ⊡ cm del centro es interior.

b) En una circunferencia cuyo diámetro mide 10 cm, un punto que está a ⊡ cm del centro está sobre la circunferencia.

c) Un punto exterior a una circunferencia de 6 cm de radio puede estar a ⊡ cm del centro.

67 Indica la posición relativa de cada recta respecto a la circunferencia del dibujo.

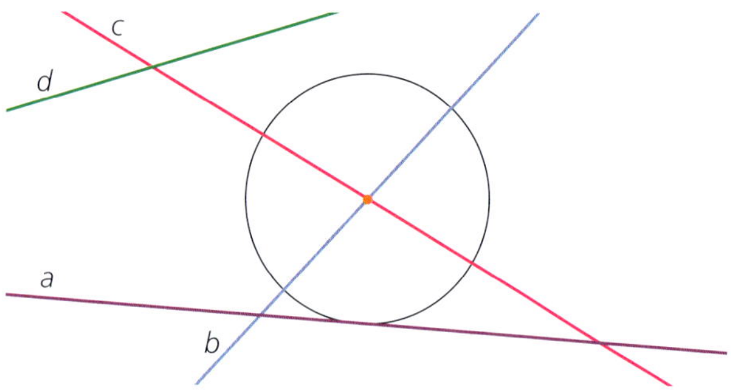

68 En la siguiente figura se ha dibujado una circunferencia y tres rectas: una secante, una tangente y otra exterior a la circunferencia.

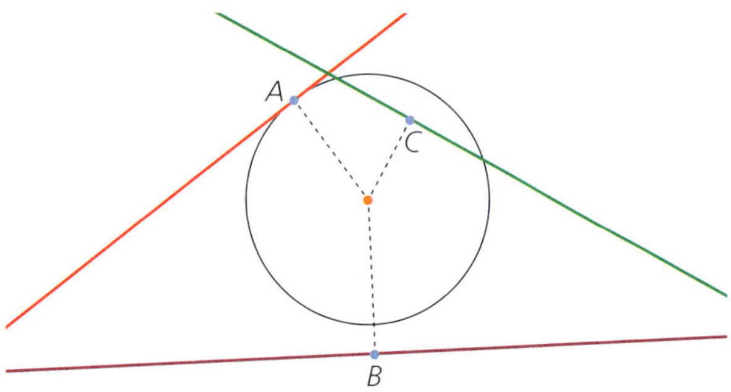

Si *r* es el radio de la circunferencia, copia y completa con el signo adecuado estas expresiones.

- *d*(*OA*) ⊡ *r*
- *d*(*OB*) ⊡ *r*
- *d*(*OC*) ⊡ *r*

69 Indica un ejemplo de cada una de las cinco posibles posiciones relativas entre dos circunferencias.

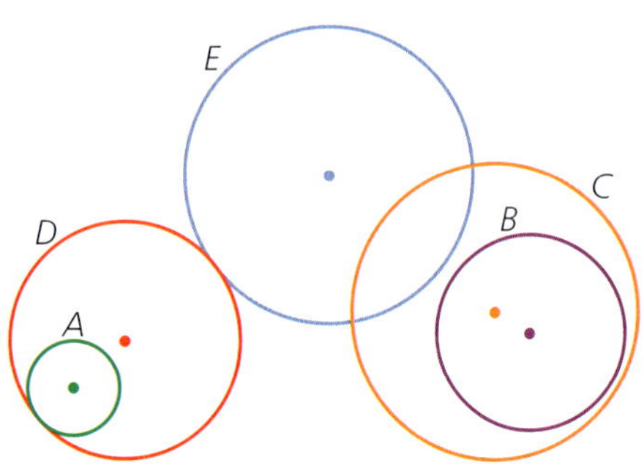

70 Observa la figura y completa la tabla en tu cuaderno.

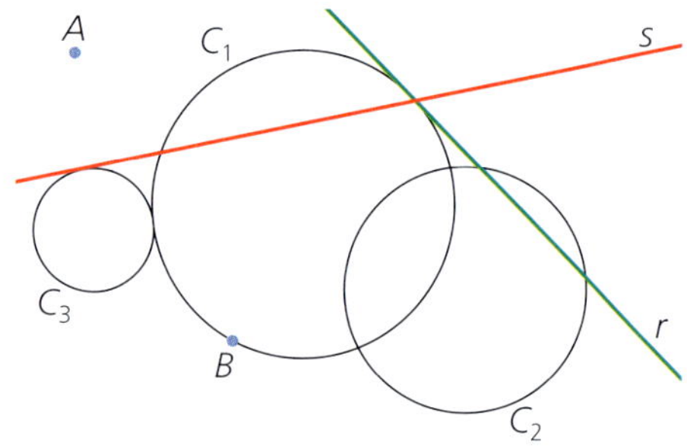

		Posición relativa
A	C_2	×
B	C_1	×
r	C_1	×
s	C_2	×
C_1	C_2	×
C_1	C_3	×

Longitud de una circunferencia y área de un círculo

71 Calcula la longitud de estas circunferencias.

a) Radio: 6 cm

b) Diámetro: 6 cm

c) Diámetro: 8 cm

d) Radio: 8 cm

72 Halla el área de los siguientes círculos.

a) Radio: 10 cm

b) Diámetro: 10 cm

c) Diámetro: 18 cm

d) Radio: 18 cm

73 Copia y completa la tabla en tu cuaderno.

Radio	Diámetro	Longitud de la circunferencia	Área del círculo
3,2 cm	×	×	×
×	12,2 cm	×	×
6,7 cm	×	×	×
×	4,1 cm	×	×

74 Utiliza una regla para medir y calcula la longitud de la circunferencia y el área del círculo de la figura.

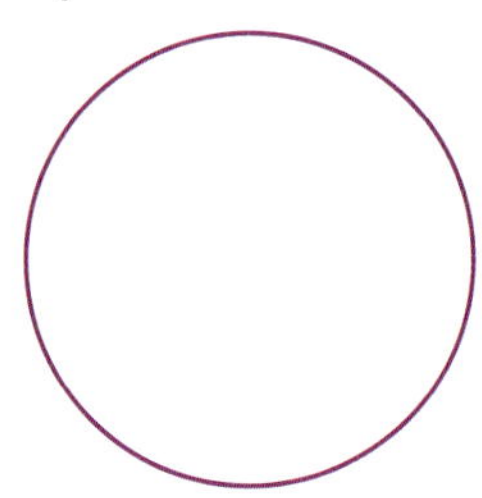

75 Raúl ha comprado una *pizza* con un diámetro de 52 cm. Si la van a repartir entre 6 amigos, ¿qué superficie comerá cada uno?

76 Sara se está preparando para una carrera. Cada día da 17 vueltas a la plaza de su pueblo, que tiene un radio de 22 m. Si entrena todos los días de la semana, ¿cuántos kilómetros habrá recorrido en 4 semanas de entrenamiento?

77 Copia y completa la siguiente tabla.

Radio	Longitud de la circunferencia	Área del círculo
×	×	50,24 cm^2
×	119,32 cm	×
×	×	254,34 cm^2
×	69,08 cm	×

78 Xoan y Lucía quieren construir una diana sobre una madera circular de 25 cm de radio. Empiezan pintando de rojo un pequeño círculo que tiene 5 cm de radio y van alternando el rojo y el blanco en franjas de 5 cm de ancho. ¿Cuántos centímetros cuadrados pintarán de cada color?

79 Calcula la superficie de un camino de 2,3 m de ancho, que rodea un campo circular de 25,4 m de radio.

80 Un estanque circular está rodeado por césped. El jardinero ha plantado 37,68 m^2 y la longitud de la circunferencia que forma el exterior del camino mide de 25,12 m. ¿Cuál es la superficie del estanque?

Longitud y área de figuras circulares

81 Halla la longitud de estos arcos.

a) Arco de 220° de amplitud y 3 cm de radio.

b) Arco de 30° de amplitud y 2 cm de diámetro.

c) Arco de 20° de amplitud y 16 cm de radio.

d) Arco de 115° de amplitud y 8 cm de diámetro.

82 Calcula el área de los sectores circulares.

a) Sector de 10° de amplitud y 5 cm de diámetro.

b) Sector de 30° de amplitud y 8 cm de radio.

c) Sector de 240° de amplitud y 16 cm de radio.

d) Sector de 300° de amplitud y 2 cm de diámetro.

83 Halla el área de un sector circular de 5 cm de radio y cuya amplitud es un cuarto de la amplitud de la circunferencia total.

84 Halla el diámetro de un círculo que tiene un sector de 120° que mide 37,68 cm^2.

85 Calcula el radio de una circunferencia si uno de sus arcos tiene 30° y mide 6,28 cm.

86 Desde una torre de observación, Paloma tiene un ángulo de visión de 120°. Si con unos prismáticos puede alcanzar a ver hasta una distancia de 4,2 km, ¿qué superficie puede divisar desde la torre?

87 Calcula el perímetro de la línea de color.

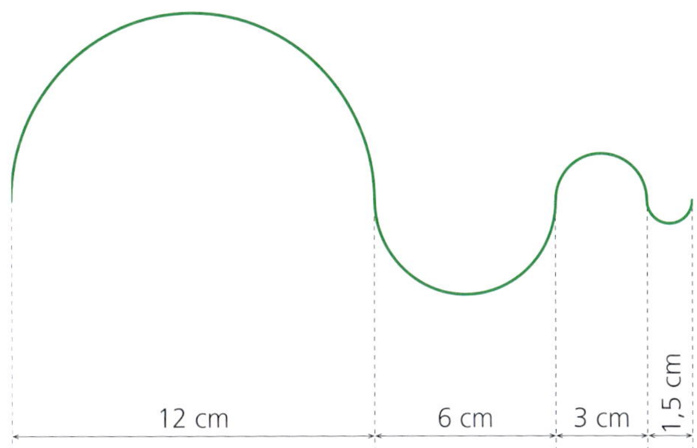

88 ¿Cuál es el área de esta figura?

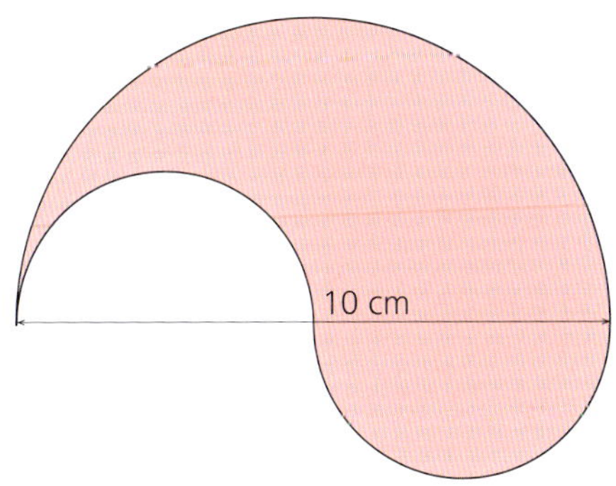

89 Halla el área y la longitud de estas figuras.

a)

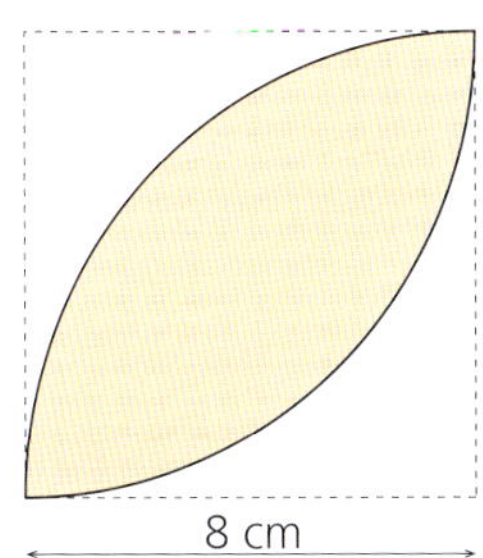

b)

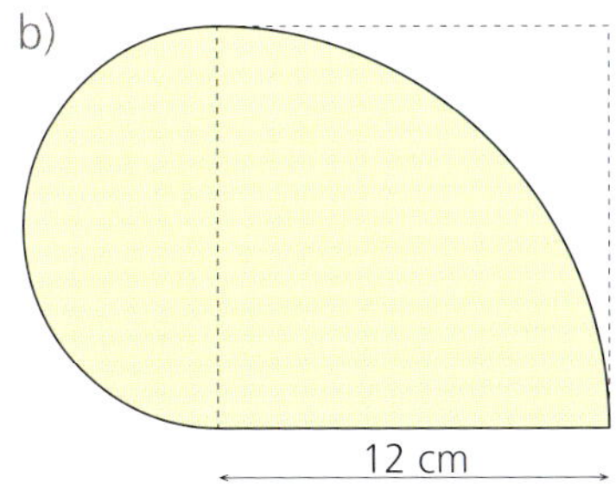

12 MATEMÁTICAS VIVAS

Desde hace más de 30 años, todas las *mountain bike* se fabrican con ruedas de 26 pulgadas. Sin embargo, últimamente han aparecido en el mercado dos medidas más: las bicicletas con ruedas de 27,5 y 29 pulgadas.

Los tres tamaños de las ruedas se refieren a la rueda completa, es decir, la cubierta más la llanta.

En la fotografía podemos observar la diferencia de tamaños.

COMPRENDE

1 Una pulgada equivale a 2,54 cm.

a. ¿Cuál es la altura de cada tipo de rueda en centímetros?

RESUELVE

b. ¿Cuánto mide el radio de cada rueda en centímetros?

2 Las ruedas de 26 pulgadas suelen incluir una cubierta que mide 2 pulgadas. Sin embargo, las de 27,5 y 29 pulgadas usan cubiertas de 2,25 pulgadas.

a. ¿Cuánto mide cualquier radio de una bicicleta de 26 pulgadas?

b. ¿Cuánto mide el diámetro de la llanta de una rueda de 27,5 pulgadas?

c. ¿Y en el caso de las de 29 pulgadas?

PIENSA Y RAZONA

RELACIONA

3 Al pasar por un charco, se moja una parte de la rueda que después va dejando marcas en el camino cada cierta distancia.

a. Calcula la distancia de estos espacios con cada una de las ruedas.

PIENSA Y RAZONA

b. Halla el porcentaje en el que se incrementa la distancia recorrida al dar una vuelta con una rueda de 27,5 y de 29 pulgadas, en comparación con la tradicional de 26 pulgadas.

RESUELVE

REFLEXIONA

4 El peso de la bicicleta es muy importante. Los fabricantes intentan hacer máquinas más ligeras, pues, cuanto menor sea el peso, mayor será la velocidad alcanzada por la bicicleta.

En general, una bicicleta con las ruedas más grandes necesita más material y pesa más. Para ver en cuánto se incrementa aproximadamente el peso de los distintos tipos de rueda, hacemos la siguiente representación plana de cada una de ellas.

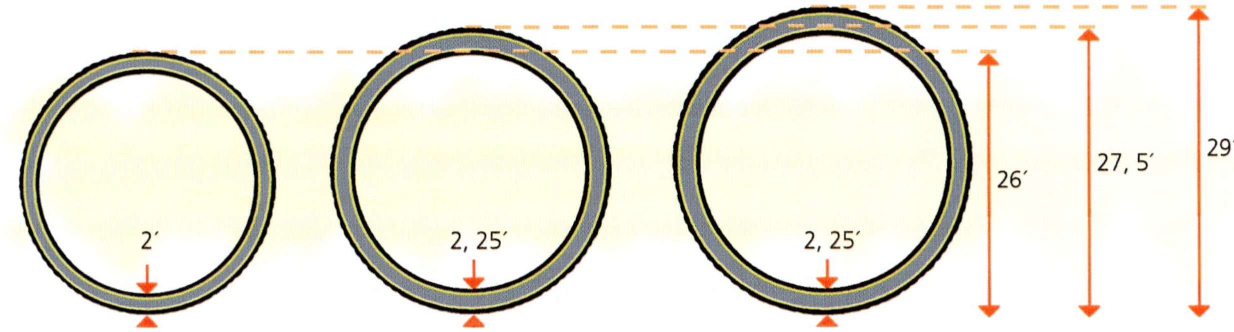

En la zona blanca están los radios, mientras que la zona gris es la de la cubierta. Según esto, ¿qué porcentaje de zona de radios y de cubierta se incrementa en cada uno de estos casos?

a. Al pasar de una rueda de 26 pulgadas a una de 27,5 pulgadas.

b. Al pasar de una rueda de 27,5 pulgadas a una de 29 pulgadas.

UTILIZA LAS TIC

c. Al pasar de una rueda de 26 pulgadas a una de 29 pulgadas.

5 Observa el siguiente gráfico y explica con cuál de las ruedas será más fácil pasar un bache en el camino.

ARGUMENTA

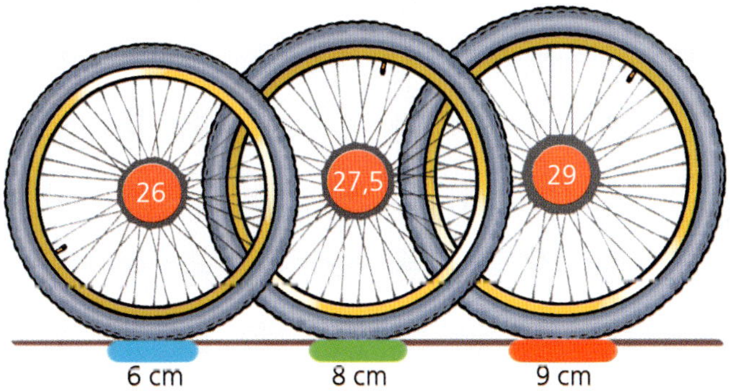

TRABAJO COOPERATIVO

TAREA

En las ruedas de coches sucede algo parecido a las de las bicicletas. Hay tamaños para las llantas y tamañospara las cubiertas. Si observas cualquier coche de la calle, en su cubierta aparecen unos números como estos.
Investigad el significado de cada uno de ellos.

AVANZA — Ángulo interior y ángulo exterior

Un **ángulo interior** a una circunferencia es aquel que tiene su vértice en un punto interior cualquiera de la circunferencia.

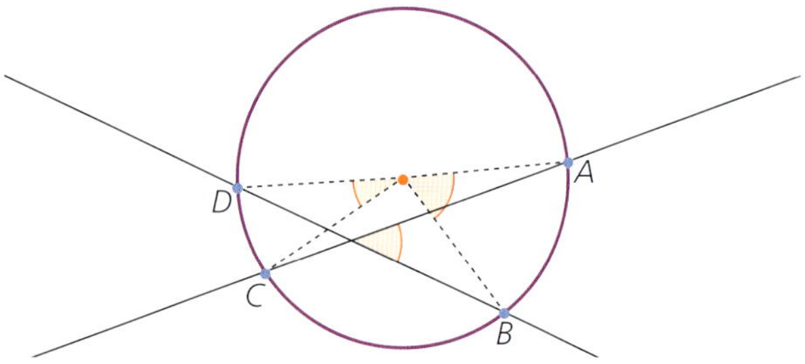

Su medida es igual a la semisuma de los arcos que abarca.

$$\frac{\overset{\frown}{AB} + \overset{\frown}{CD}}{2}$$

Un **ángulo exterior** es aquel que tiene su vértice en un punto exterior de la circunferencia y cuyos lados son secantes con la circunferencia.

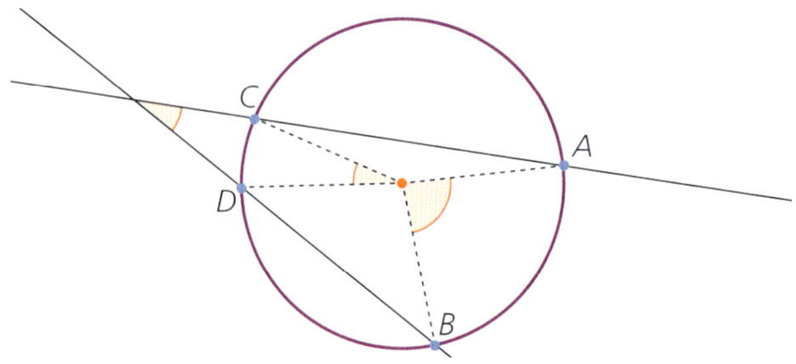

Su medida es igual la semidiferencia de los dos arcos que abarca.

$$\frac{\overset{\frown}{AB} - \overset{\frown}{CD}}{2}$$

A1. Halla el valor de los ángulos desconocidos.

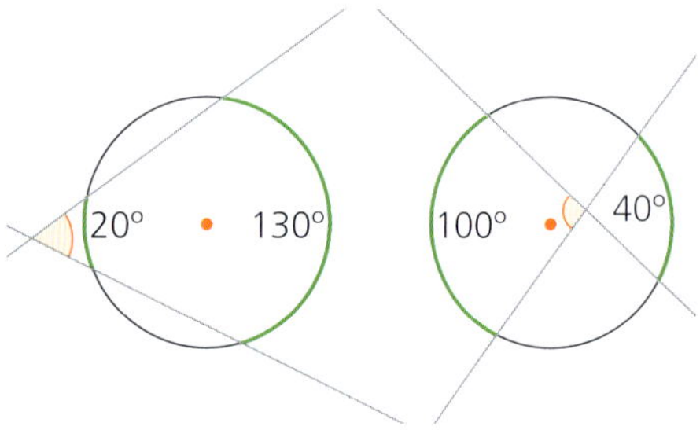

A2. Calcula el valor de los ángulos desconocidos.

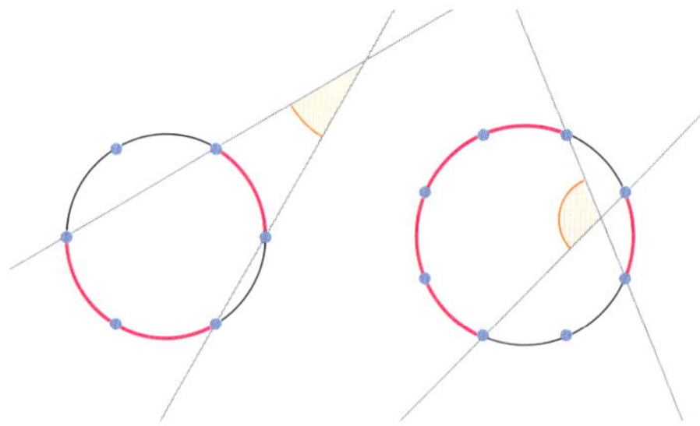

PERCEPCIÓN VISUAL — Rodando círculos

Imagina que construyes un círculo con una madera de cierto grosor y que dibujas en él un punto de color.

Si, a continuación, haces rodar el círculo sobre el plano de una mesa y te fijas en la posición que va ocupando el punto que dibujaste, comprobarás que se genera una curva.

Pues bien, esa curva recibe el nombre de *cicloide*.

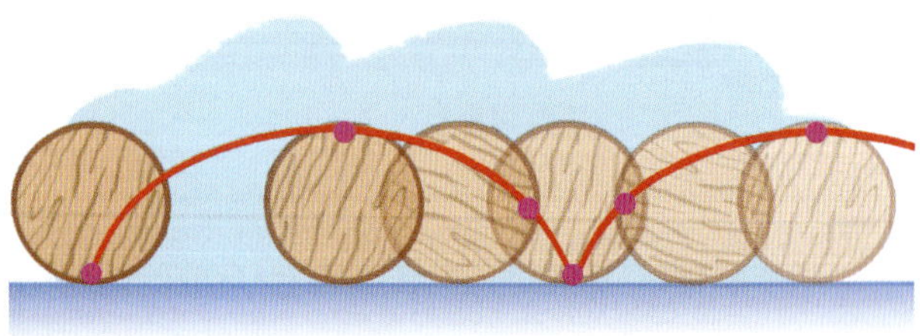

PV1. Dibuja en tu cuaderno el tipo de curva que describirían los puntos de estos círculos.

a)

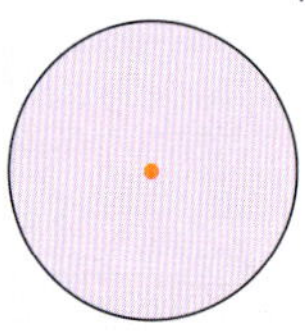

b)

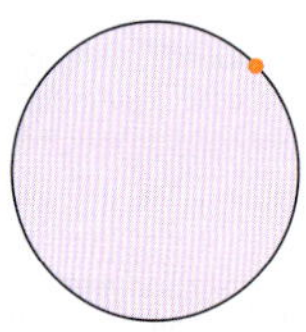

PV2. ¿Qué tipo de curva describe un círculo al rodar por dentro o por fuera de una circunferencia?

a)

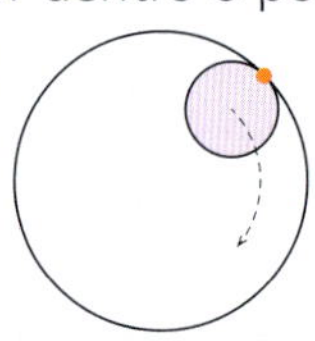

b)

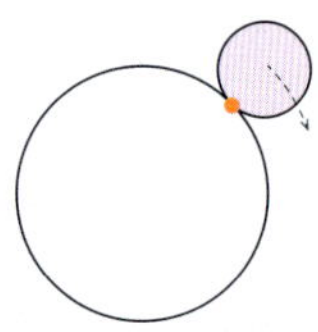

OXFORD
UNIVERSITY PRESS

Oxford University Press es un departamento de la Universidad de Oxford. Como parte integrante de esta institución, promueve el objetivo de excelencia en la investigación y la educación a través de sus publicaciones en todo el mundo. Oxford y Oxford Educación son marcas registradas de Oxford University Press.

Publicado en España por
Oxford University Press España S. A.
Parque Empresarial San Fernando, Edificio Atenas
28830 San Fernando de Henares (Madrid)

ISBN: 978-84-673-9839-7 Volumen 3
ISBN: 978-84-673-8583-0 Obra completa
Depósito legal: M-16054-2015
Impreso en China

AUTORÍA
Pedro Machín Polaina
María José Rey Fedriani (recursos TIC)

COORDINACIÓN EDITORIAL
Angélica Escoredo

DISEÑO
Dolors Albareda

ILUSTRACIÓN
Enrique Palomo, José Manuel Pedrosa

FOTOGRAFÍAS
AGE Fotostock, Album, Associated Press, Getty Images, Erich Lessing Culture and Fine Art Archive, Francisco Gracia Abril, Gtres, Pedro Machín, Ministerio del Interior. Dirección General de Trafico, Archivo Oxford, Shutterstock (p. 181 karamysh; p. 197 Bildagentur Zoonar GmbH; p. 212 clearviewstock; p. 213 pzAxe; p. 214 marekuliasz; p. 215 auremar; p. 233 somchai rakin; p. 238 Tischenko Irina; p. 241 Maria Kazanova; p. 251 Garsya; p. 255 Africa Studio; p. 255 funkyfrogstock; p. 260 Andrey_Popov)